黃慶萱 著

新譯乾坤經傳通釋

三民書局 印行

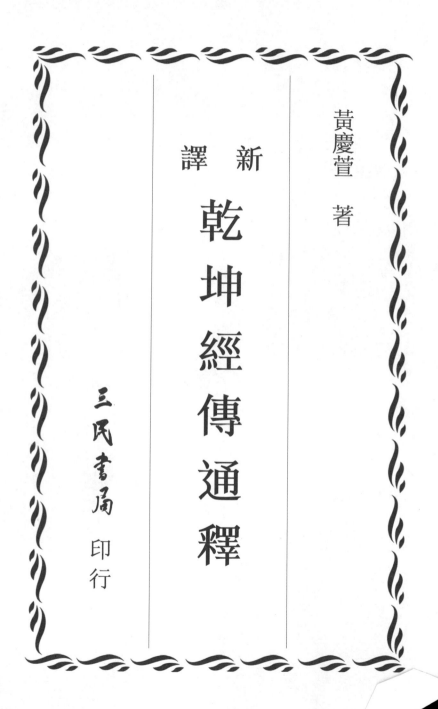

刊印古籍今注新譯叢書緣起

劉振強

人類歷史發展，每至偏執一端，往而不返的關頭，總有一股新興的反本運動繼起，要求回顧過往的源頭，從中汲取新生的創造力量。孔子所謂的述而不作，溫故知新，以及西方文藝復興所強調的再生精神，都體現了創造源頭這股日新不竭的力量。古典之所以重要，古籍之所以不可不讀，正在這層尋本與啟示的意義上。處於現代世界而倡言讀古書，並不是迷信傳統，更不是故步自封；而是當我們愈懂得聆聽來自根源的聲音，我們就愈懂得如何向歷史追問，也就愈能夠清醒正對當世的苦厄。要擴大心量，冥契古今心靈，會通宇宙精神，不能不由學會讀古書這一層根本的工夫做起。

基於這樣的想法，本局自草創以來，即懷著注譯傳統重要典籍的理想，由第一部的四書做起，希望藉由文字障礙的掃除，幫助有心的讀者，打開禁錮於古老話語中的豐沛寶藏。我們工作的原則是「兼取諸家，直注明解」。一方面熔鑄眾說，擇善而從；一方面也力求明白可喻，達到學術普及化的要求。叢書自陸續出刊以來，頗受各界的喜愛，使我們得到很大的鼓勵，也有信心繼續推廣這項工作。隨著海峽兩岸的交流，我們注譯的成員，也由臺灣各大學的教授，擴及大陸各有專長的學者。陣容的充實，使我們有更多的資源，整理更多樣化的古籍。兼採經、史、子、集四部的要典，重拾對通才器識的重視，將是我們進一步工作的目標。

古籍的注譯，固然是一件繁難的工作，但其實也只是整個工作的開端而已，最後的完成與意義的賦予，全賴讀者的閱讀與自得自證。我們期望這項工作能有助於為世界文化的未來匯流，注入一股源頭活水；也希望各界博雅君子不吝指正，讓我們的步伐能夠更堅穩地走下去。

新譯乾坤經傳通釋　目次

坤卦經傳通釋

導言

關於《周易》，我經常被問到的問題有兩個。第一個是：「你研究《易經》呀？你會不會卜卦？替我卜一卦好嗎？」第二個是：「《易經》，好玄啊！聽說微積分和電子計算機都是從《易經》中發展出來的，是嗎？」

對第一個問題，我的答案是：「《易經》本來的確是占筮之書。但是孔子已把它看做寡過之書，說『五十以學《易》，可以無大過矣！』並且明明白白告訴學生：『不占而已矣！』」

對第二個問題，我的回答是：「德國數學家萊布尼茲（Leibniz, Gottfried Wilhelm，一六四六—一七一六）在一六六六年寫成《組合的藝術》，闡述了計算機的理論。一六七二年造出一臺計算機。一六七九年，改進了二進位制，提出位置分析法，後來發展成一般拓樸學。一六八四年發表《求最大和最小的新方法》，解釋了他的微分學。而一六九七年，在中國傳教的法國傳教士白晉（Joachin Bouvet，一六五六—一七三〇）開始和萊布尼茲通信。一六九八年二月二十八日的信才談及《易經》。一七〇一年，白晉把一張從《易經》看到的「伏羲六十四卦方位圖」寄給萊氏，一直到一七〇三年才輾轉遞到萊氏手中。那年五月十八日，萊氏回給白晉的信中，詳細闡釋二進位制數學和六十四卦六爻排列的對應關係。一七一三年，白晉再寄給萊氏一本《易經》。由上述事實及其發生的年代看來，說萊氏醉心於二進位數學，並因此對《易經》六十四卦排列產生興趣是可以的；但是，要斷定萊氏的二進位數學理念及其製作計算機，是受六十四卦倍進法的啟示，則需補足更多的證據。」

假如站在文獻學的立場看經學中的《易經》，可以發現《易經》是經典中的經典，根源裏的根源。在中國圖書經、史、子、集四分法中，史部根源是經部的《尚書》和《春秋》，根源是記憶活動的記錄，以求真為重點；子部根源於經部的《周易》、《周禮》、《儀禮》、《禮記》，是理智活動的成果，以求善為重點；集部根源於經部的《詩經》、《樂經》，是情感活動的產物，以求美為重點。按照經學古文學派的排列，六經的次序是：《易》、《書》、《詩》、《禮》、《樂》、《春秋》。古文學派注重歷史，認為《易經》起於伏羲畫卦，時代最早；《尚書》有〈堯典〉、〈舜典〉，時代次之；《詩經》三〈頌〉中有〈商頌〉，時代又次之；周公姬旦制禮作樂，又晚於商；而孔子修《春秋》，時代就更晚了。伏羲畫卦，雖然只是文獻上記載的傳說，但是在新石器時代的遺物上已有三個及六個數字組成的數字卦出現，易卦的起源的確是夠早的。而且卦爻辭中記載的如：「鳥焚其巢，旅人先笑後號咷，喪牛於易，凶」，說的是殷先祖王亥在「有易」這個地方作買賣，而喪失牛羊的事。「高宗伐鬼方，三年克之，小人勿用」，說的是殷祖武丁征討犬戎的事。此外，如：「帝乙歸妹，以祉元吉」、「箕子之明夷，利貞」、「拘係之，乃從維之，王用亨於西山」、「康侯用錫馬蕃庶，晝夜三接」，說的是商周之際的史實。可以視為《尚書》、《春秋》記事的濫觴。又如：「匪我求童蒙，童蒙求我」、「訟：有孚，窒惕。中吉，終凶」、「師出以律，否臧凶」、「視履考祥，其旋元吉」、「咸：亨，利貞。取女吉」、「家人嗃嗃，悔厲吉；婦子嘻嘻，終吝」等，點出了教育、司法、軍事、禮儀、人倫等的原則，可以視為「三禮」之根源。至如「明夷于飛，垂其翼；君子于行，三日不食」、「鳴鶴在陰，其子和之；吾有好爵，吾與爾靡之」，更已有《詩經》如歌的節奏了。謂之《詩》、《樂》之祖，孰曰不宜？所以，無論就創作時代和卦爻辭內容來看，《易經》在中國文化史上根源性的地位是可以肯定的。

現在就來談《周易》的內容。許多人的印象，常認為《周易》是「一本書」。這個印象，恐怕有礙於真相的了解，常使我們無法對《周易》作較客觀的認識。嚴格說來：《周易》不是「一本書」，而像戴靜山（君仁）先生《談易》一書所說的，是「一部叢書」。它包括「經」和「傳」兩大類，細分又有許多單元，各有不同的「作者」和「時代背景」。是含糊不得的。

一、《易經》

先說「經」。包括六十四卦卦爻象、卦爻名、卦爻辭。簡單介紹如下：

1. 六十四卦卦爻象

《周易》主要部分，由「六十四卦」組成。而其他文字，皆環繞此六十四卦而試作「占斷」或「解釋」。六十四卦由「八卦」重疊而成；八卦又由陽爻、陰爻三疊而成。大概古人觀察人類及其生活的環境，發現人類有男有女，生活在天地之間。於是以陽爻代表男性、天，以及一切陽剛的事物，其象為「—」；以陰爻代表女性、地，以及一切陰柔的事物，其象為「--」。進一步三疊而有八卦。☰為乾，代表天、父等；☷為坤，代表地、母等；☳為震，代表雷、長子等；☴為巽，代表風、長女等；☵為坎，代表水、中男等；☲為離，代表火、中女等；☶為艮，代表山、少男等；☱為兌，代表澤、少女等。天地之間的事物當然不止這八種，於是再重卦而有六十四卦，包含三百八十四爻，來擬儀神祕的自然，象徵萬物的情況。《周易・繫辭傳》：「近取諸身，遠取諸物，於是始作八卦，以通神明之德，以類萬物之情。」又說：「八卦成列，象在其中矣；因而重之，爻在其中矣；剛柔相推，變在其中矣；繫辭焉而命之，動在其中矣。」應該就是這種意思。因此，我個人粗淺的看法，以為從陰陽而八卦而六十四卦的演進過程中，可以略知我們祖宗對宇宙人生的緣起以及演進過程的解釋。

相傳八卦是伏羲所畫；六十四卦是文王所重。個人的看法，伏羲象徵著中國古代史上的一個漁獵時代。他實在沒有傳說上那麼地早，應該相當於從事漁獵的殷商時代；而周為后稷之後，正是農耕民族。這樣說來，伏羲畫卦，文王重卦，與《周易》六十四卦源於殷商龜卜，實具有相似的意義。

現在必須再談談的是「數字卦」。這是一九八〇年張政烺在〈試釋周初青銅器銘文中的易卦〉一文中首先提出的，見北京《考古學報》。香港劉述先、臺北戴璉璋、大陸李學勤等，對此都有所論述。數字卦由三個數字或六個數字構成。前者相近於八卦；後者相近於六十四卦。常見的數字有一、五、六、七、八，與《易》占之用六、七、八、九，有少許出入。所以「數字卦」很可能是「八卦」和「六十四卦」的源頭。在新石器時代的遺物上已有六個數字組成的數字卦出現，這使我們對「三易」：神農《連山易》、黃帝《歸藏易》和周代《周易》演進的可能性，要以較肯定的態度重加檢驗與思考。

也許，占筮與龜卜是兩大家族，《周易》六十四卦與殷墟卜辭只是姻親關係，與數字卦才是血親關係。

2. 卦爻名

六十四卦卦象下面，有「卦名」，包括三畫之卦的卦名，和六畫之卦的卦名。舉乾、坤、既濟、未濟為例：

䷀ 乾下乾上 乾　　䷁ 坤下坤上 坤

䷾ 離下坎上 既濟　　䷿ 坎下離上 未濟

「乾下」、「乾上」，「坤下」、「坤上」，「離下」、「坎上」，「坎下」、「離上」，指的是三畫之卦的卦名及其上下的位置，至於「乾」、「坤」、「既濟」、「未濟」，則是六畫之卦的卦名。

六十四卦的卦名，高亨以為是由卦爻辭中摘取主要或常見的一兩字而成。如「乾」卦，摘取九三爻辭「君子終日乾乾」之「乾」為名；「需」卦，摘取爻辭「需于郊」「需于沙」「需于泥」「需于血」「需于酒食」之「需」為名。古書常無篇名，像《詩經》、《論語》，篇名都是後人加的。《周易》也一樣，先有卦爻辭，後來才加上卦名，這是有可能的。

「爻名」又稱「爻題」，由陰數「六」、陽數「九」，配合自下至上的爻位數「初、二、三、四、五、上」構成。計有初六、六二、六三、六四、六五、上六，初九、九二、九三、九四、九五、上九，共十二個。六十四卦有三百八十四爻，所以自「初六」到「上九」，都各有三十二個。在《易經》原文中，每卦卦名卦辭之後，是該卦六爻的爻名與爻辭，區別分明；但引用時，爻名前必須冠以卦名，如「乾初九」、「坤六二」之類，才不致弄混。

3. 卦爻辭

包括卦辭、爻辭，和乾坤二卦的用辭。

卦辭是說明一卦的現象和占斷一卦的吉凶禍福的。如乾：「元、亨、利、貞。」坤：「元亨，利牝馬之貞。君子有攸往：先，迷；後，得主，利。西南得朋，東北喪朋。安貞吉。」

爻辭是說明一爻的現象和占斷一爻的吉凶禍福的。如乾初九：「潛龍勿用。」九二：「見龍在田，利見大人。」九三：「君子終日乾乾，夕惕若，厲无咎。」九四：「或躍在淵，无咎。」九五：「飛龍在天，利見大人。」上九：「亢龍，有悔。」

用辭是占斷乾坤兩卦六爻全變時的吉凶禍福的，所以只有乾坤兩卦才有。乾用九：「見群龍，无首，吉。」坤用六：「利永貞。」就文字形式上，用辭有點像爻辭；就占筮功能來說，用辭相當於六爻皆變所成「之卦」的卦辭。

卦爻辭占斷吉凶禍福的方式，有直接下斷語的，如「元亨利貞」。有通過象徵來表示的，如通過「潛龍」表示「勿用」。有以行事的因果關係來說明的，如「先，迷；後，得主，利」。還有引述古事表明的，如未濟九四：「震用伐鬼方，三年有賞於大國。」

卦爻辭的作者，鄭玄以為是周文王；馬融、陸績以為卦辭文王作，爻辭周公作。近人顧頡剛所作〈周易卦爻辭中的故事〉，以為卦爻辭中所述：王亥「喪牛羊於有易」「高宗伐鬼方」發生在商朝；「帝乙歸妹」「箕子明夷」「康侯用錫馬蕃庶」發生在商末周初。而沒有周中葉以後的故事。所以斷定卦爻辭的「著作時代當在西周初葉」。此後，余永梁有〈易卦爻辭的時代及其作者〉，證明「卦爻辭為周初作」；李鏡池有〈周易筮辭考〉，以為「《周易》是周民族的占書，編纂年代是在西周初葉」；屈翼鵬（萬里）先生有〈周易卦爻辭成於周武王時考〉，確定它是武王時代的作品。我們知道：無論商代的龜卜，或周代的占筮，一直由專門的「官吏」擔任其事。卦爻辭既為西周初葉所作，那麼，它很可能出於文王武王成王時代占筮之官。其事始於文王，成於周公。而所以託名文王周公所作，那與《四庫全書》託名乾隆「欽定」道理是一樣的。近人的考證，恰恰補足了馬鄭諸人的說法。

卦爻辭一部分由累世彙集的筮辭中挑選而來，如上文提到的坤卦辭和「引述古事」之類。在這部分，辭和象之間，較少對應關係。一部分在編纂過程中，曾經筮官刻意加工，精心編排，如乾卦六爻的爻辭，層次井然，頗見用心。這部分，辭象間對應關係就很明顯了。

《易經》由於文字很多，所以分為「上」、「下」兩篇：「經上」由乾、坤到坎、離有三十卦；「經下」由咸、恆到既濟、未濟有三十四卦。

二、《易傳》

再說「傳」，也就是《十翼》。包括：〈彖傳〉、〈象傳〉、〈繫辭傳〉、〈文言傳〉、〈說卦傳〉、〈序卦傳〉、〈雜卦傳〉。所以號稱「十翼」，那是〈彖傳〉、〈象傳〉、〈繫辭傳〉都分上下的緣故。翼，是羽翼、輔助的意思。《十翼》對《易經》的解釋，輔助我們了解《易經》，為《易經》添了翅膀。分述於下：

1.〈彖傳上〉
2.〈彖傳下〉

〈彖傳〉的「彖」，是「斷」的意思。由於六十四卦的卦象、卦名、卦辭所傳達的意義有些模糊，〈彖傳〉依據組成此六畫之卦的兩個三畫之卦的卦象、卦德，以及此六畫之卦的爻位排列的特徵，來闡釋卦名、卦辭、卦義、卦象、爻象和易理。〈彖傳〉分上下兩篇，解釋上經三十卦的，稱〈彖傳上〉；解釋下經三十四卦的，稱〈彖傳下〉。

3.〈象傳上〉

4.〈象傳下〉

〈象傳〉的「象」，是現象，也有象徵的意思。又分大小：〈大象傳〉解釋六十四卦的卦象、卦名和卦義；〈小象傳〉解釋三百八十四條爻辭和二條用辭的現象和道理。〈象傳〉也分上下兩篇，解釋上經三十卦卦爻的，稱〈象傳上〉；解釋下經三十四卦卦爻的，稱〈象傳下〉。

5.〈繫辭傳上〉

6.〈繫辭傳下〉

〈繫辭傳〉的「繫辭」，本指繫在卦爻之下的卦爻辭。〈繫辭傳〉對卦爻的現象與變化、卦爻辭的深義奧旨，以及《周易》的創作背景、占筮原理、關鍵詞彙、形上思想和對人生的啟示，均有所傳述闡發，所以稱為〈繫辭傳〉。今傳〈繫辭傳〉因字多分為上下二篇。帛書本〈繫辭傳〉不分上下，今傳本〈繫辭傳上〉自「大衍之數五十」至「知變化之道者其知神之所為乎」共二〇四字不見於帛書。今傳本〈繫辭傳下〉解釋否九五、鼎九四、復初九、損六三、益上九爻辭的，帛書本均收在題名為〈要〉的佚書中。自此以下，包括：「子曰：乾坤其《易》之門邪」至「以明失得之報」一一九字，「《易》之興也其於中古乎」至「巽以行權」一四五字，「《易》之為書也不可遠」至「則思過半矣」一六三字，「二與四同功而異位」至「此之謂《易》之道也」一八八字，與今傳本〈說卦傳〉的前三章，自「昔者聖人之作《易》也」至「是故《易》逆數也」一六〇字，見於帛書〈繫辭傳〉後面，首句為「子曰《易》之義」的另一篇佚書〈衷〉中。

7.〈文言傳〉

「經天緯地曰文」，《尚書》馬融傳和鄭玄注，對〈堯典〉「欽明文思」的「文」，都這麼解釋。〈文言傳〉是闡發乾坤兩卦的微言大義的。乾為天，坤為地，真有「經天緯地」的氣派。而且，「文」還有「文采」之義。《文心雕龍・原道》：「乾坤兩位，獨制〈文言〉，言之文也，天地之心哉！」把經緯天地和文采兩個意思全概括進去了。〈文言傳〉釋乾卦，分六節：一釋元亨利貞四德。二採師生問答體，闡乾六爻爻辭之奧義。三、四分從人事、天象點明爻辭微意。五參〈彖〉、〈象〉兩傳，再釋卦辭。六重申爻辭主旨所在。釋坤卦，只二節：一參〈彖〉、〈象〉兩傳釋卦辭。二申爻辭主旨所在。大抵相當於釋乾卦的五、六兩節。

8.〈說卦傳〉

主旨在說明八卦的生成、性質、功能、變化和所代表的各種事物。前三章以生蓍、倚數、立卦、生爻、窮理、盡性，以至於命的易道，配合天道、地道、人道，說明六畫之卦結構的意義所在，並分述其八卦相錯的空間結構和數往知來的時間結構，哲學意味濃厚。與今傳本〈繫辭傳下〉一些章節同在帛書〈衷〉中。四章以後不見於帛書。大體說明八卦功能、化育、德性、現象。研究《周易》，無論取象取義，〈說卦傳〉都是很基本的材料。

9.〈序卦傳〉

以相因、相反兩方面說明六十四卦的次序及其理由。分二節，第一節說明「上經」三十卦的次序，第二節說明「下經」三十四卦的次序。茲附次序圖於下（見下頁）。

孔穎達在《周易正義》指出六十四卦的次序：「二二相耦，非覆即變。」所謂「覆」，是反覆，像屯䷂反過來看是蒙䷃，咸䷞反過來看是恆䷟之類；所謂「變」，是六爻陰陽全改變，像乾䷀六陽變六陰成坤䷁，中孚䷼六爻陰陽全變成小過䷽之類。〈序卦傳〉以相因、相反說卦序，與此編排有些關係，但未能全部密合。又一與二、三與四、五與六等等可以以「非覆即變」來說明；但二與三、四與五等等的關係，卻少軌跡可尋。也許在「覆」或「變」的平衡對稱局面之後，總是失衡的局面吧！〈序卦傳〉沒有說。還有六十三卦既濟䷾，陰居偶，陽居奇，六爻皆得位而有應，達到排列上最完美的境界；接著卻是未濟䷿，陰居奇，陽居偶，六爻位置全錯了。似乎不止是暗示世界永遠不圓滿，還有即使在更大的周流變易中，平衡局面獲致的一剎那，也正是此平衡局面破壞復歸失衡之時。這些，〈序卦傳〉也沒說。

帛書六十四卦次序與今本不同，沒有〈序卦傳〉。

〔上經〕三十卦次序圖：

1	乾	䷀		
2	坤	䷁		
3	屯	䷂	蒙	4
5	需	䷄	訟	6
7	師	䷆	比	8
9	小畜	䷈	履	10
11	泰	䷊	否	12
13	同人	䷌	大有	14
15	謙	䷎	豫	16
17	隨	䷐	蠱	18
19	臨	䷒	觀	20
21	噬嗑	䷔	賁	22
23	剝	䷖	復	24
25	无妄	䷘	大畜	26
27	頤	䷚		
28	大過	䷛		
29	坎	䷜		
30	離	䷝		

〔下經〕三十四卦次序圖：

31	咸	䷞	恆	32
33	遯	䷠	大壯	34
35	晉	䷢	明夷	36
37	家人	䷤	睽	38
39	蹇	䷦	解	40
41	損	䷨	益	42
43	夬	䷪	姤	44
45	萃	䷬	升	46
47	困	䷮	井	48
49	革	䷰	鼎	50
51	震	䷲	艮	52
53	漸	䷴	歸妹	54
55	豐	䷶	旅	56
57	巽	䷸	兌	58
59	渙	䷺	節	60
61	中孚	䷼		
62	小過	䷽		
63	既濟	䷾	未濟	64

10.〈雜卦傳〉

混雜了六十四卦的次序，以相類或相反的關係，作二二相耦的對比，並說明各卦要旨。顯示了作者對既有些秩序系統而又有些矛盾對立的世界之粗淺的認識。

《十翼》各篇由始具雛型到編纂完成的年代相當長。今試由內容比較、文獻引述、史書著錄、出土文物各方面加以考察。

八卦的說明應早於六十四卦的說明。因此，〈說卦傳〉第四章「雷以動之」以下，在《十翼》中專說八卦的，應該也是《十翼》中最早出現的篇章。《左傳》記《易》占，有：「坤，土也；巽，風也；乾，天也。」（莊公二十二年）「離，火也；艮，山也。」（昭公五年）《國語・晉語》也說：「震，雷也，車也；坎，勞也，水也。……坤，母也；震，長男也。」說與〈說卦傳〉類同。當時必有記八卦取象之書如〈說卦傳〉者。《晉書・束皙傳》記：晉太康二年（西元二八一年），汲郡人盜發魏襄王墓（或言安釐王冢），得竹書數十車，中有《易經》二篇，又一篇，似〈說卦〉而異，無〈彖〉、〈象〉、〈文言〉、〈繫辭〉諸傳，也可能顯示一個事實，當時（同時出土的《竹書紀年》至安釐王二十年，西元前二五七年）除〈說卦傳〉外，其他諸傳都還沒有出現。

繼〈說卦傳〉之後出現的是〈繫辭傳〉，理由一：〈繫辭傳〉內容比較蕪雜，而且既不能像〈彖傳〉、〈象傳〉、〈序卦傳〉那麼完整地對六十四卦作系統的解釋；也不能像〈文言傳〉

那麼專門地對乾坤兩卦作深入縝密的闡發。應該是較早期的作品。理由二：馬王堆出土的帛書《周易》，是漢文帝十二年（西元前一六八年）以前寫定的，已有〈繫辭傳〉，內容與今本略有出入。但是沒有〈彖〉、〈象〉、〈文言〉、〈序卦〉諸傳。至於〈繫辭傳〉形成年代，張岱年以為《莊子‧天下篇》「天與地卑」是〈繫辭傳〉「天尊地卑」的反命題。又《莊子‧大宗師》「夫道……在太極之先而不為高」是〈繫辭傳〉「《易》有太極」的反命題。故〈繫辭傳〉早於《莊子》。又以為「太極」的「太」，是受《老子》「吾不知其名，字之曰道，強為之名曰大」的「大」影響而略變其說。故〈繫辭傳〉晚於《老子》。很具啟發性。漢初陸賈《新語》曾兩次引〈繫辭上傳〉文而稱「《易》曰」，當時〈上繫〉當已成篇。但今本〈繫辭上下傳〉分見於帛書本〈繫辭傳〉、〈要〉，及首句為「易之義」的〈衷〉中，則可斷定〈繫辭傳〉上下篇全文在漢文帝十二年仍未完成。〈繫辭傳〉和〈說卦傳〉一樣，曾經長期增益改動，不是一時一人寫定的。

〈彖傳〉完整地解釋了六十四卦的卦名和卦辭。馬王堆帛書中尚無〈彖傳〉。古籍引〈彖傳〉，以文景時韓嬰《韓詩外傳》為最先。則文景間，〈彖傳〉當已成篇。或據《荀子‧大略》「《易》之〈咸〉，見夫婦。夫婦之道不可不正也，君臣父子之本也。咸，感也。以高下下，以男下女，柔上而剛下」與〈彖傳〉「咸，感也。柔上而剛下，二氣感應以相與，止而說，男下女」兩相比較，認為〈彖傳〉成篇在《荀子》之前。我想不盡然。〈彖傳〉應是文景時授《易》經師編定，而《荀子》等，正是經師所據之資料。其事與〈文言〉襲用《左傳》

相似。

〈象傳〉中的〈大象傳〉釋卦名，〈小象傳〉釋爻辭，均不釋卦辭，高亨以為〈彖傳〉已解在先之故。其說可從。〈象傳〉亦成篇於文景時，較〈彖傳〉稍晚。《論語・憲問》：「君子思不出其位。」〈大象傳〉：「兼山艮；君子以思不出其位。」此經師襲取曾子語以作〈大象傳〉。《禮記・深衣》：「故《易》曰：『六二之動，直以方也。』」為坤六二〈小象傳〉文。可為洪業、王夢鷗等言《禮記》成於東漢添一佐證。

〈文言傳〉之釋乾、坤，有雷同於〈繫辭傳〉的，如釋乾上九爻辭「亢龍，有悔」，同曰：「子曰：『貴而无位，高而无民，賢人在下位而无輔，是以動而有悔也。』」有依〈彖傳〉立說的，如釋乾卦云：「大哉乾乎！剛健中正，純粹精也；六爻發揮，旁通情也；時乘六龍，以御天也；雲行雨施，天下平也。」襲取〈彖傳〉「大哉乾元，萬物資始，乃統天。雲行雨施，品物流形。大明終始，六位時成，時乘六龍以御天」之意。又：「君子以成德為行，日可見之行也」意受〈象傳〉「天行健；君子以自強不息」之影響。至於《左傳・襄公九年》記有穆姜釋《周易》隨卦卦辭之「元亨利貞」，此尤可為經師參考古代文獻而編次有所改易之證。董仲舒作《春秋繁露》，於〈基義〉引：「《易》曰：『履霜堅冰，蓋言遜也。』」董仲舒是景帝、武帝時人，〈文言傳〉在景帝時當已成篇。

帛書本的卦序，不同於今本的卦序，因此在漢文帝十二年之前，應無依今本卦序編寫的〈序卦傳〉。但《淮南子・繆稱》：「《易》曰：『剝之不可遂盡也，故受之以復。』」為今本〈序卦傳〉文。淮南厲王劉長子劉安，於文帝七年（西元前一七三年）封阜寧侯；文帝十六年（西元前一六四年）封淮南王。《淮南子》成書於武帝時，故得引〈序卦傳〉文。〈雜卦傳〉，西漢古籍，無一引用。王充《論衡・謝短》：「宣帝之時，河內女子壞老屋，得《易》一篇。」〈正說篇〉又說：「得逸《易》、《禮》、《尚書》各一篇，奏之。」論者多說就是〈雜卦傳〉。〈雜卦傳〉可能成於漢宣帝之後。

最後說明一下《周易》經傳的編次和本書一些特別安排。《漢書・藝文志・六藝略》首列：「《易經》十二篇，施、孟、梁丘三家。」顏師古《注》：「上下經及《十翼》，故十二篇。」施讎、孟喜、梁丘賀都是漢宣帝時人。那時《周易》第一篇、第二篇是「經」，第三篇到第十二篇是「十翼」，經傳是分開的。《漢書・儒林傳》略云：「費直治《易》為郎，長於卦筮，亡章句，徒以〈彖〉、〈象〉、〈系辭〉十篇之言解說上下經。」想來只是以傳說經，沒有寫成文字的章句，更談不上篇次的變更。《三國志・魏書・高貴鄉公紀》記帝幸太學，問：「孔子作〈彖〉、〈象〉，鄭玄作《注》，雖聖賢不同，其所釋經義一也。今〈彖〉、〈象〉不與經文相連，而《注》連之，何也？」《易》博士淳于俊回答說：「鄭玄合〈彖〉、〈象〉于經者，欲使學者尋思易了也。」鄭玄繼承費直以傳說經的理念，所著《周易注》，已把〈彖〉、〈象〉移置於卦爻辭之後，《周易》篇次才有所改變。到了王弼《周易注》，更進一步把〈文言〉附在乾、坤二卦之後。程頤《伊川易傳》連〈序卦傳〉也分別引錄於相關各卦之首。清儒朱駿聲《六十四卦經解》，更摘取〈繫辭傳〉、〈說卦傳〉、〈序卦傳〉、〈雜卦傳〉中與各卦相關的文句，置於該卦之前；割裂〈彖傳〉、〈大象傳〉分置各相關卦卦辭之後，〈小象傳〉分置各爻爻辭之後。〈文言傳〉則分置乾坤卦辭、乾六爻爻辭、與用辭之後。以傳附經，朱駿聲所作可算最徹底的了！我這本《新譯乾坤經傳通釋》，把《十翼》有關乾坤者，全部錄置在二卦卦辭、十二爻爻辭及用辭之後，正是依據費直以傳說經的理念，採用朱駿聲以傳附經的方法，目的在「使學者尋思易了」，對古人之說乾坤兩卦有一個通盤的認識。已熟悉《周易》古十二卷本或王弼《注》本的讀者，這樣編排也許不太習慣，所以書前編了詳細的目次。特別要說的是：〈繫辭傳〉下面的章名，是我加上去的，大抵摘取該章首句或主旨簡約而成。〈繫辭傳〉之說乾坤，多連成一氣。我把「概論」性質的置於乾卦之下，把「較論」性質的置於坤卦之下。「注釋」、「語譯」之後，「附錄古義」，則取自楊樹達《周易古義》，並一一校以所據原書，偶有增益。書後附錄《周易本義・筮儀》、《周易啟蒙・考變占第四》，皆錄自朱熹之書，所以明占筮。雖說不占，但其「本」不可不知。

我七十歲從臺灣師範大學國文系退休，開始改寫舊作。二〇〇二年，《修辭學》增訂三版出版。接著就改寫《周易讀本》，至今（二〇〇七）五年，才完成了這本《新譯乾坤經傳通釋》。乾卦據《讀本》改寫了十次，坤卦改寫了三次，內子德瑩不厭其煩在電腦上為我打字，教我感激不盡。在八十八歲前完成《周易六十四卦經傳通釋》的願望，不知能否遂願。乾坤之單行，古已有之。《隋書・經籍志》就著錄有《周易乾坤義》，南齊劉瓛撰。近代大儒熊十力先生也有《乾坤衍》一書，刊行於世。因此我就央請三民書局把《新譯乾坤經傳通釋》

先行出版。希望讀者先進有所教益，好作為我改寫《周易六十四卦經傳通釋》的南針，我會一卦一卦寫下去的。

二○○七年六月於臺北新店見南山居

乾卦經傳通釋

卦辭

䷀ 乾下乾上 乾（ㄑㄧㄢˊ）❶：元（ㄩㄢˊ）、亨（ㄏㄥ）、利（ㄌㄧˋ）、貞（ㄓㄣ）❷。

注釋

❶ ䷀ 乾下乾上 乾 卦名，數也。六畫的卦，由兩個三畫的卦自下至上重疊而成。下面三畫的卦叫下卦，又叫內卦，要先畫；上面三畫的卦叫上卦，又叫外卦，要後畫。《易》卦先下而後上，與甲骨文下上連書先下而後上，可能都受事物由下向上發展的啟示，並含有重視基層的意思。六畫的乾卦，下卦是三畫的乾，叫乾下；上卦也是三畫的乾，叫乾上。《易》法自然，乾得之於自然之道中的天道。取象於天，其德為健。〈說卦傳〉：「乾為天。」又說：「乾，健也。」綜合天象健德，就

稱之為乾。據〈序卦傳〉：「有天地然後萬物生焉。」故《周易》以乾卦為首卦；以坤卦為次卦。帛書「乾」作「鍵」，無「乾下乾上」字。《周易》筮儀，蓍草五十策，留一策擱回櫝中，用四十九策。經過「分而為二」、「掛一象三」、「揲之以四」、「歸奇於扐」，四營而得一變，三變而成一爻。由掛、扐之數可推知過揲之數有四：三十六策為四個九，稱老陽；三十二策為四個八，稱少陰；二十八策為四個七，稱少陽；二十四策為四個六，稱老陰。少長成老，陰仍為陰，陽仍為陽，量變而質不變。老陽變而為少陰，老陰變而為少陽，則質量全變。占筮時，自初至上所得都為少陽七，本卦為乾，少陽七變為老陽九，之卦仍是乾，或自初至上所得都是老陰六，本卦是坤，之卦是乾，這兩種情形，都以乾卦辭占。詳見本卦所錄〈繫辭傳〉天地之數章「大衍之數五十」和以下各條之注，及書末所附〈筮儀〉。

❷元、亨、利、貞

是乾卦的卦辭。占亦象也，即占即象。吳澄《易纂言》以為「元亨」、「利貞」皆「占也」。高亨《周易古經通說》以「元亨」為「記事之辭」，「利貞」為「斷占之辭」。根據〈文言傳〉，這四個字有三種不同的解釋。（一）四德說：元、亨、利、貞為四德，都有獨立的意義。（二）兩段說：元亨是一個單位，利貞是一個單位。（三）一貫說：合四字成一句。宋代項安世作《周易玩辭》，曾為之調和，說：「此一理而四名也。故分而為四，則曰：『元者，善之長也；亨者，嘉之會也；利者，義之和也；貞者，事之幹也。』比而為二，則曰：『乾元者，始而亨者也；利貞者，性情也。』混而為一，則曰：『乾始能以美利利天下，不言所利、大矣哉！』」所以這三種說法是可互相補足分別成立的。又根據〈彖傳〉，還有第四種斷句法。就是三分法：元、亨各為一個單位，利貞合為一個單位。在〈文言傳〉和〈彖傳〉外，我還曾歸納其他六十三卦卦爻辭之言及「元亨利貞」者，察其句讀，有「元」、「亨」、「利」、「貞」分用的，有「元亨」連用的，有「利貞」連用的，有「元亨利貞」連用的。分用的，或獨立成義，或連他字成義；連用的也多可分可合，不固執一種意義。由其他六十三卦「元亨利貞」之獨用連用，可分可合，又可證乾卦辭「元亨利貞」之多義，固所當然。卦爻辭原為占筮之辭，喜用模稜語，本質上就含有多元解析之可能，實在不必局限於一種斷句與一種詮釋。以下分別說明這四種句法的大義。

一、四德說

先從字源學探討元、亨、利、貞的意義。

元，甲骨文作□，從人而指出頭的位置；又作□，從二（上）從人，會意為首。有始、大等意思。乾之為天體，行健不息，萬物因而產生；草木蟲魚鳥獸有生之屬，皆直接或間接依光合作用製造原生質，古人稱為「吸取日月光華」；而上天這種生生不息之仁，又是所有德性的根源。如此說來，乾天行健之性，乃是萬物之始，生命之始，德行之始。這種創始的功能，是普遍而恆久的，既偉大，又遠大，於是元引申又有大意。

亨，甲骨文作□、□、□、□，與享、烹為一字，象宗廟之形。亨，帛書正作享字。宗廟為祭獻鬼神之所，溝通神明，祈求賜福，有烹饗、感應、享用、亨通之意。乾為天，天體對萬物具有彰顯亨通的作用。生命亦藉此化育滋長，嘉會感應，而天人來往之禮存乎其中。

利，甲骨文有□、□、□等形。大致上從□（耒耜）鋤地種禾之形。或加點象翻起的土粒，或加□象手，加□象土。《說文》以為「刀和然後利，从刀，和省」。就更饒哲思了。天體的運轉與化育，為一大和諧的秩序。所以星球不致互撞，萬物各得其所，蒙受和諧之利。人類有察於此，安身立命，互助合作，而能順天利物而合義。

貞，甲骨文作、、，本象鼎形，卜辭中常表示卜問。鼎本宗廟之常器，穩重正固，引申有常、正之義。天剛毅行健，化育不息，有其軌道，有其常態；人法天行，參贊化育，貞固幹事，亦有常道正道可循。

元、亨、利、貞四德，不僅是並立的，也可能是遞進的，還可能是一種世界性的複雜組合的原型 (archetypal patterns)。〈文言傳〉以仁、禮、義、固四德來詮釋元、亨、利、貞，固然以並立為重；《子夏易傳》(或謂孔子弟子子夏卜商撰，或謂《韓詩》作者子夏韓嬰撰)：「元，始也；亨，通也；利，和也；貞，正也。」則並立以外，隱含遞進可能。南陳周弘正《周易講疏》：「元，始也，於時配春……；亨，通也，於時配夏……；利者，義也，於時配秋……；貞者，正也，於時配冬……。」就承子夏之言而配以春、夏、秋、冬。《朱子語類》卷六十八甘節錄：「以天道言之為元亨利貞；以四時言之為春夏秋冬；以人道言之為仁義禮智；以氣候言之為溫涼燥濕；以四方言之為東西南北。」更將元亨利貞視為複雜組合的原型。明薛瑄《讀書錄》以花果為喻，說：「一花即具元亨利貞之理。花始蕚而未開者，元也；開而盛者，亨也；盛而就實者，利也；實已成熟者，貞也。成熟可種而復生，又為貞下之元矣。生理循環蓋未嘗毫髮止息間斷。」是對此原型生動的描述。加拿大文學理論家傅萊 (Northrop Frye) 在《本體的寓言》(*Fables of Identity*, Harcourt, 1963) 中，給各種原型階段及跟它相當的文學類型作了這樣的對比說明：「1. 黎明期，春季及誕生階段，……此屬傳奇故事及狂熱詩歌的原型。2. 全盛期，夏季及成婚或勝利階段，……此屬喜劇、牧歌及田園詩的原型。3.日落期，秋季及死亡階段，……此屬悲劇與哀歌的原型。4.黑暗期，冬天及崩潰階段，……此為諷刺詩文……等等的原型。」元亨利貞作為組合原型之具有普遍性與世界性，由薛瑄、傅萊之言可見一斑。

二、三分說

元、亨、利貞，分別為一意義單位，這是〈彖傳〉的說法。〈彖傳〉有「乾元」一詞，代表統貫宇宙萬物運行變化，生物生生不息的一種普遍的創始性能。此種性能彰顯在現象界，一方面是自然界在恰當的時空際會中化育萬物；另一方面，作為萬物之靈的人類也要回報自然界而參贊化育。這種天人與人天間雙向溝通，正是「亨」。至於如何保持此大自然的和諧，那就需要各自努力，遵守自然界本然的法則了。此即為「利貞」。

三、兩段說

認為「元亨」是一階段，「利貞」是另一階段。上天只在初期賦予萬物亨通發展的性能，至於後段，就靠自己的修為，應該循常軌正道。父母之於子女亦然。美國總統林肯 (Abraham Lincoln) 名言：「四十歲以前的臉孔，由父母負責；四十歲以後的臉孔，由自己負責。」正是對人生前後段最具體鮮活的描述。屈萬里先生《周易集釋初稿》釋云：「言大亨而利於守其常也。」亦屬兩段說，可能更合乎經文原意。

四、一貫說

這又分兩面。一面是乾之具元亨利貞的一貫性能。乾以剛健創始的性能（元），來化育彰顯萬物（亨），使萬物各得其所，蒙受和諧的益處（利），而公平公正，不會專利一物（貞）。〈文言傳〉就由此一面說。另一面乾又為亨利貞之元。乾之創始的性質與功能，正是這種能夠生長萬物（亨），使萬物順遂（利），而又無偏無私地成全萬物（貞）的根源和本體（元）。宋儒如朱熹等有此一說。《朱子語類》卷六十八葉賀孫錄：「四德之元，猶五常之仁，偏言則一事，專言則包四者。」又黃卓錄：「元者，天地生物之端倪也。元者生意：在亨則生意之長；在利則生意之遂；在貞則生意之成。」皆以元統貫亨利貞。

語譯

三畫卦的乾作下卦，三畫卦的乾作上卦，重疊成六畫的乾卦。取象於天，性質剛健。它是構成萬事萬物的源頭（元）；具有溝通萬事彰顯萬物的功能（亨）；它是和諧的秩序（利）；它是穩重恆常的正道（貞）。象徵仁、禮、義、智（並列的）；也代表春、夏、秋、冬（貫時的）。它是宇宙之間萬物所以創始的原理（元）；依據時空化育彰顯著萬物（亨）；萬物應該遵循這宇宙共同原理所賦予的特性而正確從事（利貞）。乾道在開始時提供萬物生存發展的原動力（元亨）；至於後來萬物應該各自遵循正道而努力（利貞）。乾以創始的性能來化育彰顯萬物，使萬物全得到益處，而公正平等，不會專利一物（元亨利貞）。乾，它正是這種能夠亨通萬物，造福萬物，無所偏私的源頭和本體（亨利貞之元）。

附錄古義

戴德《大戴禮記・保傅篇》：「《春秋》之元，《詩》之〈關雎〉，《禮》之冠婚，《易》

之乾、巛（坤），皆慎始敬終云爾。」

劉熙《釋名・釋天》：「天，《易》謂之乾。乾，健也；健行不息也。」

揚雄《法言・問明篇》：「或曰：『龍何如可以貞利而亨？』曰：『時未可而潛，不亦貞乎？時可而升，不亦利乎？潛升在己，用之在時，不亦亨乎？』」

王充《論衡・刺孟篇》：「夫利有二：有貨財之利，有安吉之利。惠王曰：『何以利吾國？』何以知不欲安吉之利，而孟子徑難以貨財之利也？《易》曰：『利見大人』，『利涉大川』，『乾：元、亨、利、貞。』《尚書》曰：『黎民亦有利哉！』皆安吉之利也。」

徐幹《中論・治學篇》：「群道統乎己心，群言一乎己口，唯所用之故，出則元亨，入則利貞，默則立象，語則成文。」

彖傳

大哉乾元，萬物資始，乃統天❶。雲行雨施，品物流形。大明終始，六位時成，時乘六龍以御天❷。乾道變化，各正性命，保合太和，乃利貞❸。首出庶物，萬國咸寧❹。

注釋

❶**大哉乾元，萬物資始，乃統天**

此釋卦辭「元」。

「大哉乾元」，是倒裝的表態句。主語「乾元」本當先說；表語「大哉」本當後說，倒裝以加重「大哉」的強度。《論語・堯曰》：「唯天為大。」乾為天，其作為創始的性能極普遍，概括萬物、生命、道德，故以「大」贊歎之。〈彖傳〉說乾曰「乾元」，說坤曰「坤元」。因為一者，乾天坤地為生物的端倪，生物由坤，端倪自乾；再者，乾坤是六十四卦之首，六十四卦也全由乾陽爻與坤陰爻構成；三者強調元之創始性能，下面言亨、言利、言貞，都淵源於乾元之德；而非於乾元之外別有亨、有利、有貞。

「萬物資始」，說明乾元，就物方面說，是天地萬物所憑資以創始的總根本；就事方面說，又是宇宙運行變化，生物生生不息的原動力。而一切德性，亦源於上天好生之德，生生不息之仁。

「統天」之統，意思與乾〈文言〉「本乎天」的本，和「與天地合其德」的合相承相輔。有以一該眾，統貫所有的意思。乃統天，言乾元剛強、創始、行健、生化不息之仁體本乎天道合乎天道，於是也就統貫著天道。

❷**雲行雨施，品物流形。大明終始，六位時成，時乘六龍以御天**

此釋卦辭「亨」。

「雲行雨施」，是就發動方面而言，指出元德仁體，像雲的飄行，像雨的施被，鮮活呈現出乾元成就著生化萬物的具體內容。

「品物流形」，是就接受方面而言，指出各類物品受此元德仁體的流布滋潤而完成其形體。而此發動者與接受者之間的溝通，正其所以為「亨」之一端。

「大明」，指乾元仁體，廣大普遍，虛靈不昧，具眾理而應萬事。在表面上，是虛空的，不具生化之相；在本體裏，卻靈明湛然，是一切生化的源頭。語法上，「大明」可以是兩個形容詞的聯合詞組；也可以是副詞加形容詞的偏正詞組；本身又可視為名詞。《易》多模稜語，所以如此。

「終始」，形容此大明之體，純健不息，為萬物全終復始的根據。事物之始，固本乎乾元仁體；事物之終，更應保全此乾元仁體，不為物欲所蔽，不為氣稟所拘。如此，就能全終而復始，生生而不息。此言「終始」不言「始終」，表明了「終」非終結，而是另一個新的開始。《易》言「人之終始」、「懼以終始」、「終則有始」、「成終而成始」，皆先說終後說始。唯「原始反終，故知死生之說」，先始後終，是受動詞「原」、「反」影響，但句中「死生」一詞仍堪玩味，特別點明於此。「大明」以空間為主；「終始」以時間為主。所以「大明終始」是乾元天道時空配合之亨通。

「六位」，指居六爻初、二、三、四、五、上，分屬地、人、天之位置，重在空間。

「時成」，指根據時勢配合時勢而完成天命，重在時間。所以「六位時成」是天命適時適地使此仁體生意亨通。以上四句言天道之亨通萬物。

「時乘六龍以御天」主語當為「人」。六龍，指潛龍、見龍、惕龍、慮龍、飛龍、悔龍。乾六爻爻數皆九，以龍象之，與乾為馬、震為龍之卦象無涉。御天，是具仁德之人，體會天命，遵循時序，參贊上天化育。所以「時乘六龍以御天」是人類仁體亨通之後，轉而弘揚天道，亨通天道。天生萬物以養人，這是來亨；作為萬物之靈的人類參贊化育以報天，這是往亨。來往雙亨，才是亨的極致。〈彖傳〉前言「統天」，此言「御天」，萬年淳《易拇》云：「統天者，乾元之用；御天者，聖人之用也。」

❸乾道變化，各正性命，保合太和，乃利貞

此釋卦辭「利貞」。

乾道與乾元同中有異。《周易玩辭》云：「推其本統言之則曰乾元；極其變化言之則曰乾道。」《易》言變化，有「天地變化草木蕃」、「四時變化而能久成」等等。所以乾道變化在現象方面指天體的運行與化育，如日月麗天，四時代序，化育萬物而不息。《易》又謂變化為「剛柔相推而生」的「進退之象」，所以乾道變化在理論方面，可指由元而亨、而利、而貞，而貞下又起元；可指由初而二、三、四、五，至上，而上復為初；更可指與坤相推而生巽、離、兌、震、坎、艮六子，進而八卦相疊而成六十四卦；還可指如乾九四之「或躍」而進，或退「在淵」；六十四卦之「來往」，亦進退也。由變化之「象」上探，則為「數」。所以〈繫辭傳〉說：「凡天地之數五十有五。此所以成變化而行鬼神也。」又說：「知變化之道者，其知神之所為乎！」前曾說到「六位」、「六龍」，皆數也。而聖人極數通變，極深研幾，效法天地之化而能裁之。所以《易》之為變易，可視為一種「數本論」的哲學。

「各正性命」，朱熹《周易本義》云：「物所受為性，天所賦為命。」這是扣緊《中庸》「天命之謂性」說。天命之性，本當純善，然性不能獨存，必寄託於萬物之中，而受形體之拘蔽，

須時時提撕振作。性命之須正，猶明德之須明也。各正者，各視其本人身分而行其正也。如《大學》：「為人君，止於仁；為人臣，止於敬；為人子，止於孝；為人父，止於慈；與國人交，止於信。」如此之類。各，並有各自、親自之意。

「保合太和」，保謂常存，合調發而皆中節。太和指自然界普遍和諧相濟。此顯示我國古代對環境保護、生態均衡的重視。《論語》論君子小人，我個人最欣賞的是：「君子和而不同；小人同而不和。」推之於萬物皆然。《孟子・梁惠王上》：「不違農時，穀不可勝食也；數罟不入洿池，魚鼈不可勝食也；斧斤以時入山林，材木不可勝用也。」已隱含生態均衡之意。又〈離婁上〉說：「故善戰者服上刑；連諸侯者次之；辟草萊任土地者次之。」把關農耕盡地利之罪過與戰爭、縱橫術相提並論，其重視大自然環境的保護，尤其明顯。二〇〇三年四月二十四日《洛杉磯時報》，刊出一九五八年諾貝爾醫學獎得主李德堡的文章說：在愛滋病之後，又有SARS流行，我們得到教訓應該是要和細菌尋求一種共生的關係，而不能希望完全征服它們取得最後勝利。我們應該把人看成一種包容極廣的超級生物，遺傳基因組內含人體細胞以及微生物和病毒的遺傳基因，幫助我們維持身體健康。因此，我們不只要研究細菌和病毒的行為，也要研究它們如何保護我們，找到合作的方式。李德堡這番話，從醫學觀點肯定了《易》學保合太和的理想。

〈彖傳〉以為遵循以上三句所說的道理行事，就是善用正道了，故以「乃利貞」結束。

❹首出庶物，萬國咸寧

此為結語。首出庶物即元亨。陽氣為萬物所始，人君為萬民之主，所以乾卦首出，與坤卦共同領導代表眾物與萬民的六十二卦。〈說卦傳〉：「乾為首。」也有同樣的意思。萬國咸寧即利貞。乾六爻皆陽，是任用君子，行事光明之象，所以萬國咸寧。乾〈文言〉：「乾元用九，天下治也。」也有同樣的意思。乾卦〈彖傳〉中：元、天、形、成、命、貞、寧，古協韻。

語譯

偉大啊，乾之為天地間生生不息的本體，是六十四卦源頭之一。萬物憑藉乾元天道，才能開創而有原始的生命及生生不息的德性。所以說乾元統率支配著化育萬物的宇宙。像雲的飄行雨的施被一般，各種品物接受天道的流布滋潤而完成形體。乾元天道是浩瀚靈明，周流運轉，生生不息，終而復始的。所以無論居於六爻的任何位置，都能根據地位配合時勢而完成天命。作為萬物之靈的人類因此要順著時空，像乘坐或潛、或見、或惕、或慮、或飛、或悔的神龍一樣，體現了弘揚了天道。乾元天道是有變化的，我們每人必須稟著天道正確安頓自己的性命。心中常存著普遍和諧的天道，行動常合乎普遍和諧的天道。所以說利於固守正道啊。乾元天道首先開創並統率萬物，聖人效法天道，領導萬民，使得萬國均能和諧安寧。

附錄古義

裴松之《三國志・魏書・管輅傳注》：「輅別傳曰：『故郡將劉邠字令元，清和有思理，好《易》而不能精。與輅相見，意甚喜歡，自說注《易》向訖也。輅言：「《易》安可注也！輅不解古之聖人，何以處乾位於西北，坤位於西南。夫乾坤者，天地之象，然天地至大，為神明君父，覆載萬物，生長無首，何以安處二位與六卦同列？乾之〈彖象〉曰：『大哉乾元，萬物資始，乃統天。』夫統者，屬也，尊莫大焉，何由有別位也？」邠依〈易繫詞〉，諸為之理以為注，不得其要。輅尋聲下難，事皆窮析。曰：「夫乾坤者，《易》之祖宗，變化之根源，今明府論清濁者有疑，疑則無神，恐非注《易》之符也。」輅於此為論八卦之道及爻象之精，大論開廓，眾化相連。邠所解者，皆以為妙；所不解者，皆以為神。」

王符《潛夫論・本訓篇》：「天道曰施，地道曰化，人道曰為。為者，蓋所謂感通陰陽而致珍異也。人行之動天地，譬猶車上御駟馬，蓬中擢舟船矣。雖為所覆載，然亦在我何所之耳。孔子曰：『時乘六龍以御天。』『言行，君子所以動天地也』；可不慎乎！」

袁宏《後漢紀・十六・安帝紀》：「魯恭王上疏云：『案《易》消息，四月乾卦用事。《經》曰：「乾以美利利天下。」又曰：「時乘六龍以御天。」』」

司馬彪《續漢書・五行志一》：「《易》曰：『時乘六龍以御天。』行天者莫若龍，行地者莫如馬。」

荀悅《申鑒・雜言下篇》：「《易》稱『乾道變化，各正性命』，是言萬物各有性也。『觀其所感，而天地萬物之情可見矣』，是言情者應感而動者也。昆蟲草木，皆有性焉，不盡善也。天地聖人，皆稱情焉，不主惡也。又曰『爻象以情言』，亦如之。凡情意心志者，皆性動之別名也。『情見乎辭』，是稱情也；『言不盡意』，是稱意也；『中心好之』，是稱心也；『以制其志』，是稱志也。惟所宜各稱其名而已；情何主惡之有？」

《後漢紀・七・光武紀論》：「袁宏曰：『《書》稱「協和萬邦」，《易》曰「萬國咸寧」：然則諸侯之治，建於上古，未有知其所始者也。』」

象傳

天行健❶；君子以自強不息❷。

注釋

❶天行健

〈大象傳〉通常分兩句。第一句由卦象與卦名結合而成。「天行」是乾上乾下構成的卦象；「健」應是卦名，今本卦名作「乾」，帛書作「鍵」。同卦相重，坎曰水洊至；離曰明兩作；震曰洊雷；艮曰兼山；巽曰隨風；兌曰麗澤。洊、兩、兼、隨、麗，都取重複義。只有乾〈大象〉曰天行，坤〈大象〉曰地勢，因為天地廣大，不得以兩天兩地限之，必須直言其天行健、地勢坤。關於天行健，如日月麗天，晝夜循環，四季代序，古人當然有所體會。《大戴禮記・夏小正》保存了夏代一些天文曆法的敘述，如一年各月晨昏時北斗七星斗柄的指向和某些恆星的見、伏。《尚書・

堯典》有「四仲中星」的記載，用四組恆星黃昏時在正南方出現來標明季節。還明白頒布「朞三百有六旬有六日，以閏月定四時成歲」。甲骨卜辭中有日蝕、月蝕、歲（木星）的紀錄。不過，天行健當然不僅僅只說這些常見的天文曆法方面的現象，更重要的是天道生生不息的化育性能。熊十力《讀經示要》說得好：「此以天之行健，喻乾元之化至健而無留滯也。……常使物捨故創新，而無一瞬可容暫住。……此生化勢能只是生而不有，故乃不窮於生；化而不留，故乃不竭於化。以是知其健而又健，德至盛也，故以天之行健象之。」

❷君子以自強不息

君子效法乾元天道運轉不止之象，生化不息之德，因此也無一息不在強毅奮發之中，充實自己的德性，參贊天地之化育，而永不懈怠休息。熊十力《讀經示要》：「天道不唯任運而已，要本之健德。……人道當體天德之健而實現之，積至剛以持之終身。百年之內，萬變之繁，無一息不在強毅奮發之中。智周萬物而不敢安於偷以自固；道濟天下而不敢溺於近以自私。立成器以為天下利，其勇於創作也；洗心退藏於密，其嚴於自修也。此所以體乾之由初至上，潛見躍飛，積健不已，盡人道而合天德。故曰君子以自強不息也。」說來最有力氣。由天道以明人事，這一點，可以說是《周易》乃至儒家和全體中國人意識的特別處。西方人多把客體排諸外，所以英國劍橋大學教授莫爾所著《倫理原理》，便宣稱「你不能由不是倫理界的事實中，來吸取倫理的教訓」。中國人將人視為自然界的一員。自然界有個別現象，也有共同法則。就共同法則而言，人當然可以向自然界取經，於是把客體納諸內、轉化而成主體，所以常能自天文物理，引出價值觀念和道德標準。至於〈象傳〉稱「君子以」者，凡五十三卦。所謂君子，乾〈文言傳〉以為：「君子以成德為行。」孔穎達《周易正義》（以下簡稱《正義》）卻以為：「言君子者，謂君臨上位，子愛下民，通天子諸侯兼公卿大夫有地者。」我個人認為：《周易》為周代朝廷占筮之書，君子本義當如孔穎達所說，指貴族有地者。儒家視《周易》為修身寡過之書，所以〈文言傳〉認為君子是「成德」之稱。因此人人可自《周易》獲取行為的標準，豐富了並且擴大了《周易》的效用。君子以之以，是一個原因介詞，作因此解。《易・象》言「自強不息」，《中庸》言「至誠無息」。宋儒游酢在《中庸解》中有很富啟發性的比較：「至誠無息，天行健也，若文王之德之純是也；未能無息而不息者，君子之自強也，若顏子三月不違仁是也。」天道無息，是自然而然的；自強不息，是人力勉強的。由「不息」而「無息」，那便由「君子」而入「聖人」的境界了。

語譯

乾元天道的運轉與生化，是至健而永恆的；一個努力修養品德的君子，效法天道的剛健，因此也要強毅奮發，充實自己的德性，參贊天地之化育，而永不懈怠休止。

附錄古義

范曄《後漢書・黃瓊傳》：「瓊上疏奏曰：『臣聞先王制典，籍田有日，司徒咸戒，司空除壇；先時五日，有協風之應；王即齋宮，饗醴載耒，誠重之也。自癸巳以來，仍西北風，甘澤不集，寒涼尚結。迎春東郊，既不躬親；先農之禮，所宜自勉，以逆和氣，以致時風。《易》曰：「君子自強不息。」斯其道也。』徐幹《中論・治學篇》：「志者，學之帥也；才者，學之徒也。學者不患才不贍，而患志之不立。是以為之者億兆，而成之者無幾；故君子必立其志。《易》曰：『君子以自強不息。』」

文言傳

元者，善之長也❶；亨者，嘉之會也❷；利者，義之和也❸；貞者，事之幹也❹。君子體仁足以長人❺，嘉會足以合禮❻，利物足以和義❼，貞固足以幹事❽。君子行此四德者，故曰：「乾：元、亨、利、貞。」❾

注釋

❶元者，善之長也

元為元首，引申為元始，此指天之體性，生養萬物，為萬物、生命之始，亦為德行之始。〈繫辭傳下〉：「天地之大德曰生。」所以乾為天而有始生以及生生不息之大德。首出萬物，而眾善即從此生生之仁體發展而出，為眾善之主。長，兼含生長、首長二義；正因其能生長眾善，故為眾善之首長。

❷**亨者，嘉之會也**

亨為亨通，嘉為美好，會為聚會。嘉之會也，指天道本身時空際會，主動地與萬物作美好的溝通，因而使萬物化育、生命滋長，德行增進。

❸**利者，義之和也**

利，此指天道之為利萬物。義，指物各得宜。和，指和諧相處。天道之所以為利，是因為使萬物由於各得其宜而形成和諧相處的境界。物各得宜是和諧相處的前提，所以說「義之和」。

❹**貞者，事之幹也**

貞，指天道有常，正直無私。事，天生萬物使各得其所之事。幹，《說文》無。經籍言幹，義同榦字，就是樹榦。《淮南子．主術篇》：「枝不得大於榦。」天道有常並正直無私是化生萬物的根本德性。《禮記．孔子閒居》：「天無私覆，地無私載。」《中庸》：「天地之無不持載，無不覆幬。」由「無私覆」而至「無不覆幬」，恰好主動地說明了「貞」為「事之幹」的道理。以上四句就乾元天道而言，有此元亨利貞四德。

❺**君子體仁足以長人**

此下四句，就人之能體現天道而言。首標「君子」二字，貫通以下四句。體仁之體是一個多義性的詞彙，《正義》作「人體」解，言「君子之人，體包仁道，汎愛施生」。程頤《易傳》（以下簡稱程《傳》）作「體法」解；《本義》作「以仁為體」解。體仁二字，最恰當的解釋應該是：體法上天好生之德，身體力行仁道，於是仁便成為生命的主體。長人的長也是個多義性的詞彙，有使人生長，為人首長兩種意義。只有體仁的君子，才能使眾人發展其天命的仁性，而成為眾人的領導者。我國傳說：有巢氏構木為巢，燧人氏鑽木取火，伏犧氏作網罟以田漁，神農氏製耒耜教民農作，都能法天體仁，嘉惠人民，而民悅之，使王天下。正是體仁足以長人的好例證。

❻嘉會足以合禮

此嘉會也包含兩層意思：一是君子由盡己之性而盡人之性而盡物之性，使自己之性與人物之性相通。於是萬物皆備於我，與我相親，樂莫大焉。二是時乘六龍以御天，上下與天地同流，參贊天地之化育。前者為人物之嘉會；後者是人天之嘉會。天道時空際會亨通萬物，這是「來」；人稟天道，亦能盡人物之性，轉而弘揚天道，這是「往」。《禮記・曲禮》：「禮尚往來：往而不來，非禮也；來而不往，亦非禮也。」天人及人物之間如此有來有往，所以「足以合禮」。

❼利物足以和義

不限於一己的私利，而能為萬民萬物謀福利，此為「利物」；如此，才是造成和諧社會的適宜行為，所以說「足以和義」。利與仁義的關係是相輔相成的，而非對立矛盾的。《左傳・成公十六年》記申叔時語：「義以建利。」《論語・里仁》記孔子語：「仁者安仁；知者利仁。」孟子見梁惠王，曾有義利之辯。孟子以為「上下交征利而國危矣」，所以征利反而不能得利；而「未有仁而遺其親者也；未有義而後其君者也」。所以只有仁義才能得利。與《易・文言》之意並不矛盾。王充《論衡・刺孟》於此亦有說，參本卦卦辭後「附錄古義」。

❽貞固足以幹事

貞固，是體天之正直與有常，而擇善固執。心中有此原則，於是事無不成。幹事之幹，由名詞轉為動詞，《正義》作「使事皆濟幹」解，亦可從。案：自「元者，善之長也」至此，《左傳．襄公九年》記穆姜語也曾引用。茲錄於下：「《周易》曰：『隨：元亨利貞，無咎。』元，體之長也；亨，嘉之會也；利，義之和也；貞，事之幹也。體仁足以長人，嘉德足以合禮，利物足以和義，貞固足以幹事。」唯穆姜所言四德，乃就「隨」卦卦辭而說，不是說「乾」；而說元為「體之長」，「體仁」上無「君子」二字，「嘉會」作「嘉德」，文字與〈文言傳〉略有出入。

❾**君子行此四德者，故曰：「乾：元、亨、利、貞。」**

四德，指元亨利貞。在天為春夏秋冬，在人為仁義禮信。君子推行元德，於是有仁；推行亨德，於是有禮；推行利德，於是有義；推行貞德，於是固信。四德雖然不同，但都要堅強地推行，此非至健的君子不能。所以「君子」是「行此四德者」，而「元亨利貞」正代表春生、夏長、秋收、冬藏「天行健」的「乾」道，是君子體法的依據。案：六十四卦都由乾坤演變而出，所以乾坤四德可通於其他六十二卦。只是其他六十二卦，於四德或全有或不全而已。當於各卦分別說明。以上係就〈文言傳〉四分乾卦辭「元亨利貞」為四德，而加以解釋。

語譯

元，有始生、好生的大德，是一切善的根源與領導者。亨，是亨通，為天道適地適時與萬物作最完美的聚會。利，是使萬物各得其宜，彼此協調，因而形成了宇宙的和諧。貞，是公正恆常，為上天行事的根本原則。成德的君子，體會到上天生生之德，身體力行，使仁成為生命的主體，這就夠資格領導眾人了。盡力改善萬民萬物生存的品質以弘揚天道，如此與天人萬物作美好的聚會，就稱得上合乎禮尚往來了。能為萬民萬物謀福利，這樣才是造成和諧世界的適宜行為。為人公正堅定，這樣就能興辦事情了。稟承天命而奉行仁義禮信的君子，是推行元亨利貞四德的人。所以，乾卦特別強調「元、亨、利、貞」。

附錄古義

《左傳・襄公九年》：「穆姜薨於東宮。始往而筮之，遇艮䷳之八。史曰：『是謂艮之隨䷐；隨其出也。君必速出。』姜曰：『亡！是於《周易》曰：「隨：元亨利貞，無咎。」元，體之長也；亨，嘉之會也；利，義之和也；貞，事之幹也。體仁足以長人，嘉德足以合禮，利物足以和義，貞固足以幹事。然，故不可誣也；是以雖隨無咎。今我婦人而與於亂；固在下位，而有不仁，不可謂元；不靖國家，不可謂亨；作而害身，不可謂利；棄位而姣，不可謂貞。有四德者，隨而無咎：我皆無之，豈隨也哉！我則取惡，能無咎乎？必死於此，弗得出矣！』」

馬端臨《文獻通考・二百八・引子思子》：「孟軻問牧民之道何先。子思曰：『先利之。』孟軻曰：『君子之教民者，亦仁義而已，何必曰利？』子思曰：『仁義者，固所以利之也。上不仁則不得其所，上不義則樂為詐：此為不利大矣。故《易》曰：「利者，義之和也。」又曰：「利用安身，以崇德也。」此皆利之大者也。』」

乾元（亨）者，始而亨者也❶；利貞者，性情也❷。乾始能以美利利天下，不言所利，大矣哉❸！大哉乾乎！剛健中正，純粹精也❹；六爻發揮，旁通情也❺；時乘六龍，以御天也；雲行雨施，天下平也❻。

君子以成德為行，日可見之行也❼。

注釋

❶乾元（亨）者，始而亨者也

王引之《經義述聞》：「『乾元』下亦當有『亨』字，傳先舉經文『亨』字而後解之。」〈文言傳〉在此將乾「元亨利貞」截分為二。先釋元亨，指出乾之生物，在開始之時，必令萬物具可亨通之道。至於以後如何，那要靠人類自己的修為了。宋呂與叔《東見錄》引程頤語云：「元亨者，只是始而亨者也。此通人物而言，謂始初發生，大概一例亨通也。及到利貞，便是各正性命，後屬人而言也。」

❷利貞者，性情也

性情，王弼《注》作「性其情」解，性為致使動詞，情為名詞作其賓語，就是以天命的純然善良的性去控制喜怒哀樂之情。《說文》：「情，人之侌气有欲者。」「性，人之昜气性善者。」

案：性無不善；情發而中節則善，不中節則不善。又案：諸家多以性情為兩個名詞組成的聯合詞組。程、朱皆如此。胡炳文《周易本義通釋》：「乾性情只是一個健字。健者，乾之性，而情其著見者也。且性情並言昉於此。」亦可備一說。

❸乾始能以美利利天下，不言所利，大矣哉

〈文言傳〉在此又將乾之四德統歸於「元」德。「乾始」為全句主語，指乾元創始之德。乾元本體只是個剛強開創、生生不息的仁體，亨之美滿通暢、利之造福天下、貞之公正恆常諸德，都是仁體的發展。句中始字釋元，美利釋亨，利天下釋利，不言所利釋貞。坤卦言「利牝馬之貞」，指言所利，故小；乾卦不言所利的對象，則一切事物都蒙其利，故大。

❹大哉乾乎！剛健中正，純粹精也

剛是剛強不撓的創始性能；健是勁健的生生不息的力量。乾六爻皆陽，所以質剛而行健。中是無過不及；正是無所偏倚。案：《易》例凡陽居五，陰居二，叫作「中正」。乾九二非陰，而稱中正，於《易》為特例。朱子對此曾有一番解釋。《本義》云：「或疑乾剛无柔不得言中正者，不然也。天地之間，本一氣之流行，而有動靜耳。以其流行之統體而言，則但謂之乾，而无所不包矣；以其動靜分之，然後有陰陽剛柔之別也。」不雜於陰柔，曰純；不雜於邪惡，曰粹。而精，指剛健、中正、純粹的極致。

❺六爻發揮，旁通情也

王引之《經義述聞》：「六爻發揮，猶言『六位時成』耳；旁者，溥也。」屈萬里先生《先秦漢魏易例述評》（以下簡稱《易例述評》）：「六爻發揮，即『變動不居，周流六虛』之義。旁通情者，即『以類萬物之情』之義。」案：六爻發揮，是六爻稟剛健中正純粹之德性，發揮潛、見、惕、慮、飛、悔的功能；旁通情也，是在各種不同的情況下，都能普遍亨通萬物之情態。不過，漢儒以象數說《易》，卻另有解釋。李鼎祚《周易集解》（以下簡稱《集解》）引陸績曰：「乾六爻發揮變動，旁通于坤，坤來入乾，以成六十四卦，故曰：旁通情也。」把兩卦相比，爻體陰陽相對互異，稱為「旁通」。《集解》引虞翻注：比䷇與大有䷍旁通；小畜䷈與豫䷏旁通；履䷉與謙䷎旁通。凡言旁通者二十一卦。屈先生《易例述評》云：「其所以造為此例者，亦因本卦之象，不敷資取；不得不更取旁通之卦之象，以足成其說也。」

❻時乘六龍，以御天也；雲行雨施，天下平也

「時乘六龍以御天也」，已見〈彖傳〉，表明聖人稟承乾道，足以駕御天道，這是上達；「雲行雨施天下平也」，表明聖人稟承乾道，足以統治天下，這是下施。「雲行雨施」也已見〈彖傳〉。但〈彖傳〉此四字言乾之亨德，而〈文言傳〉卻用此四字言聖人之德。正好證明聖人能通於天命。元熊良輔《周易本義集成》引建安張氏（名清子，有《周易本義附錄集註》十一卷）曰：「〈彖〉言雲行雨施而以品物流行繼之，則雲雨為乾之雲雨；此言雲行雨施而以天下平繼之，則聖人之功即乾，而雲雨乃聖人之德澤也。」案：以上〈文言傳〉參考〈彖傳〉來解說乾《卦辭》。先分說「元亨」與「利貞」；再合說「元亨利貞」；然後贊美乾德之精，爻動之通情，以及其御天平天下的效用。

❼君子以成德為行，日可見之行也

此句參考乾〈大象〉來解說「乾」。前人多以此連下文「潛之為言」，誤以為解說「乾初九」。茲據王夫之《周易內傳》正。本句有兩點值得注意：一、肯定「君子」是「以成德為行」者；

而非「貴族有地者」，從而使《周易》由朝廷占筮之書一變而成所有人類修養之書。二、肯定「成德為行」是「日可見之行」，除「日」字隱含「天行健；君子以自強不息」之義外，更強調「成德」之道德主體性之「可見」於外。發揮了《中庸》「人之視己，如見其肺肝然」、「誠於中，形於外」以及《孟子・盡心篇》「君子所性，仁義禮智根於心。其生色也，睟然見於面，盎於背，施於四體，不言而喻」的道理。

語譯

乾卦辭所說的「元亨」，是指出乾元天道始生萬物時，賦予萬物具備可以發展的基礎；所說的「利貞」，是指出萬物必須以天命純善之性去控制喜怒哀樂之情。乾元這種剛強行健化育不息的創始性質，能夠用它亨通美滿、創造福利的功能來造福天下，公正恆常，不限定所利的對象，真是偉大極了呀！偉大呀乾啊！剛強、勁健，無過不及，不偏不倚、不雜陰柔邪惡，已到至善的境界。六爻稟承剛健中正純粹至極之德性，發揮潛、見、惕、慮、飛、悔的功能，普遍地亨通了萬物之情態。像配合時空乘坐著六條神龍一樣，體現了弘揚了天道。像雲行雨施一般，使萬民萬物亨通，蒙受福利，天下就太平了。君子要以成就道德作行為的目標。這種努力要像天體的運行一樣，必須每天每天體現著，篤行著。

附錄古義

袁宏《後漢紀・十六・安帝紀》：見乾〈彖傳〉附錄。

繫辭傳上

天尊地卑章

天尊地卑，乾坤定矣❶。卑高以陳，貴賤位矣❷。動靜有常，剛柔斷矣❸。方以類聚，物以群分，吉凶生矣❹。在天成象，在地成形，變化見矣❺。是故剛柔相摩，八卦相盪❻。鼓之以雷霆；潤之以風雨。日月運行，一寒一暑❼。乾道成男；坤道成女❽。乾知大始；坤作成物❾。乾以易知；坤以簡能❿。易則易知；簡則易從。易知則有親；易從則有功。有親則可久；有功則可大。可久則賢人之德；可大則賢人之業⓫：易簡則天下之理得矣！天下之理得，而成位乎其中矣⓬！

章旨

孔穎達、朱熹皆以此為〈繫辭傳〉上篇第一章。全章以天地萬物演進的現象，推論變化的道理。又說明乾代表天象，坤代表地形，而人兼具乾之平易，坤的簡單，故易知易從，有親有功，同天之久，同地之大，頂立於天地之中，成其德業。《正義》云：「天尊地卑至其中矣，此第一章。明天尊地卑及貴賤之位、剛柔動靜、寒暑往來；廣明乾坤易簡之德，聖人法之，能見天下之理。」《本義》云：「此章以造化之實，明作經之理。又言乾坤之理，分見於天地，而人兼體之也。」

注釋

❶天尊地卑，乾坤定矣

天地是宇宙間有形的實體，依人類直觀，天在上，故尊；地在下，故卑。乾坤是由宇宙實體抽離出來，相對的兩種性質之名，乾代表天，坤代表地。其內容起初是由實存的天地所決定。乾坤是《周易》的門戶，蘊涵著《周易》的精義，所以成為〈繫辭傳〉上篇第一章第一句。帛書作「天奠地庳，鍵川定矣」。

❷卑高以陳，貴賤位矣

卑高，指地天兩儀。言「卑高」不說「高卑」，與爻位自下往上數、重卦先下後上道理相同。《易》說陰陽、終始、死生……，也都含這種理念。以，原因介詞。以陳，因而陳列。以，帛書作「已」，以、已古通用。已陳，如作已經陳列解，亦通。貴，言乾天尊高貴重。賤，言坤地卑低輕賤。不過，尊卑貴賤都是相對而非絕對的。所以六畫之卦成立後，乾初九〈象傳〉言：「潛龍勿用，陽在下也。」是乾亦有卑下時；坤六五爻辭：「黃裳元吉。」是坤亦有尊貴時。位，帛書作「立」，謂高貴與卑賤的位階成立了。

❸動靜有常，剛柔斷矣

常，指常規、原則。斷，指判斷、分別。由乾天尊貴，坤地卑賤再加引申，於是有乾動而剛，坤靜而柔的說法。但動靜剛柔仍是相對的。〈繫辭傳〉下文說：「夫乾，其靜也專，其動也直，是以大生焉；夫坤，其靜也翕，其動也闢，是以廣生焉。」是乾坤各有動靜。又咸卦艮下兌上，〈象傳〉云：「柔上而剛下，二氣感應而相與。」〈文言傳〉：「坤至柔而動也剛。」〈說卦傳〉：「立地之道曰柔與剛。」是柔可在上，剛可在下，坤地可柔可剛。

❹方以類聚；物以群分：吉凶生矣

前賢釋方、物，多注重二者之異，而每相矛盾。如《集解》一引《九家易》云：「方，道也，謂陽道施生，萬物各聚其所也；陰主成物，故曰物也，至於萬物一成，分散天下也。」是以陽為道，陰成物。再引虞翻曰：「坤方道靜，故以類聚；乾物動行，故以群分。乾生故吉，坤殺故凶，則吉凶生矣。」是又以坤為道，乾為物，與《九家易》相反。至清代李光地修《周易折中》所作案語云：「在天有方焉，春秋冬夏，應乎南北東西者是也。其生殺之氣，則以類聚。在地有物焉，高下燥濕，別為浮沉升降者是也。」仍以方屬天，物屬地，以區分之。近人高亨作《周易大傳今注》，更以「方」當作「人」，篆文形似而誤，謂：「人有異類，各以其類相聚。物有異群，各以其群相分。異類異群矛盾對立，於是吉凶生。」人、物仍是二分。個人以為：

方、物，都是「方物」一詞的省稱，互文以見意。《尚書・旅獒》：「無有遠邇，畢獻方物。」是「方物」在古為複詞之證。其本義為「方土所生之物」，即今語「土產」，引申為所有事物之通稱。「方以類聚，物以群分」，只是說各種事物因其類別與群體的不同，有聚有分。朱震《漢上易傳》：「五方之物，各以其類聚，同氣也；五物之類，各以其群分，異情也。」似已見及此。至於群類聚分與吉凶之關係，〈文言傳〉釋九五：「飛龍在天，利見大人。」曰：「各從其類。」是以「從類」為利；〈彖傳〉釋坤：「西南得朋，東北喪朋。」曰：「西南得朋，乃與類行；東北喪朋，乃終有慶。」是以離類喪朋為有慶。乾用九言「見群龍，无首，吉」，是以群龍獨立為吉；而〈文言傳〉釋九四曰：「進退无恆，非離群也。」以是為无咎。所以群類聚分與吉凶，沒有絕對關係。只能籠統地說：這種聚或分如合乎自然界間動靜剛柔的法則，則吉，亦即有所收穫；否則為凶，即是一種損失。〈繫辭傳下〉：「吉凶者，言乎其失得也。」是也。近人徐志銳《周易大傳新注》：「天下四方的萬物，凡屬同一物種才能群居在一起，不同的物種就不能群居在一起，彼此是分離的。群居在一起的同一物種又分為陰陽兩類，兩類相合相聚可以繁殖而興盛，兩類不相合不相聚就不能繁殖而衰敗下去。《易》書效法這一自然現象，一卦設六位分陰分陽，又設六爻分柔分剛，柔爻應當居陰位，剛爻應當居陽位，這體現著『物以群分』。又確定出承乘比應的爻位關係，以陰陽剛柔對立面能相應相比合聚在一起而生吉辭，不能合聚在一起絕對對立而生凶辭，這就體現著『方以類聚』。」就自然界與《易》書分別論述群分類聚，並指出《易》法自然，卓識深具參考價值，特引於此。

❺在天成象；在地成形：變化見矣

象，指日月星辰。形，指山川動植。由於日月星辰的運轉，而有晝夜的循環，四時之成歲；由於山川動植的化育，而有滄海桑田，生老病死。這些都是「變化」。見，顯現的意思。以上為本章第一節，為天地兩儀定名，並對其尊卑、貴賤、動靜、剛柔、分聚、吉凶等性能作初步的說明。

❻是故剛柔相摩，八卦相盪

摩，切摩感生。剛柔相摩，指陽上生陽為太陽「⚌」，陽上生陰為少陰「⚍」，陰上生陽為少陽「⚎」，陰上生陰為太陰「⚏」，此即「四象」，四象之上又與剛柔相摩，於是感生「八卦」：乾☰、兌☱、離☲、震☳、巽☴、坎☵、艮☶、坤☷。盪，激盪、重疊等運化。如：天地定位、山澤通氣、雷風相薄、水火相射，是八卦相激盪；而六十四卦是八卦兩兩相疊的成果。

❼鼓之以雷霆；潤之以風雨。日月運行，一寒一暑

此數句選擇性地說明乾、坤所生六子：震、坎、艮、巽、離、兌的功能。兩「之」字，皆指稱萬物。《正義》：「鼓動之以震雷離電；滋潤之以巽風坎雨。或離日坎月，運動而行，一節為寒，一節為暑。」六子中提到了震、巽、離、坎，未直接說到艮、兌。《正義》以為：「雷電風雨亦出山澤也。」間接點出了艮山、兌澤。

❽乾道成男；坤道成女

成，成為；成就。〈說卦傳〉：「乾，天也，故稱乎父；坤，地也，故稱乎母。」是乾本即為父為男；坤本即為母為女。成採成為義。〈說卦傳〉又說：「震一索而得男，故謂之長男；巽一索而得女，故謂之長女。坎再索而得男，故謂之中男；離再索而得女，故謂之中女。艮三索而得男，故謂之少男；兌三索而得女，故謂之少女。」是乾道又能索而得成就眾男；坤道又能索而得成就眾女。成採成就義。《集解》引荀爽曰：「男謂乾。初適坤為震；二適坤為坎；三適坤為艮，以成三男也。女謂坤。初適乾為巽；二適乾為離；三適乾為兌，以成三女也。」是也。人類有男女，生物亦有雌雄。《朱子語類》卷七十四黃罃錄：「乾道成男，坤道成女，通人物言之，如牡馬之類。在植物亦有男女，如有牡麻及竹有雌雄之類，皆離陰陽剛柔不得。」馮友蘭以此為《周易》的宇宙論。馮友蘭《中國哲學史》第一篇第十五章云：「講《周易》者之宇宙論，係以個人生命之來源為根據，而類推及其他事物之來源。《易・繫辭》云：『天地絪縕，萬物化醇；男女構精，萬物化生。』男女交合而生人，故類推而以為宇宙間亦有二原理。其男性的原理為陽，其卦為乾；其女性的原理為陰，其卦為坤。而天地乃其具體的代表。」對此二句亦有所闡發。以上為本章第二節，言剛柔相摩而生四象八卦，代表雷電風雨日月寒暑等自然現象，也象徵男女雌雄等生命情況。

❾乾知大始；坤作成物

知，審知，兼有主導、管理之意。大始，指普遍創始的性能。作，作用。成物，成全萬物。知之為義，很難確詁。僅朱熹一人，即有四解。《本義》：「知，猶主也。」此一解也。《語類》卷七十四周謨錄：「知者，管也。」又龔蓋卿錄：「太始是萬物資始，乾以易，故管之；成物是萬物資生，坤以簡，故能之。大抵讀經只要自在，不必泥於一字之間。」此二解也。主為主導，管為管理，二解義相近。又陳文蔚錄：「知字作當字解。……言乾當此太始，然亦自有知覺之義。」相當、知覺，此三、四解也。案：知覺之解，孔穎達已如此。《正義》：「乾知大始者，乾是天陽之氣，萬物皆始在於氣，故云知其大始也；坤作成物者，坤是地陰之形，坤能造作，以成物也。初始無形，未有營作，故但云知也；已成之物，事可營為，故云作也。」蓋以知為「未有營作」之前知識之「知」。吳怡《易經繫辭傳解義》進一步引〈繫辭傳〉：「知周乎萬物」、「通乎晝夜之道而知」、「知崇禮卑」、「卦之德方以知」，以為：「這個『知』是包羅萬物，通貫晝夜，崇高方正的，這正是乾的一大特性。所以乾知應解作乾的智性。」亦意味雋永，提作再思之資。並請參閱以下各條注釋。

⑩**乾以易知；坤以簡能**

易，平易。簡，簡約。知，指主導管理者面對當下萬物資始之睿知，兼含朱熹所言主、管、當、知覺等義。能，功能。乾天之普遍創始的性能，剛健中正純粹，甚為平易，此正其作為主管者面對萬物資始之睿知處；地道順承天道，載物而能含弘光大，甚為簡約，此即其面對萬物資生之功能。《正義》：「乾以易知者，易謂易略，无所造為，以此為知，故曰乾以易知也；坤以簡能者，簡謂簡省凝靜，不須繁勞，以此為能，故曰坤以簡能也。」《本義》：「乾健而動，即其所知，便能始物，而无所難，故為以易而知大始；坤順而靜，凡其所能，皆從乎陽，而不自作，故為以簡而能成物。」又《語類》卷七十四石洪慶錄：「問：『若以學者分上言之，則廓然大公者，易也；物來順應者，簡也。不知是否？』曰：『然！乾之易，致知之事也；坤之簡，力行之事也。』」所言並可作參考。

⑪**易則易知；簡則易從。易知則有親；易從則有功。有親則可久；有功則可大。可久則賢人之德；可大則賢人之業**

以兩兩相對形式，層層遞進，闡釋乾易坤簡的道理，而歸結於賢人之德業。朱子《本義》：「人之所為，如乾之易，則其心明白，而人易知；如坤之簡，則其事要約，而人易從。易知則與之同心者多，故有親；易從則與之協力者眾，故有功。有親則一於內，故可久；有功則兼於外，故可大。德謂得於己者；業謂成於事者。」釋義簡明流暢。《語類》卷七十四董銖錄：「『乾以易知，坤以簡能』以上，是言乾坤之德；『易則易知』以下，是就人而言，言人兼體乾坤之德也。」則說章旨。吳怡《解義》云：「《易》學上提到聖人，都是指先知先覺的聖王；……提到賢人都是指後知後覺，跟隨聖王之道的賢臣。」對聖人、賢人有清晰的判別。

⑫易簡則天下之理得矣！天下之理得，而成位乎其中矣

言得天下易簡之理者，則能在天地之間成就了「人」位，參贊化育，與天地合德，共成「三才」。案：成位於天地間者究為何？眾說紛紜，約分二派。一派以為易道、易象。陸德明《經典釋文》：「馬（融）王（肅）作『而易成位乎其中』。」以為「易」指易道。韓康伯《繫辭注》：「成位，況立象也。極易簡，則能通天下之理；通天下之理，故能成象並乎天地。」則以為易象。程頤《二程遺書・易說》：「天下之理，易簡而已，有理而後有象，成位乎其中也。」亦仍韓《注》以為易象。另一派則以為「人道」或「人」。張載《橫渠易說》：「易簡理得而成乎天地之中，蓋盡人道並立乎天地以成三才，則是與天地參矣。」指其為人道。朱熹《本義》：「成位，謂成人之位；其中，謂天地之中。至此則體道之極功，聖人之能事，可以與天地參矣。」則成位者，為人。此二說亦可調和，蓋此所言之「人」，實為得乾坤易簡之理之「聖人」，故能與天地合其德，上下與天地同流，參贊天地之化育。所以在天地中者，既是人，亦是易簡之理。

自「乾知大始」至此，為本章第三節。復分三目：首四句先言乾坤知易行簡之德；中八句言人法乾坤可成就賢人之德業；末三句謂人得易簡之理可與天地合德而成三才。

語譯

天在上而崇高，地在下而低卑，乾坤的名稱、性質和內容，也就由這兩個相對存在的現象中抽繹出來而確定了。由低卑到崇高相對排列著，高貴與卑賤的位置就此成立了。天體運動，地體安靜，具有一定的原則，剛健與柔順的差別由此斷定了。天地間各種事情，按照它們類別相聚合；天地間所有物品，按照所屬範疇來劃分：收穫或損失，就從分、聚的適不適當中產生了。在天構成日月星辰等現象；在地構成山川動植等形態：於是時空和萬物種種變化都出現了。所以陰柔陽剛交相感通摩擦，八卦相互激盪重疊。震雷離電鼓動了萬物的生機；巽風坎雨滋潤了萬物的成長。再配合離日坎月的交替運行，一寒一暑的循環消長。天地化育的作用中，陽剛的乾道成就了男性；陰柔的坤道成就了女性。乾的睿智主導著普遍地賦予萬物創始的性能；坤的作用在圓滿成就萬物本然的形體。乾以平易顯示出它的睿智；坤以簡約作為它的功能。由於平易，才容易被了解；由於簡約，才容易被接受隨從。容易被了解，自然有一種親和力；容易被順從，自然有美好的功效。彼此親和融洽，德行才能維繫長久；做事有功效，事業才能擴大恢宏。德行恆久正是賢人立德的特徵；事業發展正是賢人立業的特徵。平易、簡約，那麼天下的道理就能掌握了！能夠掌握天下道理，於是就能在天地之間成就了人類參贊化育的地位了！

附錄古義

范曄《後漢書・周舉傳》：「舉對問曰：『臣聞：《易》稱「天尊地卑，乾坤定矣。」二儀交構，乃生萬物。萬物之中，以人為貴。故聖人養之以君，成之以化，順四時之宜，適陰陽之和，使男女婚娶不過其時。包之以仁恩，導之以德教，示之以災異，訓之以嘉祥，是先聖承乾養物之始也。』」

又《荀爽傳》：「爽對策曰：『孔子曰：「天尊地卑，乾坤定矣。」夫婦之道，所謂順也。今漢承秦法，設尚主之儀，以妻制夫，以卑臨尊，違乾坤之道，失陽唱之義。』」（《後漢紀・二十二・桓帝紀》文同。）

孔穎達《周易正義・引鄭玄易贊及易論》：「《易》一名而含三義：易簡，一也；變易，二也；不易，三也。故《繫辭》云：『乾坤其《易》之蘊邪！』又云：『《易》之門戶邪！』又云：『夫乾，確然示人易矣；夫坤，隤然示人簡矣。』『易則易知，簡則易從。』此言其易簡之法則也。又云：『為道也屢遷，變動不居，周流六虛，上下无常，剛柔相易，不可為典要，唯變所適。』此言順時變易，出入移動者也。又云：『天尊地卑，乾坤定矣。卑高以陳，貴賤位矣。動靜有常，剛柔斷矣。』此言其張設布列，不易者也。」

班固《漢書・郊祀志》：「王莽奏云：『《易》曰：「方以類聚，物以群分。」分群神以類相從，為五部兆。』」

應劭《風俗通・聲音篇》：「《易》稱『鼓之以雷霆』，聖人則之，不知誰所作也？鼓者，郭也，春分之音也。萬物郭皮甲而出，故謂之鼓。」

韓嬰《韓詩外傳》卷三：「《傳》曰：『昔者，舜甑盆無膻，而下不以餘獲罪；飯乎土簋，啜乎土型，而農不以力獲罪；麑衣而盩領，而女不以巧獲罪；法下易由，事寡易為功，而民不以政獲罪。故大道多容，大德眾下，聖人寡為，故用物常壯也。』《傳》曰：『易簡而天下之理得矣。』」

范曄《後漢書・郎顗傳》：「顗對問云：『王者之法，譬猶江河，當使易避而難犯也。故《易》曰：「易則易知，簡則易從。易簡而天下之理得矣。」』」

陳壽《三國志・魏書・崔林傳》：「散騎常侍劉劭作〈考課論〉，制下百僚。林議曰：『案《周官》考課，其文備矣。自康王以下，遂以陵遲。此即考課之法存乎其人也。及漢之季，其失豈在乎佐吏之職不密哉？方今軍旅或猥或卒，備之以科條，申之以內外，增減無常，固難一矣。且萬目不張舉其綱，眾毛不整振其領，皋陶仕虞，伊尹臣殷，不仁者遠，五帝三王未必如一，而各以治亂。《易》曰：「易簡而天下之理得矣。」』」

易準天地章

《易》與天地準，故能彌綸天地之道❶。仰以觀於天文，俯以察於地理：是故知幽明之故❷。原始反終，故知死生之說❸。精氣為物，游魂為變：是故知鬼神之情狀❹。與天地相似，故不違❺。知周乎萬物，而道濟天下，故不過❻。旁行而不流，樂天知命，故不憂❼。安土敦乎仁，故能愛❽。範圍天地之化而不過❾；曲成萬物而不遺❿；通乎晝夜之道而知⓫：故神无方而易无體⓬。

章旨

孔、朱分章不同。《正義》以「《易》與天地準……故知死生之說」連上文為第三章；以「精氣為物……故君子之道鮮矣」為第四章。此從朱子《本義》，定為〈繫辭傳〉上篇第四章。說明易道與天地準，可以範圍天地，曲成萬物，通乎晝夜。可以推知幽明、死生、鬼神。使人不違、不過、不憂而能愛；不過、不遺而能知。並以神无方而易无體為全章結。

注釋

❶**《易》與天地準，故能彌綸天地之道**

此複句為全章之大綱。易，指《周易》一書及所含推天道以明人事的道理，亦即易道。與，韓康伯作「以」解，《繫辭注》云：「作《易》以準天地。」朱熹則從本字，《本義》：「《易》書卦爻具有天地之道，與之齊準。」都可通。準，《釋文》：「京（房）云：『準，等也。』鄭（玄）云：『中也，平也。』」李鼎祚《周易集解》：「虞翻曰：『準，同也。』」意並相近。吳怡《解義》：「就是標準。」最合今語。彌綸，指易道所概括者既周密又有條理。《本義》云：「彌如彌縫之彌，有終竟聯合之意；綸，有選擇、條理之意。」綸，帛書作「論」。天地之道，王宗傳《童溪易傳》：「即下文所謂一陰一陽是也。」《周易》由人類之有男女，類推宇宙間亦有陰陽二原理，其具體的代表則為天地。復由天地返觀人生，故每由天道而推論人事。所以易道以天地之道為標準，與天地之道等齊，能概括天地之道。

❷**仰以觀於天文；俯以察於地理：是故知幽明之故**

天文，指日月星辰的運轉，晝明而夜幽。地理，指山川的脈理。由於中國位居北半球，山南水北較明曰陽，山北水南較幽曰陰。又天文、地理兩者相較，則天明而地幽。又天有寒暑，地上生物有枯榮，枯寒屬幽，榮暑屬明。是故，因這種緣故。「之故」之「故」，指事故、現象。包括背陰、向陽的相對，晝夜、寒暑、枯榮之交替等等。

❸**原始反終，故知死生之說**

原，追究。反，測判。《本義》：「原者，推之於前；反者，要之於後。」究始測終，何以能知死生之說？《集解》引《九家易》曰：「陰陽交合，物之始也；陰陽分離，物之終也。合則生；離則死。故原始及終，故知死生之說矣！」原，帛書作「觀」。反，《集解》本作「及」。

❹**精氣為物；游魂為變：是故知鬼神之情狀**

精，精神，為陽。氣，血氣形骸，為陰。二者相聚為生物，生命得以伸展。若魂遊體外，生變為死，則歸為鬼類。王充《論衡・論死》：「鬼者，歸也。……鬼神，陰陽之名也。陰氣逆物而歸，故謂之鬼；陽氣導物而出，故謂之神。神者，伸也。」鬼與歸，神與伸，音皆相近，語源相同。《本義》：「陰精陽氣，聚而成物，神之伸也；魂遊魄降，散而為變，鬼之歸也。」陰精陽氣之說，述者多從之，揆以〈文言傳〉謂乾「純粹精也」，其說可商。

❺與天地相似，故不違

言易道與天地之道相似，所以不會違反天地之道。《集解》引虞翻曰：「乾、神似天；坤、鬼似地。聖人與天地合德，鬼神合吉凶，故不違。」將此句連上文「是故知鬼神之情狀」為句。《本義》：「天地之道，知仁而已！」將此句與下文「知周乎萬物……安土敦乎仁……」連讀。考上文自「《易》與天地準」以下，有三個「故知」，是就知解方面說；此「與天地相似」以下，有七個「故」，先言「故不違」，依次又言「故」不過、不流、不憂、能愛、不過、不遺，皆就證行方面說。《本義》分目，似較妥。

❻知周乎萬物，而道濟天下，故不過

知，指易道中的天道主導萬物資始的智慧和知識。周，周到；普遍。道，指易道中的地道具備萬物資生的方法和功能。濟，濟助；成就。過，踰越；過分。知周乎萬物，就天而言，重在「知」；道濟天下，就地而言，重在「行」。知行並重，天地合一，則不致踰越天地之道。〈繫辭傳〉下文言「大衍之數」，有：「二篇之策萬有一千五百二十，當萬物之數也。」荀爽引此以說「故曰知周乎萬物也」。見《集解》。是以數象解《易》。《本義》：「知周乎萬物者，天也；

道濟天下者，地也。知且仁，則知而不過。」則承前文：「乾以易知；坤以簡能。」以義理解《易》。

❼旁行而不流，樂天知命，故不憂

「旁行而不流」，指易道中的天地之道。旁行，普遍地施行。王引之《經義述聞》：「旁之言溥也，遍也。《說文》：『旁，溥也。』旁行者，變動不居，周流六虛之謂也。」《中庸》：「天地之道，博也，厚也，高也，明也，悠也，久也。」博厚高明悠久，正是「旁行」的具體說明。帛書作「方行」，旁方古通用。如作「行為方正」解，亦可。不流，不致隨俗漂流，泛濫不歸。《集解》引《九家易》曰：「旁行周合六十四卦，歲既周而復始也。」又引唐人侯果曰：「應變旁行，周被萬物而不流淫也。」分就時、空詮釋，可以參考。吳怡《解義》：「今人治哲學常犯二病，不是侈談形而上，不能落實，不能起用；便是過份重視經驗，不能上升，不能返本。在《中庸》第十章上強調：『君子和而不流。』也正是此處『不流』兩字的引申。」並以「不要留戀不返，以致沉迷不拔」釋不流，至味耐嚼。不流之流，京房作「留」。不留，正是不要留滯、不要留戀之意。帛書作「遺」，疑涉下文「曲成萬物而不遺」之「遺」而誤。

「樂天知命，故不憂」，指易道中的人事之道。孔穎達《正義》：「順天施化，是歡樂於天；識物始終，是自知性命。順天道之常數，知性命之始終，任自然之理，故不憂也。」釋義甚好。又樂天知命，須由兩方面思考：一是與上文「知周乎萬物而道濟天下」暨下文「安土敦乎仁」較，則乾為天主知而周乎萬物，坤安土敦仁而道濟天下。一是與《論語》「五十而知天命」、《中庸》「天命之謂性」較。朱熹《論語章句》：「天命，即天道之流行而賦於物者，乃事物所以當然之故也。」又《中庸章句》：「天以陰陽五行化生萬物，氣以成形，而理亦賦焉，猶命令也。」樂天知命者，樂知天道流行，所賦周乎萬物；然既賦於物，理在形氣之中，即有拘蔽，須時時提撕以明之，此種局限亦命也。知此，復何憂之有？

❽安土敦乎仁，故能愛

承前續言人事之道。安土，安於所住的環境，順從土地的特性。敦乎仁，敦厚加強天化地育生生不息之仁。順應自然，厚德載物，此正是愛的源頭，愛的表現。帛書作「安地厚乎仁故能既」。既，誤字。天之道在行健，君子樂天知命，自強不息而不憂；地之道在安順，君子安土敦仁，厚德載物而能愛。韓康伯《注》：「安土敦仁者，萬物之情也。物順其情，則仁功贍矣！」有順應自然，維護生態意。朱子《本義》：「蓋仁者，愛之理；愛者，仁之用。故其相為表裏如此。」則以理、(氣)、(體)、用，說仁、愛。以上說「故不違」、「故不過」、「故不憂」、「故能愛」，皆言易道之運作「與天地準」。

❾範圍天地之化而不過

範，模範，引申有仿效之意。圍，合圍，引申有包含之意。化，變化，引申有化育之意。韓康伯《注》：「範圍者，擬範天地而周備其理也。」朱子《本義》：「範，如鑄金之有模範；圍，匡郭也。」說理釋義甚是。惟孔氏《正義》，朱子《本義》均以「範圍天地」之主語為「聖人」；吳怡《解義》說：「是指易理。」

❿曲成萬物而不遺

曲，委婉、曲折而普遍。吳怡《解義》將「曲成」與《中庸》「致曲」、《荀子・天論》「曲致曲適」、《老子》「善救無棄」等作綜合討論，而結語說：「所謂曲成，在方法上來講，就是不以自己的主觀之見，正面去解決問題，必須繞個彎子，像地之順成天道一樣，遷就別人，而在無形中把問題解決了。在境界上來講，就是老子的自然無為，因為一切順物自然，而不加人為（指自己主觀人為的作法），則萬物皆能依順自己的本性發展。就像地一樣，它沒有自己的成見。花苗種下去，便長花；樹苗種下去，便成樹，完全是依據萬物本身的性能，以助之成長的。唯有這樣，萬物都能各盡其生，各抒其長，而無一絲一毫被遺漏。」釋義精詳。試與上句「範圍天地」較，上句主「大」，此句主「細」；上句重「不過」，此句重「無不及」。惟皆以「上下四方」空間為主。

⓫**通乎晝夜之道而知**

此句以「古往今來」時間為主。通乎，帛書作「達諸」。晝夜之道，承上文天地之道、幽明之故、死生之說、鬼神之情狀、樂天安土、知命敦仁而來，更上溯《繫辭傳》上篇第一章，又與尊卑、動靜、剛柔、方物、吉凶、寒暑、男女、易簡、知能、親功、久大、德業之道有相關處。以上所說種種相對、變化，卻又恆常存在的現象，如要抽繹出一種道理，那就是「一陰一陽之道」。焦循《易章句》：「晝夜之道即一陰一陽之道也。」而下章即以「一陰一陽之謂道」起，承接本章並進而闡示道體及其功用。知，指通曉晝夜之道後，獲知一陰一陽即易道，因而呈現之智慧。以上說「而不過」、「而不違」、「而知」，皆言易道「能彌綸天地之道」。

⓬**故神无方而易无體**

此句「故」字上托「範圍天地」、「曲成萬物」、「通乎晝夜」三句。句中「神」字當然與上文

「是故知鬼神之情狀」之「神」意義不同。〈說卦傳〉：「神也者，妙萬物而為言者也。」以為「神」之作為語言中的單詞，所指涉的是宇宙間能微妙地創生並化育萬物之最高原理。據〈繫辭傳〉上篇後文所述，此宇宙創化最高原理具有超知性、可知性、能知性，而均與《易》相關。「極數知來之謂占；通變之謂事；陰陽不測之謂神。」此神之超知性。「知變化之道者，其知神之所為乎！」此神之可知性。「蓍之德圓而神；卦之德方以知。……神以知來；知以藏往。」此神之能知性。「易，无思也，无為也，寂然不動，感而遂通天下之故，非天下之至神，孰能與於此！」此易道至神，故亦能感通，兼具神之超知、可知、能知性。此言「神无方」之「神」，意亦同此。方，方法；方面；方位。體，形體；形態。東晉干寶《周易注》於此有佳注，《集解》引之曰：「否泰盈虛者，神也；變而周流者，易也。言神之鼓萬物無常方；易之應變化無定體也。」韓康伯《繫辭注》：「方體者，皆係乎形器者也。神則陰陽不測，易則唯變所適，不可以一方一體明。」言理尤精。孔氏《正義》為韓《注》疏云：「凡无方、无體，各有二義。一者，神則不見其處所云為，是无方也；二則周遊運動，不常在一處，亦是无方也。无體者，一是自然而變，而不知變之所由，是无形體也；二則隨變而往，无定在一體，亦是无體也。」分而釋无方无體甚細。近人金景芳、呂紹綱合著《周易全解》云：「《易》中所謂神，所謂道，所謂易，名雖不同，其實一物，都是陰陽。語其陰陽不測則謂神，語其一陰一陽則謂道，語其陰陽生生則謂易。」合而較論神、道、易皆是陰陽，亦甚好。又吳怡《解義》於此句奧義解釋更詳，文長不引，讀者請自參閱。

本章結構，項安世《周易玩辭》嘗析之云：「凡言《易》者，皆指《易》之書也。此書之作，與天地準；故此書之用，能彌遍綸理天地之道。此二句者，一章之主意也。自此以下，皆敷演此二句之義。自仰以觀於天文，至故知鬼神之情狀，此三知者，言《易》之所知與天地準也；自與天地相似故不違，至安土敦乎仁故能愛，此四故者，言《易》之所能與天地準也；自範圍天地之化而不過，至神无方而易无體，此三而者，言彌綸之功也。」剖析全章綱目，可作參考。

語譯

《周易》一書所說的道理以天地間各種現象作為概括、模擬、效法的標準，所以能夠周密而且有條理地概括天地間陰陽運作、萬物生化的道理。抬頭來觀測日月星辰的運轉，低頭來考察地面山陵河川的脈理，於是知道了晚上、白天，背陽、向陽等等幽暗與光明交替或相對現象的原因。追究陰陽交合，萬物發始，反觀神形分離，復歸塵土的終結，於是知道了死生的學說。精神和血氣聚合形成生物，魂魄離散又為死物的變化，於是知道了神清氣爽跟終歸鬼類的情況。《周易》的道理和天地的法則相似，所以不會違背天地的道理。《周易》中的天道那種創始的智慧和知識普遍地主導著萬物；《周易》生化的方法和功能成就了世界：所以不致偏頗過分。天地之道，高明博厚悠久，方正而不泛濫漂流，而人參贊天地，也樂於順從天道，知道天命所在，所以不會憂愁。安於配合地理，厚德載物，強化了生生之仁，所以能夠愛護萬物。易道模擬並且包含了天地的化育而不致逾越；委婉、曲折而普遍地成全了萬物而沒有遺漏；通曉晝夜相對、交替，卻又恆常運行著背後的一陰一陽大道理，於是顯示其睿智：所以作為宇宙間能微妙地締造並化育萬物之最高原理——神，隨物而命性賦形，並且與時俱化，沒有固定的方法、方面、方位；而模擬神道的易理，也就沒有固定的形體與形態可言了。

附錄古義

劉向《說苑・辨物篇》：「《易》曰：『仰以觀於天文，俯以察於地理，是故知幽明之故。』夫天文地理人情之效存於心，則聖智之府。是故古者聖王既臨天下，必變四時，定律曆，考天文，揆時變，登靈臺以望氣氛。」

陰陽之道章

一陰一陽之謂道❶，繼之者善也，成之者性也❷。仁者見之謂之仁，知者見之謂之知，百姓日用而不知：故君子之道鮮矣❸！顯諸仁，藏諸用，鼓萬物而不與聖人同憂：盛德大業至矣哉❹！富有之謂大業；日新之謂盛德❺；生生之謂易；成象之謂乾；效法之謂坤❻；極數知來之謂占；通變之謂事；陰陽不測之謂神❼。

章旨

孔、朱分章不同。《正義》以「一陰一陽」至「君子之道鮮矣」為第四章；「顯諸仁」以下至「道義之門」，包括《本義》六、七章為第五章。今從朱子《本義》，定為第五章。本章指明易道就是一陰一陽之道，仁智兼具，而人多偏知或不知。並進而闡釋道體和功用，而以陰陽不測結。《周易折中》引程氏敬承曰：「此章承上章說來。上言彌綸天地之道；此則直指一陰一陽之謂道。上言神无方易无體；此則直指陰陽之生生謂易，陰陽不測謂神。」並加案語云：「程氏以此為申說上章，極是。然只舉其首尾天地之道，及神易兩端而已。須知繼善成性，見仁見知，即是申說與天地相似一節意。顯仁藏用，盛德大業，即是申說範圍天地之化一節意。見仁見知之偏，所以見知仁合德者之全也。顯為晝，藏為夜，鼓萬物而無憂，所以見通知晝夜，曲成萬物，以作《易》者之有憂患也。」較論四、五章，述其章旨，頗多啟示。

注釋

❶一陰一陽之謂道

〈繫辭傳〉有關「道」者，最常被引用的兩句：一是本句，另一句是「形而上者謂之道」。此二句正是《周易》論「道」最重要的兩句。一陰一陽之謂道，包含著三個問題：一是一陰一陽的關係；二是一陰一陽與道的關係；三是道究竟是二元的或是一元的。分別析論，並作平議於後。

一、一陰與一陽的關係：

1.把一陰一陽看作並時對立存在的關係，如天地、尊卑、男女、知能、久大、德業等。〈彖傳〉說泰卦䷊「內陽而外陰」，說否卦䷋「內陰而外陽」；〈繫辭傳〉下篇說「乾，陽物也；坤，陰物也」；〈說卦傳〉說「分陰分陽」：都屬並時對立存在的關係。

2.把一陰一陽看作歷時交替變化的關係，如晝夜、死生、寒暑等。〈說卦傳〉「觀變於陰陽而立卦」、「迭用剛柔」：都屬於歷時交替變化的關係。

3.對立與交替之兼具與變化，如「幽明」，倘指背陽、向陽為對立的；倘指白天、夜晚為交替的。又如堯、舜、禹之君臣關係本是對立的；禪讓之後，君臣易位，卻是交替的。〈彖傳〉說泰卦：「內君子而外小人。君子道長，小人道消也。」說否卦：「內小人而外君子。小人道長，君子道消也。」也是對立、交替並行的生動描述。

二、一陰一陽與道的關係：

宋代理學家如程頤、朱熹均以陰陽是氣非道，一陰一陽，所以陰陽者方是道。《河南程氏遺書》卷十五伊川先生語一：「離了陰陽更無道。所以陰陽者，是道也；陰陽，氣也。氣是形而下者；道是形而上者。」《朱子語類》卷七十四記程端蒙所錄：「道須是合理與氣看。理是虛底物事，無那氣質，則此理無安頓處。《易》說『一陰一陽之謂道』，這便兼理與氣而言。陰陽，氣也；一陰一陽則是理矣。猶言『一闔一闢謂之變』，闔闢非變也；一闔一闢則是變也。蓋陰陽非道；所以陰陽者，道也。」依程朱之見，陰陽的對立和迭運都還不能稱為「道」；只有那使得陰陽對立迭運的根本道理才是「道」。所以《本義》簡明了當地說：「陰陽迭運者，氣也；其理則所謂道。」

三、「道」究竟是二元的或是一元的：

1.陰陽二元論：《十翼》中〈彖傳〉早就說出二元：「大哉乾元，萬物資始。……至哉坤元，萬物資生。」指出乾、坤為二元，乾坤猶陽陰也。漢京房（本姓李，字君明）在《易傳》說豐卦䷶云：「陰陽之體，不可執一為定象。於八卦，陽盪陰，陰盪陽，二氣相感而成體，或隱或顯，故〈繫〉云：『一陰一陽之謂道。』」北宋張載《橫渠易說》云：「一陰一陽不可以形器拘，故謂之道。」又《正蒙．太和》：「其實一物無無陰陽者，以是知天地變化，二端而已。」明末遺老王夫之《周易內傳》：「盈天地之間，惟陰陽而已矣。一一云者，相合以成主持而分劑之謂也。无有陰而无陽，无有陽而无陰，兩相倚而不離也。隨其隱現，一彼一此之互相往來，雖多寡之不齊，必交待以成也。……此太極之所以出生萬物成萬理而起萬事者也，資始資生之本體也，故謂之道。」船山此言，近承橫渠，遠祧〈彖傳〉與京房，皆陰陽二元論也。

2.理氣二元論：前引程、朱論一陰一陽與道的關係，大抵為理氣二元論。道是理，一陰一陽是氣。吳康《宋明理學》述朱熹「理氣」說云：「自伊川程子為理氣二元之論，朱子承之，益廣闡其義，《語類》云：『有是理，後生是氣，自「一陰一陽之謂道」推來。』」其實朱熹於理氣二元，還有更明白的表示：《晦庵先生朱文公文集》卷四十六〈答劉叔文〉：「所謂理與氣，此決是二物。但在物上看，則二物渾淪不可分開各在一處，然不害二物之各為一物也；若在理上看，則雖未有物，而已有物之理，然亦但有其理而已，未嘗實有是物也。」

3. 貴無一元論：韓康伯《繫辭注》是最好的代表。他說：「道者何？无之稱也。无不通也，无不由也，況之曰道。寂然无體，不可為象，必有之用極，而无之功顯，故至乎神无方而易无體，而道可見矣。故窮變以盡神，因神以明道。陰陽雖殊，无一以待之，在陰為无陰，陰以之生；在陽為无陽，陽以之成。故曰一陰一陽也。」

四、平議：

1. 二元論與一元論平議：二元論與一元論本是西洋哲學的用語。純粹的二元論或一元論，無論中外，都很少見。十七世紀法國哲學家笛卡爾 (René Descartes) 是倡二元論的。他認為精神和物質是兩種絕對不同的實體，固然為二元；但他又說二者的本源，是「絕對的實體——上帝」。這又有點像《周易》由陰陽二儀推向太極之道，回到客觀唯心主義的一元論了。一元論最主要的有唯心論與唯物論。倡唯心論的如十八、九世紀德國哲學家黑格爾 (Georg Wilhelm Friedrich Hegel)，主張：「絕對是同一和非同一的同一。」同一與非同一不是有點像陽正、陰負，近乎二元嗎？又說：主體是主觀的「主體—客體」；客體是客觀的「主體—客體」。主體與客體不也近乎二元嗎？倡唯物論的恩格思 (Friedrich Engels) 以為：哲學上的物質概念是對世界上各種有形存在著的事物的根本特性的最高概括（參《馬克思恩格思全集》第二十卷）。「物質概念」豈不近於「形而上者謂之道」，「有形存在著的事物」豈不近於「形而下者謂之器」嗎？道、器猶理、氣，不也有人界定為二元嗎？西洋哲學如此，我國哲學亦然。說「陰陽」，固可視為二；說「道」，卻是一。船山說：「《周易》並建乾坤為諸卦之統宗，不孤立也。」為二元論矣；又說：「太極者，乾坤之合撰。」又似一元論也。說「理氣」，固可視為二元；但程朱多次言「理一分殊」，歸於「理一」，故學者頗有以程朱為一元論者。韓康伯承王弼說「無」，為一元「無」本論，卻又說陰生於無陰、陽生於無陽，是有無陰、無陽二元矣。二元、一元都難確立，中外皆然，大致如此。

2. 陰陽說與理氣說平議：理氣說以「道」即太極即理，為形而上者；「陰陽」即二儀即氣，為形而下者。北宋周敦頤《太極圖說》推崇「太極」，說：「無極而太極。太極動而生陽，動極而靜，靜極生陰。」無極是「零」，是「無」；太極是「一」，是「有」，是「理一」。但是周氏《通書》以「大哉乾元」為「誠之源也」，導出朱熹「一源萬別」之說，又似推崇「乾元」為「理一」。於是問題產生了：乾陽究竟是「氣」還是「理」？早在三國時代，吳人虞翻《周易注》在〈繫辭傳〉「易有太極」下注云：「太極，太一也。」又在「天下之動貞夫一者也」下注云：「一謂乾元。」已把太極、太一、一、乾元，都繫聯起來。民國熊十力《讀經示要》說到《易經》乾卦云：「乾元即太極也。」下文更自創「元極」一詞，說：「元極者，取乾元、太極二名，合用為複詞。」熊十力主「體用不二」，見所著《體用論》；又說「乾坤互含」，見《乾坤衍》。其卓識在超越唯物與唯心之對立，不僅在調和陰陽、理氣說而已！

《易緯．乾鑿度》：「《易》一名而含三義，所謂易也，變易也，不易也。」鄭玄作〈易贊〉及〈易論〉，說：「易簡一也，變易二也，不易三也。」實本《易緯》。將一陰一陽看作並時對立存在的關係，以二分法不斷區分天地萬事萬物，此《易》所以為「易簡」；將一陰一陽看作歷時交替變化的關係，來模擬此變動不居的世界，此《易》所以為「變易」。由「一陰一陽」上溯為永恆的真理「道」，此《易》所以為「不易」。如此看來，「一陰一陽之謂道」已把《易》一名三義完全概括在此一判斷句中了。

❷繼之者善也，成之者性也

二「之」字，皆指一陰一陽之道。關於繼之者善也，李光地在《周易折中》案云：「聖人用繼字極精確，不可忽過。此繼字，猶人子所謂繼體，所謂繼志。蓋人者，天地之子也。天地之理，全付於人，而人受之；猶《孝經》所謂『身體髮膚，受之父母』者，是也。但謂之付，則主於天地而言；謂之受，則主於人而言；惟謂之繼，則見得天人承接之意，而付與受兩義，皆在其中矣。天付於人，而人受之，其理既無不善；則人之所以為性者，亦豈有不善哉！」釋義甚妙，天地之理即一陰一陽之道也。成之者性也，謂參贊並完成此道者，是天賦的仁知之性。案：《中庸》首章云：「天命之謂性；率性之謂道；修道之謂教。」與此「一陰一陽之謂道，繼之者善也，成之者性也」可作較論。一陰一陽之道重在天道，人性由盡己之心，盡人之心，盡物之心，進而參贊天道，故人性可成之；率性之道重在人道法天，故天命之性可遵循之。再案：前人於此二句別有佳見。如虞翻《周易注》云：「乾能統天生物，坤合乾性，養化成之，故繼之者善，成之者性也。」朱子《本義》：「道具於陰而行乎陽。繼言其發也，善謂化育之功，陽之事也；成言其具也，性謂物之所受，言物生則有性，而各具是道也，陰之事也。」以乾坤陰陽為綱而疏通之，宜細思其中異同。

❸仁者見之謂之仁，知者見之謂之知，百姓日用而不知：故君子之道鮮矣

二「見之」之「之」仍指「道」。《周易折中》引保氏八曰：「仁者見其有安土敦仁之理，則止謂之為仁；知者見其有知周天下之理，則止為之為知：是局於一偏矣！百姓終日由之而不知，故君子之道，知者鮮矣！」案：保八，元人，著有《易體用》。此條依上文「安土敦仁」、「知周天下」釋仁、知，甚好。考仁知之見，孔門早有之。《論語．里仁》：「子曰：『參乎，吾道一以貫之！』曾子曰：『唯！』子出。門人問曰：『何謂也？』曾子曰：『夫子之道，忠恕而已矣！』」此見仁也；又〈衛靈公〉：「子曰：『賜也，女以予為多學而識之者與？』對曰：『然！非與？』曰：『非也，予一以貫之。』」此見知也。又《中庸》：「子曰：『中庸其至矣乎？民鮮能久矣！』子曰：『道之不行也，我知之矣。知者過之，愚者不及也。道之不明也，我知之矣。賢者過之；不肖者不及也。人莫不飲食也，鮮能知味也。』子曰：『道其不行矣夫！』」此言「百姓習用而不知」，亦《中庸》「鮮能知味」之類也。這幾句都從「道」之認知方面說。

❹**顯諸仁，藏諸用，鼓萬物而不與聖人同憂：盛德大業至矣哉**

主語仍是「道」，承前省略。韓康伯《注》：「衣被萬物，故曰顯諸仁。日用而不知，故曰藏諸用。萬物由之以化，故曰鼓萬物也。聖人雖體道以為用，未能至无以為體，故順通天下，則有經營之跡也。」朱子《本義》：「顯，自內而外也；仁，謂造化之工，德之發也。藏，自外而內也；用，謂機緘之妙，業之本也。」釋義甚好。吳澄《易纂言》：「仁者，生物之元，由春生而為夏長之亨，此仁顯見而發達於外，……故曰顯諸仁。用者，收物之利，由秋收而為冬藏之貞，此用藏伏而歸復於內，……故曰藏諸用。二氣運行於四時之間，鼓動萬物而生長收閉之。天地無心而造化自然，非如聖人之於民，有所憂而治之教之也。仁之顯而生長者，為德之盛；用之藏而收閉者，為業之大。其顯者流行不息；其藏者充塞無閒。此所謂易簡之善極其至者，故贊之曰至矣哉。」以陰陽二氣聯繫春夏秋冬四時，元亨利貞四德，闡發顯仁藏用，盛德大業，環環相扣，理路更為清晰。盛德大業，與《論語》「修己安人」、《大學》「明德親民」、《莊子》「內聖外王」等大義相近。至於天地無心，聖人有憂，尚有兩點補充。一、《周易》本是憂患意識強烈的一本書。牟宗三在《中國哲學的特質》中說：「中國哲學之重道德是根源於憂患的意識。中國人的憂患意識特別強烈，由此種憂患意識可以產生道德意識。憂患並非如杞人憂天之無聊，更非如患得患失之庸俗。只有小人才會長戚戚，君子永遠是坦蕩蕩的。他所憂的不是財貨權勢的未足，而是德之未修與學之未講。他的憂患，終生無已，而永在坦蕩蕩的胸懷中。文王被囚於羑里而能演《易》，可見他是多憂患且能憂患的聖王。我們可從《易經》看出中國古代的憂患意識。〈繫辭下〉說：『《易》之興也，其於中古乎？作《易》者，其有憂患乎？』又說：『《易》之興也，其當殷之末世，周之盛德耶？當文王與紂之時耶？』可見作《易》者很可能生長於一個艱難時世，而在艱難中鎔鑄出極為強烈的憂患意識。《易．繫》又描述上天之道『顯諸仁，藏諸用，鼓萬物而不與聖人同憂』，這是說天道在萬物的創生化育中、仁中顯露。在能創生化育的大用(Function)中潛藏。它鼓舞著萬物的化育，然而它不與聖人同其憂患。程明道常說的『天地無心而成化』，便是這個道理。上天既無心地成就萬物，它當然沒有聖人的憂患。可是聖人就不能容許自己『無心』。天地雖大，人猶有所憾，可見人生宇宙的確有缺憾。聖人焉得無憂患之心？他所抱憾所擔憂的，不是萬物的不能生育，而是萬物生育之不得其所。這樣的憂患意識，逐漸伸張擴大，最後凝成悲天憫人的觀念。……儒家由悲憫之情而言積極的、入世的參贊天地的化育。」二、由憂患意識凝成悲憫之情，轉而積極地參贊天地化育，當然是好的，但不可存有人類為萬物之靈，可以任意制天闢地的傲慢。荀子《天論》說：「從天而頌之，孰與制天而用之。」就顯示此種傲慢來。我們曾經嫌麻雀白白吃掉我們辛苦生產的糧食，全民捕雀的結果，第二年全面歉收，因為沒有麻雀為我們啄食害蟲。「沙塵暴」固然部分原因是人類過度開墾後大地的反撲，退農還草是應該的，但在全球碳循環的過程中，沙塵暴也為海洋浮游植物帶來養分，在吸收溫室氣體二氧化碳方面作出貢獻。從上述生命鏈、碳循環兩個例子中，我們也許可以體會到天地無心，造化自然，冥冥中有人類尚未完全了解的道理在。

❺富有之謂大業；日新之謂盛德

《周易集解》引荀爽曰：「盛德者天；大業者地也。」又引王凱沖曰：「物无不備，故曰富有；變化不息，故曰日新。」案：荀爽，東漢末年人，有《周易注》。王凱沖，《唐書・藝文志》著錄其《周易注》，而《隋志》未著錄。想當是唐朝人。二君所注，重在自然之道體。吳怡《解義》：「先分析『藏諸用』的大業。大業在於富有，所謂『富有』，是指豐富其所有。……『顯諸仁』的盛德就在於日新，日新是指仁的德行。而表現在事功上，便是『富有』的大業。」緊接上文，攝體歸用，推向人事。我在上注已將盛德大業與《論語》「修己安人」、《莊子》「內聖外王」相提並論，當然也注意到推天道以論人事。此處要進一步言：使自己富有，使人人富有，孔子從未諱言。《論語・述而》記孔子之言：「富而可求，雖執鞭之士，吾亦為之！」又〈子路〉記孔子適衛，見人口眾多，曰：「庶矣哉！」當時孔子的學生冉有替他駕車子，就問：「既庶矣，又何加焉？」孔子說：「富之！」可以為證。使人人富有，正是聖人「大業」之一。《孟子・

盡心上》說：「萬物皆備於我矣，反身而誠，樂莫大焉！」這種和萬物合為一體的充實和樂處，是充分發揮惻隱、羞惡、辭讓、是非之心，存養仁、義、禮、知之性的成果，更是德性方面的「富有」。至於「日新」，亦〈象傳〉「天行健；君子以自強不息」之意。《大學》曾引湯之〈盤銘〉曰：「苟日新，日日新，又日新。」由盥洗室之能滌除汙垢，引申為日新明德，可作參考。

❻生生之謂易；成象之謂乾；效法之謂坤

生生，生而又生。易，指萬物化生不已這種簡易明瞭的變易現象所顯示的不易的道理。京房《易傳》：「八卦相盪，陽入陰，陰入陽，二氣交互不停，故曰生生之謂易。」《正義》：「生生，不絕之辭，陰陽轉變，後生次於前生，是萬物恆生，謂之易也。」上文云：「在天成象；在地成形：變化見矣。」而乾為天，所以說「成象之謂乾」。乾主創始，坤主順承，所以說「效法之謂坤」。帛書「乾」作「鍵」，「坤」作「川」。川，順之字源。

❼極數知來之謂占；通變之謂事；陰陽不測之謂神

極，窮究。數，本指《易》筮中蓍策之數，實際上模擬著宇宙萬物演進變化之數。〈繫辭傳〉「大衍之數」章略言其原理。朱子《本義》卷首有〈筮儀〉一文，詳述其程序與方法，以為可知未來之吉凶得失，悔吝憂虞云云。數，引申有律數義，即在組合或演變中有規律可循之數。在「大衍之數」的敘述中，已明白顯示：天地萬物等空間存在，既是數的組合；四時年月日等時間運行，也是數的演變。所以窮究數的運算，可以推知未來的消息。我在上文〈彖傳〉「乾道變化」注釋中，把《易》視為「數本論」的哲學，此亦證據之一。通變，通曉、適應、掌握事物變化的規律。事，事業。〈繫辭傳〉每言「通變」或「變通」，如：「通其變遂成天地之文」、

「通其變，使民不倦」、「易窮則變，變則通」、「變通者，趣時者也。……功業見乎變」、「變而通之以盡利」等。通曉變化，而能變通，趣時盡利，功業可見，所以說「通變之謂事」。「陰陽不測之謂神」，前注釋「神无方而易无體」時，曾將它歸於「神之超知性」。韓《注》：「神也者，變化之極，妙萬物之為言，不可以形詰者也，故曰陰陽不測。」《正義》疏之云：「天下萬物，皆由陰陽，或生或成，本其所由之理，不可測量，之謂神也。」張載《正蒙・參兩篇》：「一物兩體，氣也。一故神，(自註：兩在故不測。)兩故化，(自註：推行於一。)此天之所以參也。」王夫之《注》：「神者，不可測也，不滯則虛，善變則靈，太和之氣，於陰而在，於陽而在。其於人也，含於虛而行於耳目口體膚髮之中，皆觸之而靈，不能測其所在。」韓《注》以為「神」變化神速，虛形神妙，故不可測；孔《疏》以陽陰生成之理為「神」，而不可測；《正蒙》及《注》以「神」或在陽，或在陰，不能測其所在。諾貝爾物理獎得獎者李政道在一九七二年十二月二十二日於香港中文大學接受榮譽博士學位典禮中致詞說：「牛頓力學已被量子力學來代替。在量子力學中有條很基本很重要的定律叫做『測不準定律』。這條定律說，我們永遠不能測準一切。任何物件假如我們能完全測定它在任何一時間的位置，那在同一時間，它的動量就無法能固定。對普通一般物件而論，動量不固定，就是速度不固定。既然速度不能固定，那也就無法完全預定這物件將來的路線了。從哲學上講，『測不準定律』和中國《老子》所說『道可道，非常道，名可名，非常名』的意思，頗有符合之處。所以近代物理學有些看法，和中國太極和陰陽二元的學說有相似的地方。因此量子學的創造人，丹麥大物理家寶雅教授，在他被封為爵士的時候，選了中國的太極圖案，作為他的徽章，象徵著中西文化的融合。」李政道把量子力學中「測不準定律」和「太極和陰陽二元的學說」相提並論，使「陰陽不測之謂神」有了更具體的新解。

本章以「一陰一陽之謂道」起，以「陰陽不測之謂神」結。吳怡《解義》云：「前面寫『一陰一陽之謂道』，此處說『陰陽不測之謂神』，正好前後呼應。尤其值得注意的是，呼應的意義，不在文字，而是在思想的境界。因為本章後段談到極數的占卜之事，作《易》者深怕學者執迷於占數，所以最後，又用佛家『破』的方法，把我們的思想向上提昇了上來。在〈繫辭傳上〉中慣用這種筆法，如第一章，最後把人納入天地而成位。……第四章，最後強調『神无方而易无體』，寫出了易道的空靈超越。總之此處『陰陽不測』點醒我們『一陰一陽之謂道』……只是跡而已，由跡固然可以測變化的動向，卻未必能完全把握『所以一陰一陽之道』的那個造化的主體。因為這個主體是發動陰陽的，自然它的知性必須超乎陰陽。……『陰陽不測之謂神』……從人生哲學上來說，這句話，卻為我們的意志自由，精神自主，留下了一片天地。」較析入微，雄辯滔滔，說來極富精神。

語譯

天地間所有事物都是由一陰一陽相對構成，並可以此作簡易的區分；由陰變為陽，由陽變為陰，陰陽交感，化育萬物，如此交替變易著：這種現象簡明的本質，變易的道理，卻是永恆不變的，叫做「道」。繼承著這個本質、這種道理而發展的，是生生不息的至善大德；完成這個本質、這種道理的，是天賦的仁、智之性。具有愛心的人看到這種本質、這種道理，以為只是忠恕而已，卻不知學識的重要；才智卓越的人看到這種本質、這種道理，以為只是多學而識，卻不知愛心的重要。一般民眾，每天稟承著這種本質，運用這種道理做事，卻自己不覺得：所以能夠全面認識這種本質，自覺運用這種道理做事的人就太少了！道體透過天地生生不息的大仁大德而顯示出來，隱藏在化育萬物的妙用中。自自然然地鼓動著萬物的生機，卻不跟聖人那般為天下蒼生而擔憂。這種顯示在生生不息的盛德，隱藏在化育萬物的大業，到達最高境界！厚德載物的本質，使萬物都能充分發展，豐富了全部的生命，這就是偉大的功業；自強不息的本質，永遠在開創新機，這就是隆盛的德性。賦予生命發展的潛能並且使它連續不斷的成長繁衍，這就是《周易》簡明不變的化育功能。天道構成日月星辰等現象，開創生命的新機，這就是易道中的乾；地道效法天道成就萬物，使萬物豐富其所有，這就是易道中的坤。從卦爻之數的演算中，模擬並窮究宇宙萬物變化的本質與道理，以推知未來，這叫做「占」；通曉、適應、掌握宇宙萬物演進變化的本質與道理，以謀求其均衡發展，這叫做「事業」。至於運用陰陽這種簡明變化的本質與道理仍無法推測的，那就是超越乎陰陽的奇妙的「神」了。

附錄古義

劉向《說苑・辨物篇》：「夫占變之道，二而已矣。二者，陰陽之數也。故《易》曰：『一陰一陽之謂道。』道也者，物之動莫不由道也。是故發於一，成於二，備於三，周於四，行於五。是故懸象著明，莫大於日月；察變之動，莫著於五星。天之五星運氣於五行，其初猶發於陰陽，而化極萬一千五百二十。」

班固《漢書・翼奉傳》：「上以奉為中郎，召問奉：『來者以善日邪時，孰與邪日善時？』奉對曰：『……辰疏而時精，其效同功，必參五觀之，然後可知。故曰：察其所繇，省其進退，參之六合五行，則可以見人性，知人情，難用外察，從中甚明。故《詩》之為學，性情而已。五性不相害，六情更興廢。觀性以曆，觀情以律，明主所宜獨用，難與二人共也。故曰：「顯諸仁，藏諸用。」露之則不神，獨行則自然矣。』」

范曄《後漢書・張衡傳》：「衡作〈應閒〉云：『且學非以要利，而富貴萃之。貴以行令，富以施惠，惠施令行，故《易》稱以「大業」。』」

徐幹《中論・藝紀篇》：「美育群才，其猶人之於藝乎。既修其質，且加其文。質著然後體全，體全然後可登乎清廟而可羞乎王公。故君子非仁不立，非義不行，非藝不治，非容不莊，四者無愆，而聖賢之器就矣。《易》曰：『富有之謂大業』，其斯之謂歟？」

班固《漢書・王莽傳》：「莽下書曰：『〈紫閣圖〉曰：「太一、黃帝皆僊上天，張樂崑崙虔山之上；後世聖主得瑞者，當張樂秦終南山之上。」予之不敏，奉行未明，乃今諭矣。復以寧始將軍為更始將軍，以順符命。《易》不云乎？「日新之謂盛德，生生之謂易。」予其饗哉！』欲以誑燿百姓，銷解盜賊，眾皆笑之。」

徐幹《中論・脩本篇》：「君子之於己也，無事而不懼焉。我之有善，懼人之未吾好也；我之有不善，懼人之必吾惡也。見人之善，懼我之不能修也；見人之不善，懼我之必若彼也。故其嚮道，止則隅坐，行則驂乘，上懸乎冠緌，下繫乎帶佩，晝也與之游，夜也與之息。此〈盤銘〉之謂『日新』。《易》曰：『日新之謂聖德。』」

天地之數章

天一，地二；天三，地四；天五，地六；天七，地八；天九，地十❶。天數五，地數五，五位相得而各有合。天數二十有五，地數三十，凡天地之數五十有五。此所以成變化而行鬼神也❷。大衍之數五十，其用四十有九❸。分而為二以象兩；掛一以象三；揲之以四以象四時；歸奇於扐以象閏，五歲再閏，故再扐而後掛❹。乾之策二百一十有六，坤之策百四十有四，凡三百有六十，當期之日❺。二篇之策，萬有一千五百二十，當萬物之數也❻。是故四營而成易；十有八變而成卦。八卦而小成❼。引而伸之，觸類而長之，天下之能事畢矣❽。顯道神德行，是故可與酬酢，可與祐神矣❾。子曰：「知變化之道者，其知神之所為乎！」❿

章旨

此章多錯簡。孔穎達《正義》本，「天一」至「地十」條原在第十章；「天數五」至「行鬼神也」條本在第八章「大衍之數」至「再扐而後掛」句後。「子曰」句則屬下第九章。茲據《漢書・律曆志》，及朱熹《本義》，先順其簡次，並依《本義》統定為第九章。全章言天地大衍之數，揲蓍求卦之法，可以藉知變化之道，與神之所為。

注釋

❶天一，地二；天三，地四；天五，地六；天七，地八；天九，地十

先說句序。朱熹《本義》：「此簡本在第十章之首，程子曰宜在此，今從之。」考《漢書・律曆志》引《易》，此條與下條「天數五……而行鬼神也」相連，其句序正同程朱所說，簡尚未錯，請參閱「附錄古義」。再說其意。虞翻以為與五行十干相配。《集解》引其義云：「天一，水甲；地二，火乙；天三，木丙；地四，金丁；天五，土戊；地六，水己；天七，火庚；地八，木辛；天九，金壬；地十，土癸。此則大衍之數五十有五，蓍龜所從生，聖人以通神明之德，以類萬物之情。」虞翻所說，亦有所本。《漢書・五行志》：「天以一生水；地以二生火；天以三生木；地以四生金；天以五生土。五位皆以五而合，而陰陽易位，故曰『妃以五成』。然則水之大數六，火七，木八，金九，土十。……陽奇為牡，陰耦為妃。」已以五行小數（亦稱生數）

一、二、三、四、五，與五行大數（亦稱成數）六、七、八、九、十，說明五行生成與陰陽易位，虞翻更納入十干。這是古人把天地結構與變化數位化。天奇而地偶，五行配陰陽。結構既相對，而變化又有次序。這就為數本位的宇宙觀奠定基礎，並為《易》筮法儀天地，能通神明之德，能類萬物之情，建立了理論體系。

❷天數五，地數五，五位相得而各有合。天數二十有五，地數三十，凡天地之數五十有五。此所以成變化而行鬼神也

此條本在「大衍之數……故再扐而後掛」之後。朱子《本義》以為「宜在此」。從《漢志》引文及行文理路上看是正確的。天數五，指一、三、五、七、九，都是奇數；地數五，指二、四、六、八、十，都是偶數。五位相得而各有合，實際上可能只是說：天數五位相加，地數五位相加，各有它們的和數。但是古人有更深一層的詮釋。孔穎達在《禮記正義・月令》引鄭玄《易・繫辭注》云：「天一生水於北，地二生火於南，天三生木於東，地四生金於西，天五生土於中。陽無耦，陰無配，未得相成。地六成水於北，與天一並；天七成火於南，與地二並；地八成木於東，與天三並；天九成金於西，與地四並；地十成土於中，與天五並也。」鄭玄這種見解，本於揚雄《太玄》及班固《漢書・五行志》。並影響了虞翻、韓康伯。揚雄《太玄・太玄數》云：「三、八為木，為東方，為春。……四、九為金，為西方，為秋。……二、七為火，為南方，為夏。……一、六為水，為北方，為冬。……五、五為土，為中央，為四維。」《漢志》之言則已見注❶，此不贅。《集解》引虞翻曰：「或以一、六合水，二、七合火，三、八合木，四、九合金，五、十合土也。」韓康伯《繫辭注》：「天地之數各五，五數相配，以合成金木水火土。」

及至朱熹，作《本義》云：「相得，謂一與二，三與四，五與六，七與八，九與十，各以奇耦為類而自相得；有合，謂一與六，二與七，三與八，四與九，五與十，皆兩相合。」又云：「此言天地之數，陽奇陰耦，即所謂《河圖》者也。其位一、六居下；二、七居上；三、八居左；四、九居右；五、十居中。」以一與二等等奇偶為類釋「相得」；以一與六等等生成配合為「相合」，並說明其方位與《河圖》一致。天數二十有五，指一、三、五、七、九，五個奇數相加，其和為二十五；地數三十，指二、四、六、八、十，五個偶數相加，其和為三十。凡天地之數五十有五，指天數二十五，加地數三十，其和為五十五。此所以成變化而行鬼神也的「變化」，《集解》引荀爽曰：「在天為變，在地為化。」朱熹《本義》云：「變化，謂一變生水，而六化成之；二化生火，而七變成之；三變生木，而八化成之；四化生金，而九變成之；五變生土，而十化成之。」實本揚雄《太玄》與荀爽《周易注》而更詳言之，說明了天變地化，奇偶相配，互為生成的錯綜關係。至於「鬼神」，荀爽曰：「在地為鬼，在天為神。」《本義》云：「鬼神，凡奇耦生成之屈伸往來者。」行鬼神，指生命主體如此踐行出處進退。出，進為伸，為神；處，退為歸，為鬼。案：自「天一，地二」至「此所以成變化而行鬼神也」，朱熹《周易啟蒙》有綜合之詮釋，雖與上注有重複處，然對全節之了解，頗有幫助，茲引錄於下：「此一節夫子所以發明《河圖》之數也。天地之間，一氣而已。分而為二則為陰陽，而五行造化，萬物始終，無不管於是焉。故《河圖》之位，一與六共宗，而居乎北；二與七為朋，而居乎南；三與八同道，而居乎東；四與九為友，而居乎西；五與十相守，而居乎中。蓋其所以為數者，不過一陰一陽，一兩其五行而已。所謂天者，陽之輕清而位乎上者也；所謂地者，陰之重濁而位乎下者也。陽數奇，故一三五七九皆屬乎天，所謂天數五也；陰數耦，故二四六八十皆屬乎地，所謂地數五也。天數地數，各以類而相求，所謂五位之相得者然也。天以一生水，而地以六成之；地以二生火，而天以七成之；天以三生木，而地以八成之；地以四生金，而天以九成之；天以五生土，而地以十成之。此又其所謂各有合焉者也。積五奇而為二十五；積五耦而為三十。合是二者而為五十有五。此《河圖》之全數，皆夫子之意，而諸儒之說也。」

❸**大衍之數五十，其用四十有九**

大，言其浩大、重要。衍，鄭玄、王弼皆訓演；王廙、蜀才皆訓廣；干寶訓合。李道平綜合三義，《周易集解纂疏》云：「蓋惟合天地之數而後可以推演而廣大之也。」最符《易》旨。五十，有異文而多別解。《周易正義》：「京房云：『五十者，謂十日、十二辰、二十八宿也，凡五十。其一不用者，天之生氣，將欲以虛來實，故用四十九焉。』馬季長云：『《易》有太極，謂北辰也。太極生兩儀，兩儀生日月，日月生四時，四時生五行，五行生十二月，十二月生二十四氣。北辰居位不動，其餘四十九轉運而用也。』」《本義》：「大衍之數五十，蓋以《河圖》中宮天五乘地十而得之。至用以筮，則又止用四十有九，蓋皆出於理勢之自然，而非人之知力所能損益也。」如此等等，皆主其數為「五十」，並對所以為五十之故，及整句意義作出詮釋。或以大衍之數即天地之數，當為「五十有五」。《正義》又引姚信、董遇之說：「天地之數五十有五者，其六以象六畫之數，故減之而用四十九。」即此說之代表。介於二說之間者，為鄭玄。《正義》：「鄭康成云：『天地之數五十有五，以五行氣通，凡五行減五，大衍又減一，故四十九也。』」以天地之數減五，為大衍之數，大衍之數再減一，為用筮之數。至於虞翻，既言「大衍之數五十有五」，已見注❶；《集解》復引其注「凡天地之數五十有五」云：「天地數見於此，故大衍之數略其奇五而言五十也。」似欲調合二說。歷來說「大衍之數」者不勝枚舉，至今爭論未息，《易》無定象與確詁，信然！最後再說「其用四十有九」。在筮法上，用蓍草五十策，兩手執之，薰香祝禱後，取出一策，放回櫝中。所以實際用到的，只有四十九策。在義理方面，韓康伯《注》引王弼曰：「演天地之數所賴者五十也，其用四十有九，則其一不用也。不用而用之以通；非數而數之以成：斯《易》之太極也。四十有九，數之極也。夫无不可以无明，必因於有，故常於有物之極，而必明其所由之宗也。」王弼以「其一不用」為太極，朱熹不以為然。〈蓍卦考誤〉云：「五十之內去其一，但用四十九策。合同未分，是象太一也。」以「四十九策」合而未分為太一，亦即太極。二說不同。關於筮儀，詳參本書附錄一《周易本義》卷首所載・〈筮儀〉，附錄二《周易啟蒙・考變占第四》。

❹分而為二以象兩；掛一以象三；揲之以四以象四時；歸奇於扐以象閏，五歲再閏，故再扐而後掛

在筮儀上，選擇一間潔淨的房間作筮室，門朝南。房中放一張蓍桌，大約長一百五十公分，闊九十公分，不要太靠近牆壁。蓍草五十根，用纁帛包著，套在黑袋子裏，裝進圓柱形的筒中，豎放在桌子靠北桌邊的位置。蓍筒的南邊放一長條形的木頭格子，跟桌子同長，以斜角側著橫立於桌子中線的北面。中間有兩個大凹槽，叫「大刻」；靠西有三個小凹槽，叫「小刻」。木頭格子南面，放著香爐，更南面桌邊位置放香盒。占筮時筮者衣服要整齊清潔，用凹透鏡利用陽光聚焦點香。再取出五十根蓍草，以洗乾淨的雙手拿著在香爐上薰過，向神明致敬，並稟告要占筮的問題，祈求神明指示。於是以右手從左手所執蓍草中抽出一根擺回蓍筒中，而以左右手中分四十九根蓍草，放置在木格的左右兩大刻中。這就是「分而為二以象兩」，象徵太極分為兩儀。再以左手取左大刻中的蓍草拿著，而以右手取右大刻中的一根蓍草掛在左手的小指與無名指間。這就是「掛一以象三」，象徵天、人、地三才。再用右手四根、四根地數著左手所拿的蓍草並握在右手。這就是「揲之以四以象四時」，象徵春、夏、秋、冬四季的輪替。揲，接連數著的意思。這時左手所剩的蓍草，或一根，或兩根，或三根，或四根，而把它夾在左手無名指與中指之間。這就是「歸奇於扐以象閏」，象徵著陰曆的閏月。奇，指餘數。扐，夾持之意。再以右手放回數過的蓍草到左大刻中，於是又拿起右大刻的蓍草握著，而以左手四根、四根地數著握著。這時右手所剩的蓍草，也可能是一根、兩根、三根、四根，而把它夾在左手中指與食指間，象徵陰曆五年中有二個閏月。並以右手放回數過的蓍草到右大刻中，最後合左手一掛二扐的蓍草放進木格上第一小刻。這就是「五歲再閏故再扐而後掛」。掛，懸放在一起。由於木格是斜著橫立的，所以蓍草放進時像懸掛。通過上述「分二」、「掛一」、「揲四」、「歸奇再扐」四個步驟，構成「一變」。蓍草五十根，放回蓍筒一根，剩四十九根。掛在小指一根，剩四十八根，為四的倍數。所以一扐再扐之和非四即八，加掛一根，非五即九。而一變所剩的蓍草，或四十四根，或四十根。重複分、掛、揲、扐四步驟，而把掛扐的蓍草或四根、或八根放到第二小格，構成「二變」。二變所剩蓍草可能是四十、三十六、三十二。第三次重複四步驟，構成「三變」。三變之後所餘蓍草數目為：三十六、三十二、二十八、二十四。三十六為四個九，九稱老陽；三十二為四個八，八稱少陰；二十八為四個七，七稱少陽；二十四為四個六，六稱老陰。如此三變得一爻，十八變成一卦。於是得到「本卦」。本卦少者漸老，量變而陰陽之質不變；而老陽變少陰，老陰變少陽，量變而質亦變，由此「本卦」變成「之卦」。於是可決定由某卦卦辭或某爻爻辭來占斷。在哲學層面來看：筮儀仿擬並復演天地的開闢，人類的誕生，季節的流轉。把天地和生命、空間與時間，綰合在一起，並且以數字呈現出來，代表一種數本位的宇宙人生觀。從心理學立場來看：筮室要「擇地潔處」，筮者要「齊潔衣冠北面，盥手焚香致敬」，儀式結束要「再焚香致敬」：這種種，都希冀由儀式的慎重導引心靈的虔誠。又像焚香要由「日灶」，蓍草要用纁帛包著，取出後還要「兩手執之，熏于爐上」，更暗示蓍草之為靈物，藉以達成溝通天人的神祕功能與綿密過程。至於「一變」中，初、再兩「扐」蓍草之數，初一則再必三，初二則再亦二，初三則再必一，初四則再必四。加上所掛一根，非五即九。「二變」與「三變」中，初、再兩「扐」蓍草之數，初一則再必二，初二則再必一，初三則再必四，初四則再必三。加上所掛一根，非四即八。再扐之數，在初扐後早已知道，為什麼還不厭其煩一再四根四根來數呢？三變得一爻，十八變成一卦，數得多煩人呀！答案仍舊是：由繁複的演算過程中，顯示儀式的慎重，正因為結果得來之不易，所以才更加珍惜。孟子在〈公孫丑篇〉說過：「志壹則動氣，氣壹則動志也。今夫蹶者，趨者，是氣也，而反動其心。」已指出心理能影響行動，行動也能影響心理。而美國實用主義心理學家威廉・詹姆斯 (William James) 也曾有一句名言：「不是由於恐懼才逃跑；乃是在逃跑過程中才產生恐懼。」就更強調「氣」之「反動其心」的作用了。行動或儀式，與情緒、情愫間的關係，確是這樣弔詭的。

❺乾之策二百一十有六，坤之策百四十有四，凡三百有六十，當期之日

乾六爻都是老陽九，每爻過揲蓍草之數為三十六，六爻共計為二百十六；坤之六爻都是老陰六，每爻過揲蓍草為二十四，六爻共計為一百四十四。兩者相加為三百六十，相當一年三百六十日。策，占筮所用的蓍草。期，一周年。字亦可作「朞」。《尚書・堯典》：「朞三百有六旬有六日，以閏月定四時成歲。」一年實有三百六十五又四分之一日。言「三百有六十」或「三百有六旬有六日」，皆舉其整數而言。孔穎達《周易正義》：「三百六十日，舉其大略，不數五日四分日之一也。」此將乾坤之策與一年之日數相結合，顯示筮儀與時間之密切關係。

❻**二篇之策，萬有一千五百二十，當萬物之數也**

二篇，指《周易》上篇三十卦與下篇三十四卦，共六十四卦。每卦六爻，凡三百八十四爻。其中陽爻一百九十二，乘以過揲三十六策，得六九一二策；陰爻亦一百九十二，乘以二十四，得四六〇八策。相加為一一五二〇策，舉其大略，相當於萬物之數。此將六十四卦之策與萬物之數相結合，顯示筮儀與空間萬物之密切關係。

❼**是故四營而成易；十有八變而成卦。八卦而小成**

四營，指分二、掛一、揲四、歸奇再扐。營，謂經營運作。《集解》引陸績曰：「分而為二以象兩，一營也；掛一以象三，二營也；揲之以四以象四時，三營也；歸奇于扐以象閏，四營也。」易，變易。四營成一變，三變成一爻，一卦有六爻，故十八變成六畫之卦，名「大成卦」。九變成三畫之卦，名「小成卦」。《正義》：「八卦而小成者，象天、地、雷、風、日、月、山、澤，於大象略盡，是易道小成。」

❽**引而伸之，觸類而長之，天下之能事畢矣**

引而伸之，義有多種。《集解》引虞翻曰：「引信三才，兼而兩之以六畫。」是三畫卦的八卦引伸為六畫的八八計六十四卦。《正義》亦云：「引而伸之者，謂引長八卦而伸盡之，謂引之為六十四卦也。」蓋本於虞義。此其一也。《本義》：「謂已成六爻，而視其爻之變與不變，以為動靜。則一卦可變而為六十四卦，以定吉凶，凡四千九十六卦也。」是六十四卦，每一卦除「本卦」外，又有六十三個「之卦」，於是六十四卦自乘，得四千九十六卦。此其二也。朱熹在《周易啟蒙》中更說六十四卦：「若於其上各卦，又各生一奇一耦，則為七畫者百二十八矣；七畫之上，又各生一奇一耦，則為八畫者二百五十六矣；八畫之上，又各生一奇一耦，則為九畫者五百十二矣；九畫之上，又各生一奇一耦，則為十畫者千二十四矣；十畫之上，又各生一奇一耦，則為十一畫者二千四十八矣；十一畫之上，又各生一奇一耦，則為十二畫者四千九十六矣。此焦贛《易林》變卦之數，蓋亦六十四乘六十四也。……若自十二畫之上，又各生一奇一耦，累至二十四畫，則成千六百七十七萬七千二百一十六變，以四千九十六自相乘，其數亦與此合。引而伸之，蓋未知其所終極也。雖未見其用處，然亦足以見易道之無窮矣。」引伸之義，此其三也。觸類而長之，亦有多說。《集解》引虞翻曰：「觸，動也。……觸類而長之，其取類也大，則發揮剛柔而生爻也。」意指變剛生柔爻，變柔生剛爻。而孔穎達不以為然，《正義》：「觸類而長之者，謂觸逢事類而增長之。若觸剛之事類，以次增長於剛；若觸柔之事類，以次增長於柔。」取類推之義，剛以剛類推，柔以柔類推。二義皆有所偏。李光地《周易折中》案云：「彼此相觸，或相因以相生，或相反以相成，其變無窮，則義類亦無窮，故曰觸類而長之。」綜合二義，似較周延。由一分為二，二而生三以及八卦而六十四卦，加以引伸，由相因相生、相反相成加以類推，則天下可能產生之事物，其現象、性能、彼此消長與相處之道，都能概括於其中。所以說：「天下之能事畢矣。」

❾顯道神德行，是故可與酬酢，可與祐神矣

顯，顯示彰明。道，天地人事變化之道。神，或以為名詞。韓《注》：「由神以成其用。」或以為致使動詞。《正義》：「神靈其德行之事。」與，王引之《經傳釋詞》：「與，猶以也。」《易・繫辭傳》曰：『是故可與酬酢，可與祐神矣。』言可以酬酢，可以祐神也。」酬酢，猶應對也。祐，助成也。韓《注》：「可以應對萬物之求，助成神化之功也。」此數句說明《周易》占筮能顯明天地人事變化之道，因神靈而使德行神聖神妙。所以可以運用蓍筮而使萬物能與神靈應對溝通，了解神靈對所求問題的指示，可以贊助神靈教化之功。張載《橫渠易說》：「示人吉凶，其道顯；陰陽不測，其德神。顯故可與酬酢；神故可與祐神。受命如響，故可與酬酢；知來藏往，故可與祐神。示人吉凶，其道顯矣；知來藏往，其德行神矣。語蓍龜之用也。」又云：「顯道者，危使平，易使傾，懼以終始，其要无咎之道也。神德行者，寂然不動，冥會於萬化之感而莫知為之者也。受命如響，故可與酬酢；曲盡鬼謀，故可與祐神。顯道神德行，此言蓍龜之行也。」以為此數句環環相扣，皆說明蓍龜之理論與實踐。頗值參考。

❿子曰：「知變化之道者，其知神之所為乎！」

變化之道，當為天地自然以及人事變化之規律，兼指筮儀中揲蓍演變之法。並由揲蓍之結果，究天人之際，通古今之變，從而推知神明所作之指示。韓康伯強調「不為而自然」，《注》云：「變化之道，不為而自然。故知變化之道者，則知神之所為。」朱熹以為即筮儀之「數法」，《本義》：「變化之道，即上文數法是也。」似皆有所偏。《朱子語類》記董銖所錄：「銖問：『陽化為陰，陰變為陽者，變化也；所以變化者，道也。道者，本然之妙；變化者，所乘之機。故陰變陽化而道无不在。兩在故不測，故曰：「知變化之道者，其知神之所為乎？」不審可如此看否？』先生答云：『亦得之。』」於道之為形上，變化之為形下，以及神與道之合一，所言甚當。考基督教《新約・約翰福音》：「太初有道，道與神同在，道就是神。這道太初與神同在，萬物是藉著祂造的。」兩者似可較論，以知中西思想之異同。董真卿《周易會通》引雙湖先生曰：「此章首論天地之數，次論蓍策之數，末論卦畫之數。天地，數之原也；蓍策，數之衍也；卦畫，數之鍾聚也。蓋至於卦畫足以濟生人之用矣。故始之以成變化而行鬼神，明數之體段原於天地者，將必有如是之功用；終之以變化之道神之所為，明數之功用達於蓍卦者，原其初已有如是之體段也。變化之道即成變化之事。揲蓍中老陽變為少陰，老陰變為少陽是也。神之所為，即行鬼神之事。卦畫既立，吉凶禍福，皆可得而前知。所謂定天下之吉凶，成天下之亹亹是也。簡編釐正之功大矣。」雙湖先生，元儒胡一桂之號。於《易》，著有《周易本義附錄纂注》、《周易啟蒙翼傳》。然《會通》所引，未見於此二書，或在雙湖與師友論學書信中。引文於本節之內容、層次，辨析至精，而歸本於「數」，尤具卓識。

語譯

天數為一，地數是二；天數為三，地數是四；天數為五，地數是六；天數為七，地數是八；天數為九，地數是十。天數有一、三、五、七、九，共五個；地數有二、四、六、八、十，也是五個。一與二，三與四，五與六，七與八，九與十，天地相配，奇偶相得；而一與六代表水，二與七代表火，三與八代表木，四與九代表金，五與十代表土，又天變地化，五行相合。五個天數加起來是二十五；五個地數加起來是三十。總計天地之數是五十五。由於這些數目的排列組合形成了時空萬物的變化，啟示人生在天地相配跟變化中知道如何正確踐行出、處，進、退。筮儀中用來作重大推演工具的蓍草數目是五十根（或云五十五根），但是其中一根（或云六根）放回去，實際運用的為四十九根。把四十九根蓍草分為兩半，代表天地兩儀；再從代表地的蓍草中取出一根掛在左手小指與無名指間，象徵天、人、地三才；把代表天的蓍草四根四根接連地數著，表示春、夏、秋、冬的運轉；把數剩的蓍草夾在左手無名指與中指間，算是閏月；再取另一半代表地的蓍草以同樣方式連數著，將數剩的蓍草夾在中指與食指間，算是五年中有兩個閏月，於是在再夾之後把所有夾在左手手指間的蓍草合起來懸放在一起。乾卦在占筮中運算過的蓍草是二百十六根，坤卦是一百四十四根，相加是三百六十根，約略相當於一整年的日數。《周易》上經與下經兩篇共六十四卦，運算過的蓍草總共一萬一千五百二十根，約略相當於萬物的數目。因此，經過分二、掛一、揲四、歸奇再扐這四種運作步驟構成一次變易；三變形成一爻。十八變形成六畫之六十四卦中的一卦，為大成卦，代表易道重大單位的完成；九變形成三畫的八卦中的一卦，為小成卦，代表易道小單位稍具規模了。由一分為二，二又生三，三重疊成六，引伸開展，可能有七畫、八畫、九畫、十畫、十一畫、十二畫……以及六畫重疊為十二畫，十二畫重疊為二十四畫……無窮無盡的各種卦。觸類旁推，或相因相生，或相反相成。於是天下可能產生之事物以及其性能、現象、彼此消長與相處之道，就完全概括在其中了。《周易》占筮能夠彰顯天地人事變化的道理，因神靈的指示而使德行神聖神妙。所以可以使萬物與神靈應對溝通，可以贊助神靈教化的功能。孔子說：「知道用筮儀中揲蓍演變的方法，來推斷天地人事變化的規律，那麼也許會知道神靈的作為了吧！」

附錄古義

班固《漢書・律曆志》：「數者，一、十、百、千、萬也，所以算數事物，順性命之理也。《書》曰：『先其算命。』本起於黃鐘之數，始於一而三之，三三積之，歷十二辰之數，十有七萬七千一百四十七，而五數備矣。其算法用竹，徑一分，長六寸，二百七十一枚而成六觚，為一握。徑象乾律黃鐘之一，而長象坤呂林鐘之長。其數以《易》大衍之數五十，其用四十九，成陽六爻，得周流六虛之象也。」

又《漢書・律曆志》：「經元一以統始，《易》太極之首也；《春秋》二以目歲，《易》兩儀之中也；於春每月書王，《易》三極之統也；於四時雖亡事必書時月，《易》四象之節也；時月以建分至啟閉之分，《易》八卦之位也；象事成敗，《易》吉凶之效也；朝聘會盟，《易》大業之本也。故《易》與《春秋》，天人之道也。《傳》曰：『龜，象也；筮，數也。』物生而後有象，象而後有滋，滋而後有數。是故元始有象，一也；春秋，二也；三統，三也；四時，四也；合而為十，成五體；以五乘十，大衍之數也，而道據其一；其餘四十九，所當用也。故著以為數，以象兩兩之，又以象三三之，又以象四四之，又歸奇象閏十九，及所據一加之，因以再扐兩之，是為月法之實。如日法得一，則一月之日數也，而三辰之會交矣；是以能生吉凶。故《易》曰：『天一，地二；天三，地四；天五，地六；天七，地八；天九，地十。天數五，地數五，五位相得而各有合。天數二十有五，地數三十，凡天地之數五十有五。此所以成變化而行鬼神也。』并終數為十九，易窮則變，故為閏法，參天九，兩地十，是為會數。參天數二十五，兩地數三十，是為朔望之會。以會數乘之，則周於朔旦冬至，是為會月。九會而復元，黃鐘初九之數也。」

王充《論衡・卜筮篇》：「天道稱自然無為。今人問天地，天地報應，是自然之有為以應人也。案《易》之文，觀揲蓍之法，二分以象天地，四揲以象四時，歸奇於扐以象閏月，以象類相法，以立卦數耳。豈云天地告報人哉？」

乾坤易緼章

乾坤其易之緼邪？乾坤成列，而易立乎其中矣❶！乾坤毀，則无以見易；易不可見，則乾坤或幾乎息矣❷！是故形而上者謂之道，形而下者謂之器❸。化而裁之謂之變；推而行之謂之通。舉而錯之天下之民，謂之事業❹。

章旨

〈繫辭傳〉上篇，《正義》、《本義》皆分為十二章，而章之起訖多有不同。本節無論孔、朱，皆在第十二章中。首論乾坤與《易》關係之密切；繼言易道與器皆以形為中心而有上下之分；結言變通如何落實而為事業。

注釋

❶乾坤其易之縕邪？乾坤成列，而易立乎其中矣

帛書作「鍵川，亓易之經與？鍵川成列，易位乎亓中」。縕，與「韞」、「蘊」並通。虞翻《注》：「縕，藏也。」韓康伯《注》：「縕，淵奧也。」蘊藏、深奧二義可並存。帛書作「經」，則取經緯主線之義，亦甚好。乾坤成列有二解：孔氏《正義》：「夫易者，陰陽變化之謂。陰陽變化，立爻以效之，皆從乾坤而來。故乾生三男，坤生三女，而為八卦。變而相重，而有六十四卦，三百八十四爻。本之根源，從乾坤而來。故乾坤既成列位，而易道變化，建立乎乾坤之中矣。」此一解也。王夫之《周易內傳》：「成列，二卦並建而陰陽十二全備也。」指乾坤並建，而初九、九二、九三、九四、九五、上九，初六、六二、六三、六四、六五、上六：十二爻全備也。惠棟《周易述》：「六位時成，故成列。」李道平《周易集解纂疏》：「又成列謂乾坤各三爻，天尊地卑，乾坤定矣！」以成列指乾坤各六爻或各三爻，此又一解也。其大義，胡瑗言之甚善。《周易口義》：「此言大易之道本始於天地。天地設立，陰陽之端，萬物之理，萬事之情，以至寒暑往來，日月運行，皆由乾坤之所生。故乾坤成而易道變化建立乎其中矣。」〈繫傳〉此節先言「乾坤成列」，而後言「易立乎其中」；胡氏《口義》亦謂「大易之道本始於天地」：意皆若謂先有乾坤天地，後有「形而上」之易道。及王夫之《周易外傳》：「形而上者，非无形之謂。既有形矣，有形而後有形而上。无形之上，亙古今，通萬變，窮天窮地，窮人窮物，皆所未有者也。」更直接拈出「有形而後有形而上」來。此等論述，雖有特異之見；然細思之，仍未合〈繫傳〉本意。蓋〈繫傳〉前已明言：「易有太極，是生兩儀。」易道太極既生乾坤兩儀，則易道亦同時立乎乾坤中，未必先有乾坤，後有易道也。

❷乾坤毀，則无以見易；易不可見，則乾坤或幾乎息矣

帛書作「鍵川毀，則无以見易矣。易不可則見，則鍵川不可見，鍵川不可見，則鍵川或幾乎息矣！」毀，缺壞。或，表態副詞，表不盡然。幾乎，近於。息，止息。《正義》：「易既從乾坤而來，乾坤若缺毀，則易道損壞，故云『无以見易也』。……若易道毀壞，不可見其變化之理，則乾坤亦壞，或其近乎止息矣。」下更以根株譬乾坤，枝幹譬易道，云：「猶乎樹之枝幹生乎根株，根株毀，則枝條不茂；若枝幹已枯死，其根株雖未全死，僅有微生，將死不久。」《正義》此云「易道」，指乾坤生六子，而為八卦，重而有六十四卦，三百八十四爻而言倘解為《周易》之原理，則大有乾坤為本，易道為末之意，恐不合〈繫傳〉「太極生兩儀」之本意。胡氏《口義》：「若乾坤毀棄，則无以見易之用；易既毀，則无以見乾坤之用。如是乾坤或幾乎息矣！」則以乾坤與易，互以為用。熊十力《體用論．明變》：「余之宇宙論，主體用不二，蓋由不敢苟同於佛法，乃返而遠取諸物，近取諸身，積漸啟悟，遂歸宗乎《大易》也。」於《新唯識論・功能下》主「即體而言用在體」、「即用而言體在用」，云：「前就體言，本唯一真而含萬化，故用不異體；今就用言，於茲萬化皆是一真，由體不異用故，……」其意與胡氏《口義》相近。皆源於〈繫辭傳〉此節之言也。

❸是故形而上者謂之道，形而下者謂之器

形，是地形天象的省稱。〈繫辭傳上〉一開始，即說：「天尊地卑，乾坤定矣。……在天成象，在地成形：變化見矣。」本節先言「乾坤其易之縕」，接言「形上形下」，形即乾坤天地之形象，道即易道，並以「是故」連繫之。形而上，指在天地形象上存在的一陰一陽之抽象原理。道，是乾坤之合德，猶陰陽兩儀之於太極。上文言「《易》與天地準，故能彌綸天地之道」。而天地即乾坤，即陰陽，所以「形而上者謂之道」與「一陰一陽之謂道」涵義實同。形而下，是天地變化向下落實到現象界。器，是陰陽交感所生的具體事物。《朱子語類》卷七十五記周謨所錄：「形而上者，指理而言；形而下者，指事物而言。事事物物，皆有其理。事物可見，而其理難知。即事即物，便要見得此理，只是如此看。但要真實於事物上見得這箇道理，然後於己有益。為人君止於仁；為人子止於孝。必須就君臣父子上見得此理。大學之道，不曰窮理，而謂之格物，只是使人就實處窮竟事事物物上有許多道理，窮之不可不盡也。」關於道、器的關係，孰先孰後，約有三說，析論於後，並略作平議。

一、道先器後說：

《老子》已有「道生一，一生二，二生三，三生萬物。萬物負陰而抱陽，沖氣以為和」的話。

道是原理，一是材質，二是陰陽，三是陰陽交感之初生，於是衍生萬物。這是道先器後說之濫觴。後世闡揚此說者以《淮南子》為代表。《淮南子・原道》：「夫太上之道，生萬物而不有，成化像而弗宰。」又云：「道者一立而萬物生矣。是故一之理施四海，一之解（解，通達也。）際天地。」認為道能生萬物，化育萬物成就不同的形象，卻不擁為己有，作其主宰。道，是一也是理，施於四海之內，達於天地之際。所以先有道，後有天地萬物。而說《易》者亦有主先道後形者，如孔氏《正義》云：「道是无體之名；形是有質之稱。凡有從無而生；形由道而立。是先道而後形。是道在形之上，形在道之下。故自形外以上者謂之道也；自形內而下者謂之器也。」又如邵雍，每如此說。《皇極經世・觀物・內篇之九》：「天由道而生；地由道而成；物由道而形；人由道而行。天地人物則異矣，其於道一也。」又〈外篇之一〉：「道生天地萬物而不自見也；天地萬物亦取法乎道矣。」「生者性，天也；成者形，地也。生而成，成而生，《易》之道也。以天地生萬物，則以萬物為萬物；以道生天地，則天地亦萬物也。道為太極。」亦主天地人物由道而生，道先器後。

二、道器不離說：

以程顥、朱熹之說為代表。程顥之言見於《二程遺書》卷一：「蓋上天之載，无聲无臭，其體則謂之《易》；其理則謂之道。……形而上為道，形而下為器，須著如此說。器亦道，道亦器。但得道在，不繫今與後，己與人。」明白指出「器亦道，道亦器」。關於形上之道、形下之器，朱熹師生間多所討論。《朱子語類》卷七十五記周謨所錄：「問：『形而上下如何以形言？』」曰：『此言最的當。設若以有形無形言之，便是物與理相間斷了。所以謂截得分明者，只是上下之間，分別得一箇界止分明。器亦道，道亦器，有分別而不相離也。』」朱熹此答，今人吳怡在《易經繫辭傳解義》有深入而淺明的詮釋：「朱子這段話極為精闢，如果把道與器以無形和有形來分，那麼便會有兩種結果，一是使道離形而虛脫，變成一個空虛的概念，西方的形而上學（Metaphysics）常犯此病。二是使道和器之間的溝通，顯得非常困難。易理的高明處，就在於不以形之有無，而以形之上下去分別道與器。所謂『形而上者』，乃是指形的向上提升，所謂『形而下者』，乃是指形的向下落實。就拿陰陽來說，其向上提升，是陰陽之中和，便是道；而其向下落實，是陰陽之相感以生萬物，便是器。」《語類》又記葉賀孫錄：「形而上者謂之道；形而下者謂之器。道是道理，事事物物皆有箇道理；器是形跡，事事物物亦皆有箇形跡。有道須有器，有器須有道，物必有則。」又林夔孫錄：「指器為道固不得；離器於道亦不得。且如此火，是器，自有道在裏。」有道須有器；有器須有道。器不是道，但不離道；道不是器，卻在器裏。這便是程、朱對道、器的基本看法。而這種看法與中國哲學中天人合一、理氣不離、體用不二的觀念有貫連性。

三、器先道後說：

此說王夫之極力言之，而唐人崔憬《周易探玄》「器體道用」說實為先導。李鼎祚《周易集解》引崔憬曰：「此結上文，兼明《易》之形器變通之事業也。凡天地萬物皆有形質，就形質之中有體有用。體者，即形質也；用者，即形質上之妙用也。言有妙理之用，以扶其體，則是道也。其體比用，若器之于物，則是體為形之下，謂之為器也。假令天地圓蓋方軫為體為器，以萬物資始資生為用為道；動物以形軀為體為器，以靈識為用為道；植物以枝幹為器為體，以生性為道為用。」崔憬此說，與後來朱子「道體器用」說大不相同。《語類》卷七十五記學生（佚名）問：「『形而上者謂之道』這一段，只是這一個道理，但即形器之本體。」朱子應之以「是」。又記曾祖道問：「如何分形器？」曰：「形而上者是理，才有作用，便是形而下者。」便是證明。及明末王夫之作《周易外傳》，曰：「天下惟器而已矣！道者，器之道；器者，不可謂之道之器也。无其道則无其器，人類能言之；雖然，苟有其器矣，豈患无道哉？君子之所不知而聖人知之；聖人之所不能而匹夫匹婦能之。人或昧於其道者，其器不成，不成非无器也。无其器則无其道，人鮮能言之，而固其誠然者也。洪荒无揖讓之道；唐虞无弔伐之道；漢唐无今日之道；則今日无他年之道者多矣。未有弓矢而无射道；未有車馬而无御道；未有牢醴璧幣鐘磬管絃而无禮樂之道。則未有子而无父道，未有弟而无兄道，道之可有而且无者多矣！故无其器則无其道，誠然之言也，而人特未之察耳！」先言「无其道則无其器」，以為「聖人知之」，「匹夫匹婦能之」。此說製器，道先器後。再言「无其器則无其道」，舉「未有弓矢而无射道」等為例，此為用器，器先道後。雖然製器用器，道器各有先後，但王夫之力倡「唯器」論，《周易外傳》又云：「形而上者，非无形之謂。既有形矣，有形而後有形而上。无形之上，亙古今，通萬變，窮天、窮地、窮人、窮物，皆所未有也。」堅決提出「有形而後有形而上」的結論，其偏向器先道後說是十分明顯的。

四、平議：

1. 道器皆以形為中心：道為形而上者，器為形而下者，皆以形為中心。王宗傳《童溪易傳》云：「道外无器，器外无道，其本一也，故形而上者與形而下者，皆謂之形，則易之形見，蓋有不可掩也。」此理本甚明，惜歷來注《易》者，多在道、器、上、下四字用工夫，而獨忽形字，甚至以形、器為一義，頗可商榷。

2. 形指乾天坤地之形象：在「乾坤其易之緼」數句，與「形而上者謂之道」間，有連詞「是故」。於是可推知「道」即「易」，「形」即「乾坤」之在天成象、在地成形之「形象」的省稱。歷來注《易》者，對「是故」一詞，亦多未深究。

3. 地形天象之上即一陰一陽之道：將「形而上者謂之道」與上文「一陰一陽之謂道」相對照，可推知形而上者即一陰一陽。一陰一陽之道實為由地形天象向上歸納紬繹所得之宇宙終極原理。

4. 道成形而道在形，形生器而道在器：〈繫辭傳上〉明言：「是故《易》有太極，是生兩儀，兩儀生四象，四象生八卦，八卦定吉凶，吉凶生大業。」「形」既為乾坤兩儀，則是太極（即易即道）所生。及至天地變化，陰陽交感，而生四象：春夏秋冬、東南西北、木火金水。再生八卦：乾天為父、坤地為母、震雷為長男、巽風為長女、坎水為中男、離火為中女、艮山為少男、兌澤為少女。以至六十四卦，三百八十四爻，及二篇之策，萬有一千五百二十，當萬物之數，皆天地所生。是道成形，形生器。上文云：「乾坤成列，而易立乎其中矣！」蓋乾坤既生，易道即在乾坤中；乾坤成列，易道即在成列之四象、八卦、六十四重卦、三百八十四爻、一萬一千五百二十策中。《語類》卷一記朱熹回答陳淳說：「在天地言，則天地中有太極；在萬物言，則萬物中各有太極。」也正是道成形而道在形，形生器而道在器的意思。

5. 化裁推行舉措屬通變事業，然亦不妨論其道器：在析論之三「器先道後說」曾引崔憬、王夫之之言。崔憬所說，尚能扣緊天地動植而論道器體用。王夫之以為「无其道則无其器」，製器道先於器；「无其器則无其道」，器用器先於道。則直以人所製作運用而論道器，已屬下文所謂化裁推行舉措之通變事業，與《周易》道之為言，多指一切事物及其變化之根本、普遍而永恆不易的原理，義界已有不同。然天地一太極，物物一太極，亦不妨論其道器也。船山言「有形而後有形而上」，此語與「存在先於本質」若合符節。又言「今日无他年之道者多矣」，尤具遠見。今之航天潛海之器，基因改造之果，皆先有其道而後成之；既成之後，駕御享用之道亦隨而興矣。船山此處所言之道，殆取方法義，故道器各有先後也。

關於「形」字，〈繫辭傳〉還有二句話：「見乃謂之象，形乃謂之器。」意思是陰陽之道所顯現的，名之為現象；陰陽交感所形成的，名之為器。「見」、「形」二字都是動詞。詞品轉變是漢語特色之一。甲骨卜辭中有「雨」、「不雨」、「其雨」，雨為動詞；又有「不遘大雨」、「其遘大雨」，雨為名詞。又如「王賓后且乙歲宰」，賓是動詞（從郭沫若、陳夢家說）：「我亩賓為」、「我勿為賓」，賓為名詞。所以，形可以是名詞，為天象地形之省；也可以是動詞，取形成顯現之義。以「形」為形成顯現來詮釋「形而上者謂之道」，那麼可以說：形成具體的天地形象之上層抽象的一陰一陽名之為道。意義和我上文所釋，仍然是一致的。

總之，由地形天象上歸納紬繹，獲致一陰一陽抽象之原理，叫做「道」；由天地變化向下落實，是陰陽交感所生具體事物，名為「器」。道器之中心都是「在天成象；在地成形：變化見矣」之地形天象。就此而言，易道與西方以整個宇宙及一切可見事物之全部為研究對象，探求其起源、變化、及其終究之宇宙論 (cosmology)，或探討存在本身及其本質和規律的本體論 (ontology)，其異同有可資比較之處。而道成形而在形，生器而在器。道與形、器不即不離。古希臘哲人亞里士多德 (Aristotle) 曾在呂克亞學院講學。後來安德羅尼柯 (Andronicus) 將他的單篇論文、講稿、並參考學生筆記編成全集，把有關自然界運動變化的論著合在一起，取名 *Physica*，意指「物理學」或「自然科學」；又把研究抽象本質問題的作品，包括 *First Philosophy*（《第一哲學》）在內，編成後篇，取名 *Metaphysica*。Meta 是一個詞頭，有「之後」、「超越」諸義。自此 Metaphysics 成為西方哲學重要術語，意為超越於自然科學之上的後設的學問。國人依據《周易・繫辭傳》：「形而上者謂之道，形而下者謂之器。」把 Metaphysics 譯作「形上學」，是相當妥貼傳神的譯名。而「形而上者謂之道」之句因此在哲學界也就更耳熟能詳了。

❹**化而裁之謂之變；推而行之謂之通。舉而錯之天下之民，謂之事業**

化，天地間陰陽運作。裁，節制。舉，執持。錯，措施、安頓。孔氏《正義》：「陰陽之化，自然相裁；聖人亦法此而裁節也。因推此以可變而施行之，謂之通也。猶若亢陽之後，變為陰雨，因陰雨而行之，物得開通；聖人亦當然也。……自然以變化錯置於民也；聖人亦當法此錯置變化於萬民，使成其事業也。凡〈繫辭〉之說，皆說易道以為聖人德化，欲使聖人法易道以化成天下。……非是空說易道，不關人事也。」孔氏以自然有變、通、事業，而聖人法之，此正《周易》推天道以明人事之例。至於變通事業與道器象辭的關係，王夫之詳乎言之。《周易內傳》：「此言《易》之功用盡於象辭變通之中也。化裁者，陰陽之迭相變易以裁其過，而使剛柔之相濟；推行者，陰陽之以類聚，相長而相屬，即以著之剛柔，更推而進盡其材用也。此以形而上之道為形之所自殊，可於器而見道者也。以其變通之義合於已成之象，而玩其所繫之爻辭，舉是而措之於民用，觀其進退合離之節，以擇得失而審吉凶，則事業生焉。此以形而發生乎用之利，可即器以遇道者也。聖人作《易》之意，合上下於一貫，豈有不可見之祕藏乎！」船山之意，以為「化裁」是陰陽變化中，節制其過分，而使之均衡相配；「推行」是進一步充分發揮陰陽相輔相成的作用。六十四卦、三百八十四爻，卦卦有殊，爻爻不同，正可在此形而下處見形而上之道的變化。觀象玩辭而施於民生日用，於是在得失吉凶中慎思明辨，知所進退離合，則事業創立。此正是就形而下之利用中求其合乎形而上之道。《內傳》此段，把道器與通變事業，上下連貫起來。

語譯

乾坤，是易道精義蘊藏的處所吧？乾坤相對排列，交感化育，而易道的精義就存立在這中間了！乾坤相對交感化育的作用如果毀壞了，就無法來發現易道的精義；易道的精義不能發現，那麼天行健而資始、地勢坤而資生的功能，也許會幾乎停止了！所以由地形天象向上歸納紬繹，得到陰陽和合這種宇宙終極的抽象原理，叫做「道」；由此地形天象向下落實，陰陽交感，化育成具體的事物，叫做「器」。易道通過天地化育、裁成萬物，稱之為「變」；推廣化育，使萬物運作，稱之為「通」；執持陽健陰順、交感變通的道理來安頓天下老百姓，稱之為「事業」。

附錄古義

孔穎達《周易正義・引鄭玄易贊及易論》見前「天尊地卑」條。

班固《漢書・藝文志》：「六藝之文，《樂》以和神，仁之表也；《詩》以正言，義之用也；《禮》以明體，明者著見，故無訓也；《書》以廣聽，知之術也；《春秋》以斷事，信之符也。五者蓋五常之道，相須而備，而《易》為之原。故曰：『易不可見，則乾坤或幾乎息矣。』言與天地為終始也。至於五學，世有變改，猶五行之更用事焉。」

繫辭傳下

乾坤易門章

子曰：「乾坤，其《易》之門邪❶？乾，陽物也；坤，陰物也。陰陽合德而剛柔有體❷，以體天地之撰，以通神明之德❸。其稱名也，雜而不越，於稽其類，其衰世之意邪❹？」夫《易》，彰往而察來，而微顯闡幽。開而當名辨物，正言斷辭則備矣❺。其稱名也小，其取類也大，其旨遠，其辭文，其言曲而中，其事肆而隱❻。因貳以濟民行，以明失得之報❼。

章旨

〈繫辭傳〉下篇，孔穎達分為九章，本章為第五章；朱熹分為十二章，本章為第六章。本章先引孔子之言，謂乾坤其《易》之門，代表陰陽、剛柔、天地、神明，有衰世之意。後半節則經師之闡發：彰往察來，顯微闡幽，蓋釋天地神明；當名辨物，正言斷辭，蓋釋乾陽坤陰，剛柔有體；稱名取類，旨遠辭文，言曲而中，蓋釋稱名雜而不越；以濟民行，以明得失，蓋釋衰世之意。

注釋

❶**乾坤，其《易》之門邪**

此句為本章之總綱要旨。帛書作「子曰：『《易》之要，可得而知矣。鍵川者，《易》之門戶也。』」乾坤是了解並踐行《易》學的門戶，也是《易》學要旨綱領之所在。《周易》六十四卦三百八十四爻，全由乾坤陰陽變化組合而成，代表天地間各種不同的事物，所以乾坤為《易》之綱領及入《易》之門。〈繫辭傳上〉：「是故闔戶謂之坤；闢戶謂之乾。一闔一闢謂之變；往來不窮謂之通。」也含有這種意思。孔氏《正義》：「《易》之變化，從乾坤而起，猶人之興動，從門而出，故乾坤是《易》之門邪。」注重「門戶」義。而一部《周易》，其要旨綱領，亦在乾坤。程頤《經說》：「乾坤，天地也。萬物烏有出天地之外者乎？知道者，統之有宗，則然也。」注重「要領」義。

❷ 乾，陽物也；坤，陰物也。陰陽合德而剛柔有體

乾坤為卦名，乾三連，畫作☰，代表天；坤六斷，畫作☷，代表地。於是有了具體形象，可以陽物、陰物稱之。《集解》引荀爽曰：「陽物天，陰物地也。」揆之下文有「以體天地之撰」句，荀注可從。陰陽合德而剛柔有體，德，德性；體，體質，亦可作體法解。《集解》引虞翻曰：「乾剛以體天，坤柔以體地也。」蓋言乾坤體法天地而得其剛柔之體質也。又曰：「合德謂天地雜，保太和。」蓋取〈文言傳〉說坤上六：「夫玄黃者，天地之雜也。天玄而地黃。」暨〈彖傳〉說乾：「乾道變化，各正性命，保合太和，乃利貞。」而論陰陽合德。孔氏《正義》：「以陰陽組合，乃生萬物，或剛或柔，各有其體。陽多為剛，陰多為柔也。」則由天地擴及萬物。以為陽剛多而中有柔；陰柔多而中有剛。張栻《南軒易說》：「以卦言之：乾之三奇，乃陽物也；坤之三耦，乃陰物也。三奇三耦，索而為六子；互體卦變，積而為六十四：此陰陽合德而剛柔有體也。」則由乾坤擴及八卦及六十四卦而論也。

❸ 以體天地之撰，以通神明之德

帛書「撰」作「化」，「通」作「達」。體，體現。撰，韓康伯、孔穎達說「數也」；古籍中「選」、「撰」每假借為「算」，所以撰有「數也」之義。《周易》為「數本論」的哲學，我在〈彖傳〉

「乾道變化」及〈繫辭傳〉上文「極數知來」注釋中已屢言之。朱子《本義》：「撰，猶事也。」此又一說。《集解》引《九家易》曰：「撰，數也。萬物形體皆受天地之數也。謂九天數，六地數也。剛柔得以為體矣。」又曰：「隱藏謂之神，著見謂之明，陰陽交通乃謂之德。」《南軒易說》：「夫四時之迭運，五行之攸序，皆天地之撰也。聖人作《易》所以體天地之撰者，如損、益之盈虛，剝、復之進退，乃體天地之撰者乎！陰陽之造化，剛柔之消長，皆神明之德也。聖人作《易》所以通神明之德者，如知死生之說，知幽明之故，乃通神明之德者乎！」更舉損卦䷨，損下卦之三，由盈而虛；益上卦之上，由虛而盈；益卦䷩，損上卦之四，由盈而虛；益下卦之初，由虛而盈。剝卦䷖，陰進而陽退；復卦䷗，陽進而陰退：此皆體天地運作之律數也。何楷《古周易訂詁》：「有形可擬，故曰體；有理可推，故曰通。體天地之撰，承剛柔有體言，兩體字相應；通神明之德，承陰陽合德言，兩德字相應。」說字義，析結構，均可參考。

❹其稱名也，雜而不越，於稽其類，其衰世之意邪

帛書「稱名」作「辯名」，「稽其」作「指易」。名，指卦爻辭中言及之事物。雜，繁雜。越，踰越。於，嗟歎之詞。稽，考察。類，事物之類別。衰世，指商末周初，紂王在位，文王蒙憂之時。韓《注》：「備物極變，故其名雜也。各得其序，不相踰越，況爻繇之辭也。有憂患而後作《易》，世衰則失得彌彰，爻繇之辭，所以明失得，故知衰世之意邪。」（繇，音ㄓㄡˋ，卦之占辭。）孔氏《正義》：「《易》之爻辭，多載細小之物，若『見豕負塗』之屬，是雜碎也。辭雖雜碎，各依爻卦所宜而言之，是不相踰越也。……然考校《易》辭事類多有悔之憂虞，故云變亂之世所陳情意也。若盛德之時，物皆遂性，人悉懽娛。无累於吉凶，不憂於禍害。今《易》

所論，則有『亢龍有悔』，或稱『龍戰於野』，或稱『箕子明夷』，或稱『不如西鄰之禴祭』：此皆論戰爭盛衰之理，故云衰意也。」舉例說明，甚是仔細。郭雍《郭氏傳家易說》：「陰陽相盪，剛柔相推，自乾坤而變八卦，自八卦而變六十四卦三百八十四爻，其稱名也，雜然不齊，枝葉至扶疏矣，而亦不越乎陰陽二端而已。乾坤其《易》之門邪！」更直指卦爻辭之稱名不越乎陰陽，這樣就與上文「乾坤其《易》之門邪」貫通起來。孔子之言，至此結束。

❺夫《易》，彰往而察來，而微顯闡幽。開而當名辨物，正言斷辭則備矣

帛書作「《易》（彰往而察）來者也。微顯贊絕，巽而恆當，當名辯物，正言巽辭而備。」夫，發端連詞。自此以下皆經師闡發孔子所言之意。彰，彰顯，《集解》本作「章」。「而微顯闡幽」，意為「顯微而闡幽」。開，指乾坤之門敞開，索得六子，六十四卦，三百八十四爻。當名辨物，面對卦爻而辨明事物現象，如乾為陽物，坤為陰物，乾上九「亢龍有悔」，坤上六「龍戰于野」之類。正言斷辭，正確論斷之言辭，指卦爻辭。備，完備。韓《注》：「《易》无往不彰，无來不察，而微以之顯，幽以之闡。闡，明也。開釋爻卦，使各當其名也。理類辨明，故曰斷辭也。」言簡意賅。《南軒易說》：「論《易》之神，彰往察來；論《易》之道，微顯闡幽。往來以時言，或往或來，以其无常，人不能知也。惟《易》之神，往者彰之，來者察之。微幽以理言，或微或幽，人不能察也。惟《易》之道，微者顯之，幽者闡之。《易》之神，《易》之道，儻非乾坤開而當名辨物，正言斷辭，則《易》之道安能備而無窮乎？是以乾陽物，其數為奇；坤陰物，其數為耦。陽奇陰耦以示之。然後即其健而名之以乾，即其順而名之以坤，以至六子，六十四卦，當其名也。夫名既當，則剛柔之物雖曰相雜，蓋有自然而辨者矣。言天下之至賾而為象；

言天下之至動而為爻；以至吉凶者，言乎其失得；悔吝者，言乎其小疵：皆正其言也。夫言既正，則辭之指其所者，蓋有自然而斷者矣。」連接上下文義，以傳解傳，頗能暢釋傳意。

❻其稱名也小，其取類也大，其旨遠，其辭文，其言曲而中，其事肆而隱

帛書「小」作「少」，「大」作「多」，「旨遠」作「指閒」，「肆而隱」作「隱而單」。取類，取象作類比以託喻。肆，開朗明白。隱，蘊藏精奧的義理。虞翻《周易注》：「其稱名也小：謂乾坤與六子，俱名八卦而小成，故小復小而辯于物者矣。其取類也大：謂乾，陽也，為天為父，觸類而長之，故大也。其旨遠，其辭文：遠謂乾，文謂坤也。其言曲而中，其事肆而隱：曲，詘；肆，直也。陽曲初震為言，故其言曲而中；坤為事，隱未見，故肆而隱也。」緊扣上文「乾坤其《易》之門」，以象數為釋。韓《注》：「託象以明義，因小以喻大。變化无恆，不可為典要，故其言曲而中也。事顯而理微也。」以義理為釋，甚為簡明。劉勰《文心雕龍・比興第三十六》：「觀夫興之託諭，婉而成章，稱名也小，取類也大。關雎有別，故后妃方德；尸鳩貞一，故夫人象義。義取其貞，無從於夷禽；德貴其別，不嫌於鷙鳥：明而未融，故發注而後見也。」雖所舉為《詩經》之例，而所釋《周易》稱名取類，事肆而隱，說義甚善。《南軒易說》：「夫名卦曰睽而已，而天下之事同，男女之事類在焉；名卦以恆而已，而日月之久照，四時之久成在焉：此稱名小而取類大也。利用安身，窮神知化，咸九四之意深矣，其辭乃曰：『憧憧往來，朋從爾思。』而已；氤氳化醇，男女構精，損六三之意遠矣，其辭乃曰：『三人行則損一人，一人行則得其友。』而已：此其旨遠，其辭文也。在同人，未嘗言同，所言者『類族辨物』之事：其言雖曲也，乃中其尚同大過之弊也。在鼎所載者，以木巽火，烹飪之事，其事甚肆而易見也，然所寓者皆養賢享帝與夫取新之道隱於其閒也。」取睽卦、恆卦之〈彖傳〉，以說稱名小取類大；取咸九四、損六三之爻辭，以說其旨遠其辭文；取同人卦之〈彖傳〉以說其言曲而中；取鼎卦之〈彖傳〉以說其事肆而隱：則以《易》證《易》，更具體而得當。

❼因貳以濟民行，以明失得之報

帛書作「因齎人行，明……」，下有闕文。貳，指吉凶。濟，匡助。報，報應。〈繫辭傳上〉：「吉凶者，言乎其失得也。」所以用吉凶的理論來匡助人民行為可明失得之報。虞《注》：「二謂乾與坤也。坤為民；乾為行。行得則乾報以吉；行失則坤報以凶也。」把乾坤與民行、得失、吉凶全連繫起來。今日視之，似嫌牽強；然《易》本占筮之書，此種牽強連繫，正是《易》筮之本色。韓《注》：「貳則失得也。因失得以通濟民行，故明失得之報也。失得之報者，得其會則吉，乖其理則凶。」於吉凶、得失之外，更拈出「會」、「理」二字，指機會與道理。

語譯

孔子說：「乾、坤兩卦，可說是了解《周易》要旨的兩扇大門吧！乾為天，代表陽剛的事物；坤為地，代表陰柔的事物。陰陽的德性相交感配合，而剛健柔順各有體質，來體現天地運行化育的理數，以通達既神祕又顯明的生生之德性。《周易》卦爻辭中所提到事物名稱，雖然繁雜，卻不會踰越卦爻的道理。唉！考察這些事物的類別屬性，也許含有衰亂世代的憂患意識吧？」這《周易》呢，明白往事的歷程而觀察未來的動向，顯示微妙的現象而闡發幽隱的意義。打開乾坤的大門，面對卦爻而辨清事物現象，正確的語言和決斷的措辭，是能夠完備地顯示意義的。卦爻辭所稱述的，雖然是些細小的事物，但是其中隱含的譬喻或象徵等類比意義，卻是相當廣大的。它的意旨深遠，它的措辭文雅，它的言語委婉曲折而切中事理，它所說的事實明朗顯著卻隱藏著精奧的道理。用吉凶的因果關係來教導人民行為，使人民明白善惡得失的報應。

附錄古義

孔穎達《周易正義・引鄭玄六藝論》見前「天尊地卑」條。

說卦傳

窮理盡性章

昔者聖人之作《易》也❶：幽贊於神明而生蓍❷；參天兩地而倚數❸；觀變於陰陽而立卦❹；發揮於剛柔而生爻❺；和順於道德而理於義；窮理盡性以至於命❻。

章旨

此為〈說卦傳〉孔本第一節，朱本第一章。帛書則在〈衷〉中。〈衷〉，或以為即〈繫辭傳〉之下篇，或以其首句為「易之義」而名之曰〈易之義〉。本章說明《周易》性命之學的淵源：生蓍、倚數、立卦、生爻、理義，盡性以至於命。《正義》曰：「『昔者聖人』至『以至於命』，此一節將明聖人引伸因重卦之意，故先敘聖人本制蓍數卦爻，備明天道人事之妙極之理。」《本義》亦以為第一章。《周易折中》案語云：「此章次第最明，《易》為卜筮之書，而又為五經之原者，於此章可見矣。生蓍者，立蓍筮之法也；倚數者，起蓍筮之數也；立卦生爻，則指畫卦繫辭言之。是二者，蓍筮之體而言於後，明《易》為卜筮而作也。和順於道德而理於義，言卦畫既立，則有以契合乎天之道，性之德，而下周乎事物之宜也；窮理盡性以至於命，言爻辭既設，則有以窮盡乎事之理，人之性，而上達乎天命之本也。夫《易》以卜筮為教，而道德性命之奧存焉。然則以機祥之末言《易》者，迷道之原者也；以事物之跡言《易》者，失教之意者也。」於章旨闡述甚詳。

注釋

❶昔者聖人之作《易》也

作《易》，據下文，包括：生蓍、倚數、立卦、生爻，有六畫、六位，所以含六十四卦之卦爻符號。又說：「和順於道德而理於義；窮理盡性以至於命。」此非卦爻辭而不能窮盡，因此又含卦爻辭。孔穎達《周易正義》：「據今而稱上世謂之昔者也，聰明叡知謂之聖人，此聖人即伏犧也。」蓋以六十四卦為伏犧所畫。近來考古發現，新石器時代遺物已有六個數字組成的數字卦出現。因此對伏犧時代之有六畫之卦，要以較肯定的態度加以檢驗與思考。《周易正義・序》又云：「卦辭，文王；爻辭，周公。」卦爻辭當是周初掌占筮之官從累世留存下來的占筮之辭整理編輯而成。

❷**幽贊於神明而生蓍**

幽有深、隱義；贊有明、助義。《正義》：「幽者，隱而難見，故訓為深也；贊者，佐而助成，而令微者得著，故訓為明也。」已從韓《注》：「幽，深也；贊，明也。」引伸出幽隱、贊助第二義。神明，言易道本乎天地晝夜時空變化之道，既神妙又顯明也。荀爽《周易注》：「神者在天，明者在地；神以夜光，明以晝照。」生蓍，產生用蓍占筮之法。干寶《周易注》：「乃得自然之神物能通天地之精而管御百靈者，始為天下生用蓍之法者也。」生蓍，帛書作生占，意為產生占筮之法。

❸**參天兩地而倚數**

參天兩地，說者分歧。《正義》曰：「先儒馬融、王肅等解此，皆依〈繫辭〉云：『天數五、地數五，五位相得，而各有合。』以為五位相合，以陰從陽。天得三合，謂一、三與五也；地得兩合，謂二與四也。鄭玄亦云：『天地之數備於十，乃三之以天，兩之以地，而倚託大衍之數五十也。』」宋張栻《南軒易說》依此更詳乎言之：「一、三、五、七、九，皆陽數也，獨以一、三、五參之而用九，此倚其陽數也；二、四、六、八、十，皆陰數也，獨以二、四兩之而用六者，此倚其陰數也。特取九、六，而不用七、八者，乃參天兩地而倚其數也。」《正義》又引南朝陳張譏《周易講疏》，曰：「張氏云：以三中含兩，有一以包兩之義，明天有包地之德，陽有包陰之道。」於何以參天兩地，有所闡釋。又韓康伯《注》云：「參，奇也；兩，耦也。七九陽數；六八陰數。」《正義》疏云：「此倚數生數在生蓍之後，立卦之前，明用蓍得數而布以為卦，故以七八九六當之。七九為奇，天數也；六八為耦，地數也。故取奇於天，取耦於地，而立七八九六之數也。」並以為此用「王輔嗣意」云云。《集解》引虞翻曰：「倚，立；參，三也。謂分天象為三才，以地兩之，立六畫之數，故倚數也。」似均不若馬、王之說為妥。倚數，帛書作義數，義當為議，議，論斷之意。

❹觀變於陰陽而立卦

虞翻《周易注》：「謂『立天之道曰陰與陽』。乾坤剛柔，立本者。卦謂六爻。陽變成震坎艮，陰變成巽離兌，故立卦。六爻三變，三六十八，則有十八變而成卦。八卦而小成，是也。〈繫〉曰：『陽一君二民；陰二君一民。』不道乾坤者也。」虞說有些模稜兩可。一方面以為陽爻入坤☷，成震☳、坎☵、艮☶；陰爻入乾☰，成巽☴、離☲、兌☱，故立八卦，又名小成卦。又說卦謂六爻，六爻每爻用蓍草經：分、掛、揲、扐，四營為一變，三變為一爻，十八變得六爻而成六十四卦，又名大成卦。那麼觀變於陰陽所立的卦到底是八卦還是六十四卦？虞翻於最後引〈繫下〉文，由震坎艮一陽為君，二陰為民，陰卦巽離兌反是。而乾純陽，坤純陰，不包括在內，以「八卦而小成是也」。代表象數派對本句的詮釋。韓康伯《注》：「卦，象也；蓍，數也。卦則雷風相薄，山澤通氣，擬象陰陽變化之體；蓍則錯綜天地參兩之數。蓍極數以定象；

卦備象以盡數。故著曰參天兩地而倚數；卦曰觀變於陰陽也。」注意到「倚數」、「立卦」間，「極數以定象」、「備象以盡數」的生、存關係，代表玄理派對本句的了解。船山《周易內傳》：「天地自然之變，發見於物理人情者，六十四象亦略備矣。其變一盈一虛，陰陽互用也。故以十八變而成一卦，因著其象，立其名，顯其性情功效之殊焉。」則代表儒理派的看法。

❺發揮於剛柔而生爻

發，闡發。揮，揮動，此有運作、運算之意。虞《注》：「謂『立地之道曰柔與剛』。發動揮變，變剛生柔爻；變柔生剛爻。以三為六也，因而重之，爻在其中，故生爻。」筮法每三變成爻，所得凡四：九為老陽，八為少陰，七為少陽，六為老陰。「本卦」無論老少，陽仍為陽，陰仍為陰；「之卦」則少者陰陽之德不變，而老陽成陰，老陰成陽。虞翻以「變剛生柔爻，變柔生剛爻」，當指老陽老陰也。又依〈繫下〉：「八卦成列，象在其中；因而重之，爻在其中矣。」以證成「立卦」為八卦，「生爻」為六十四卦。而實不必如此強分，故虞翻前《注》有「卦謂六爻」兩可之說也。《朱子語類》卷七十七記晏淵所錄：「觀變於陰陽，且統說道有幾畫陰，幾畫陽，成箇甚卦；發揮剛柔，卻是就七、八、九、六上說。初間做這箇卦時，未曉得是變與不變；及至發揮出剛柔了，方知這是老陰、少陰，那是老陽、少陽。」晏，音ㄏㄨㄢˇ。此姓甚少，晉有中郎將晏清。晏淵，字亞夫，宋涪陵人。一一九三年朱熹六十四歲時，從朱熹學。所錄於觀變陰陽，與發揮剛柔之異，區別甚是，可澄清虞氏之模稜。《語類》又記黃榦所錄：「問：『「觀變於陰陽而立卦，發揮於剛柔而生爻。」既有卦則有爻矣，先言卦而後言爻，何也？』曰：『自作《易》言之，則有爻而後有卦；此卻似自後人觀聖人作《易》而言。方其立卦時，只見是卦；

及細別之，則有六爻。』問：『陰陽，剛柔也。而別言之，何也？』曰：『觀變於陰陽近於造化而言；發揮於剛柔近於人事而言。且如泰卦，以卦言之，只見得小往大來，陰陽消長之意；爻裏面便有包荒之類。』」此條元董真卿《周易會通》亦採之，而署（楊）道夫所錄，未知孰是。於立卦、生爻辨別亦細矣！

❻和順於道德而理於義；窮理盡性以至於命

道，天地間陰陽變化的道理。德，從道理中所得到的。道德，指行為的準則。理，治理；聖人所「理」，乃治理天下。義，宜也。窮理，窮極道理。盡性，充分發揮德性，包括盡己之性，盡人之性，盡物之性。命，指天命。帛書「性」作「生」。虞《注》：「謂『立人之道曰仁與義』。和順謂坤，道德謂乾。以乾通坤，謂之理義也，以乾推坤，謂之窮理；以坤變乾，謂之盡性。性盡理窮，故至于命。巽為命也。」虞翻以乾代表仁、道德、性；坤代表義、和順、理、情；而巽「申命行事」而為命。因而有如此解釋。《易緯・乾鑿度》：「天動而施曰仁；地靜而理曰義。」乾九三〈象傳〉：「終日乾乾，反復道也。」乾〈文言傳〉：「利貞者，性情也。」坤〈象傳〉：「乃順承天。」坤六五〈文言傳〉：「君子黃中通理。」也許可能是虞翻的依據。韓《注》：「剛柔發散，變動相和。命者生之極，窮理則盡其極也。」則闡其玄理，言甚簡約。《正義》曰：「蓍數既生，爻卦又立，易道周備，无理不盡。聖人用之，上以和協順成聖人之道德；下以治理斷割人倫之正義。又能窮萬物深妙之理；究盡生靈所稟之性。物理既窮，生性又盡，至於一期所賦之命，莫不窮其短長，定其吉凶。故曰：『和順於道德而理於義，窮理盡性以至於命也。』」疏解轉詳。朱熹《本義》：「和順從容，无所乖逆，統言之也；理謂隨事得其條理，析言之也。窮天下之理，盡人物之性，而合於天道，此聖人作《易》之極功也。」何楷《古周易訂詁》：「數既形矣，卦斯立焉；卦既立矣，爻斯生焉。和順於道德而理於義，從合而分；窮理盡性以至於命，從分而合。理義非二也，程子謂『在物為理，處物為義。』是也；性命與道德非二也，子思謂『天命之謂性，率性之謂道。』是也。窮、盡、至，皆造極之意。性者，理之原，理窮則逢其原，故窮理所以盡性；命者，性之原，性盡則逢其原，故盡性所以至命：只是一事。」於《本義》多所補充。此理學家之詮釋，心學家或不以為然。近人陳鼓應〈說卦「窮理盡性」的道家理路〉中云：「〈說卦〉所謂『和順於道德而理於義』，是說《周易》的創作，乃順合於宇宙規律和現象，並使兩者統一於合宜的關係中。所謂『窮理盡性以至於命』，說的是《周易》的作用，其意為以『道德』原則來窮究物理探究人性，繼而安頓人類的終極命運。〈說卦〉這裡提出『窮理盡性』以及安頓性命之說，是為古代中國哲學宇宙論和心性論中的重要議題。」又云：「『窮理』和『盡性』有其不同面向，前者為向外在探索宇宙的現象及規律，後者為向人類自身探討其存在樣態及性能。故兩者可納入古代哲學之天人關係及主客關係的思路架構中。」以道家理路說《易》，亦別有一種風味，可以擴展學《易》者之視野。

語　譯

古代聖人創作《周易》：冥冥中深深明白天地晝夜既神妙又顯明的變化，受到啟示，於是模擬並參與贊助這種變化，因而產生用蓍占筮的方法；聖人把代表天的三個奇數一、三、五相加，得到九而依託為老陽之數；把代表地的兩個偶數二、四相加，得到六而依託為老陰之數；觀察時空事物各種陰陽變化，效法它而建立六十四卦；闡發運算卦中少陽七量變為老陽九，老陽九質變為少陰八，少陰八量變為老陰六，老陰六質變為少陽七，因而產生爻中剛柔的變動；這種生蓍、倚數、立卦、生爻，都和諧地順承於陰陽變化的道理，而聖人並從中獲致為人接物的處世準則，於是運用適宜的方式治理天下；窮極天地人物各種道理，充分發揮自己的、人人的、萬物的德性，以至於與天命合為一體。

附錄古義

班固《漢書・律曆志》：「《易》曰：『參天兩地而倚數。』天之數始於一，終於二十有五。其義紀之以三。……地之數始於二，終於三十。其義紀之以兩。」

荀悅《漢紀・六・高后紀論》：「且夫疾病有治而未瘳，瘳而未平，平而未復；教化之道，有教而未行，行而未成，成而有敗；故氣類有動而未應，應而未終，終而有變；遲速深淺，變化錯於其中矣，是故參差而均矣。天地人物之理，莫不同之。凡三勢之數，深不可識，故君子盡心力焉以任天命。《易》曰：『窮理盡性，以至於命。』其此之謂乎？」

六位成章章

昔者聖人之作《易》也，將以順性命之理❶。是以立天之道，曰陰與陽；立地之道，曰柔與剛；立人之道，曰仁與義❷。兼三才而兩之，故《易》六畫而成卦❸；分陰分陽，迭用剛柔，故《易》六位而成章❹。

章旨

此為〈說卦傳〉孔本第二節，朱本第二章。帛書則在〈衷〉中。說明八卦相重，兼三才而兩之，六畫成卦之大義所在，乃明天道之陰陽，地道之柔剛，人道之仁義。性命之理在此。並指出六位分陰分陽之確定性，六爻迭用柔剛之變動不居。

注釋

❶昔者聖人之作《易》也，將以順性命之理

此句帛書〈衷〉省去。《中庸》言「天命之謂性」，是就「性」之本源說。此言「將以順性命之理」，是順著上文「窮理盡性以至於命」，就「性」之功能效用說。參見〈彖傳〉：「乾道變化，各正性命。」注。《正義》：「此《易》卦以順從天地生成萬物性命之理也。」蓋綜言之。《河南程氏遺書》卷十八記程頤語曰：「在天為命，在義為理，在人為性，主於身為心，其實一也。」朱震《漢上易傳》：「自萬物一源觀之謂之性，自稟賦觀之謂之命，自天地人觀之謂之理：三者一也。」皆析言之。惟伊川就人論性，似不若孔氏、朱震就萬物論性為廣也。《周易折中》引邱氏富國曰：「上言窮理盡性至命，此言順性命，則《易》中所言之理皆性命也。然所謂性命之理，即陰陽、柔剛、仁義是也。」則較諸上下文而指出性命之理具體內容。案：邱富國，宋代人，受業於朱熹之門人。著有《周易輯解》、《學易說約》。引文似出於《說約》。《折中》案語更云：「上章云觀變於陰陽而立卦，和順於道德而理於義；此章即所以申其指。性，即德也；命，即道也。性命流行於事物而理名焉，即道德之散而為義者也，故總之曰性命之理。」上下對照，所言更周到。

❷是以立天之道，曰陰與陽；立地之道，曰柔與剛；立人之道，曰仁與義

「立天之道曰陰與陽」是一判斷句，意為天所以成立為天的道理就是陰與陽。立地、立人二句，句型同此。《集解》引崔憬曰：「此明一卦立爻，有三才二體之義。故先明天道既立陰陽，地道又立剛柔，人道亦立仁義，以明之也。」崔言見《周易探玄》。《折中》引蔡清曰：「立天之道，非有以立之也，謂天道之立以陰陽也。」蔡言見《周易蒙引》。並可從。《易》每以陽剛屬天，陰柔屬地。而此所言不同。韓康伯《注》曰：「在天成象，在地成形。陰陽者，言其氣；柔剛者，言其形。變化始於氣象，而後成形。萬物資始乎天，成形乎地，故天曰陰陽，地曰柔剛也。或有在形而曰陰陽者，本其始也；在氣而曰柔剛者，要其終也。」於陰陽剛柔相對而互含，所言甚是。《周易探玄》亦曰：「在天雖剛，亦有柔德；在地雖柔，亦有剛德。」並引《尚書・洪範》：「沉潛剛克，高明柔克。」為證。考孔安國《傳》：「沉潛謂地，雖柔亦有剛，能出金石；高明謂天，言天為剛德，亦有柔克，不干四時。」是古人於剛柔互含多有所認識，不獨《易》為然也。關於「仁與義」的前後配合，朱熹有所質疑。《朱子語類》記晏淵所錄：「陰陽，剛柔，仁義，看來當曰義與仁，當以仁對陽。仁若不是陽剛，如何做得許多造化？義雖剛，卻主於收斂。仁卻主於發舒，這也是陽中之陰，陰中之陽，互藏其根之意。且如今人用賞罰，到賜與人，自是無疑，便做將去；若是刑殺時，便遲疑，不肯果決。這見得陽舒陰斂，仁屬陽，義屬陰處。」案：《易緯》已以仁為天施，義為地理。馬融曰：「取仁于陽，資義于陰。」惟朱熹於仁屬陽，義屬陰外，更進一步以陰陽互藏其根說明。

❸兼三才而兩之，故《易》六畫而成卦

三才，指天地人。三畫之卦，初爻為地，中爻為人，上爻為天。兩之，指三才分陰分陽或相重成六畫之卦，凡六十四卦。下兩爻為地爻，初爻剛，二爻柔；中兩爻為人爻，三爻義，四爻仁；上兩爻為天爻，五爻陽，上爻陰。韓康伯《注》：「設六爻以效三才之動，故六畫而成卦也。」三才之動，言天道之分陰陽，人道之分仁義，地道之分柔剛，採三才二分說。邱富國則以重卦為說，《折中》引其言曰：「兼三才而兩之，言重卦也。方卦之小成，三畫已具三才之道，至重而六，則天地人之道各兩，所謂六畫成卦也。」二說並存，以供參考。

❹分陰分陽，迭用剛柔，故《易》六位而成章

分陰分陽，指六爻之卦，初、三、五為陽位，二、四、上為陰位：此是固定的。迭用，指交互運用。柔剛，指六爻之德，或為少陰八，老陰六，皆柔爻也；或為少陽七，老陽九，皆剛爻也。六十四卦中六爻之剛柔排列，絕無雷同：此是變動不居的。章，本指樂章或色彩之組合，此指陰陽剛柔之間隔組合。《折中》引邱富國曰：「分陰分陽以位言，凡卦初三五位為陽，二四上位為陰。自初至上，陰陽各半，故曰分。迭用柔剛以爻言，柔謂六，剛謂九也。位之陽者，剛居之，柔亦居之；位之陰者，柔居之，剛亦居之。或柔或剛，更相為用，故曰迭。分之以示其經，迭用以為之緯。經緯錯綜，粲然有文，所謂六位成章也。」

語譯

古代聖人創作《周易》，將要以此順應天命，盡力發揮天命之性，以至與天命合一的大道理。天所以成為天的道理在於陰與陽；地所以成為地的道理在於柔與剛；而人所以成為人的道理就在於仁與義。綜合天地人三種材質而各分為二，所以《周易》六畫而構成一卦。六畫中又固定的分陰位與陽位，交互變化排列著柔爻或剛爻，因此《周易》六十四卦形成既有秩序又不雷同的美學體系。

附錄古義

班固《漢書・律曆志》：「三統者，天施地化人事之紀也。十一月，乾之初九，陽氣伏於地下，始著為一，萬物萌動，鐘於太陰，故黃鐘為天統，律長九寸。九者，所以究極中和，為萬物元也。《易》曰：『立天之道，曰陰與陽。』六月，坤之初六，陰氣受任於太陽，繼養化柔，萬物生長，楙之於未，令種剛彊大，故林鐘為地統，律長六寸。六者，所以含陽之施，楙之於六合之內，令剛柔有體也。『立地之道，曰柔與剛。』乾知太始，坤作成物。正月，乾之九三，萬物棣通，族出於寅，人奉而成之，仁以養之，義以行之，令事物各得其理。寅，木也，為仁，其聲商也，為義，故太蔟為人統，律長八寸，象八卦，宓戲氏之所以順天地，通神明，類萬物之情也。『立人之道，曰仁與義。』在天成象。在地成形。后以裁成天地之道。輔相天地之宜，以左右民。此三律之謂矣，是為三統。」

王符《潛夫論・釋難篇》：「今以目所見，耕，食之本也；以心原道，即學又耕之本也。《易》曰：『立天之道，曰陰與陽；立地之道，曰柔與剛；立人之道，曰仁與義。』」

荀悅《漢紀・成帝紀論》：「〈經〉稱『立天之道，曰陰與陽；立地之紀，曰柔與剛；立人之道，曰仁與義。』陰陽之節，在於四時五行；仁義之大體，在於三綱六紀。上下咸序，五品有章；淫則荒越，民失其性。于是在上者則天之經，因地之義，立度宣教，以制其中。施之當時，則為道德；垂之後世，則為典經：皆所以總統綱紀，崇立王業。」

袁宏《後漢紀・順帝紀》：「馬融對曰：『臣聞立天之道，曰陰與陽；立地之道，曰柔與剛。夫陰陽剛柔，天地所以立也。取仁于陽，資義于陰，柔以施德，剛以行刑。各順時月，以厚群生。』」

又〈桓帝紀〉：「劉淑對曰：『臣聞立天之道，曰陰與陽；立人之道，曰仁與義。故夫婦正則父子親，父子親則君臣通，君臣通則仁義立，仁義立則陰陽和而風雨時矣。』」

劉熙《釋名・釋形體》：「人，仁也；仁，生物也。故《易》曰：『立人之道，曰仁與義。』」

荀悅《漢紀・高后紀論》：「故堯湯水旱者，天數也；〈洪範〉咎徵，人事也；魯僖澍雨，乃可救之應也；周宣旱應，難變之勢也；顏冉之凶，性命之本也。猶天迴日轉，大運推移，雖日遇禍，福亦在其中矣。今人見有不移者，因曰：『人事無所能移』；見有可移者，因曰：『無天命』；見天人之殊遠者，因曰：『人事不相干』；知神氣流通者，人共事而同業：此皆守其一端而不究終始。《易》曰：『有天道焉，有地道焉，有人道焉。』言其異也。『兼三才而兩之。』言其同也。故天人之道，有同有異，據其所以異而責其所以同，則成矣；守其所以同而求其所以異，則弊矣。」

班固《漢書・郊祀志》：「莽又頗改其祭禮，曰：『……陰陽有離合，《易》曰：「分陰分陽，迭用剛柔。」以日冬至，使有司奉祠南郊，高帝配而望群陽；日夏至，使有司奉祭北郊，高后配而望群陰：皆以助致微氣，通道幽弱。』」顏師古注：「《易・說卦》之辭也。陽為剛，陰為柔。陰陽既分，則剛柔迭用也。迭，互也，音大結反。」

天地定位章

天地定位❶，山澤通氣，雷風相薄，水火不相射❷；八卦相錯❸。數往者順，知來者逆，是故《易》逆數也❹。

章旨

此為〈說卦傳〉孔本第三節，朱本第三章。帛書在〈衷〉中。說明八卦兩兩相對，交錯運作，以及易道順著以往歷史的演進，推知此後時代的發展，為一種依照數據預測未來的學問。

注釋

❶天地定位

帛書作「天地定立」。八卦中，乾天坤地相對，艮山兌澤相對，震雷巽風相對，坎水離火相對，交錯運作於宇宙之中。此先說天地。定位，確定了相對而相通的位置。王夫之《周易內傳》：「定位者，陽居上，清剛而利於施；陰居下，柔濁而利於受。惟其位定，是以交也。」

❷山澤通氣，雷風相薄，水火不相射

帛書自「天地定立」下，作「□□□□，火水相射，雷風相搏」，缺文四字當為「澤山通氣」。「火水相射」句無「不」字。考自「天地定立」以下至此共四句，皆言八卦之兩兩相對相通，無「不」字是也。又句在「雷風相搏」前。則與邵雍所言「伏羲八卦次序」：乾一（天）、兌二（澤）、離三（火）、震四（雷）相符。山澤通氣，《朱子語類》記林學蒙所錄：「問：『山澤通氣，只為兩卦相對，所以氣通？』曰：『澤氣升於山，為雲為雨，是山通澤之氣；山之泉脈流於澤，為泉為水，是澤通山之氣；是兩箇之氣相通。』」雷風相薄，指風起雷動，激烈振盪。水火不相射，射作厭解，見《釋文》與《集解》。《語類》記林學蒙所錄：「射一音亦，是不相厭之義；一音石，是不相害。……二義皆通。」又記黃榦所錄：「問：『射或音石，或音亦，孰是？』曰：『音石。不相射乃下文不相悖之意，不相悖乃不相害也。……以其不害，而明其相應也。』」意多猶豫，蓋其時帛書未出土，故不知「不」為衍文。相射，當謂往來激射。

	一	二	三	四	五	六	七	八
八卦	乾	兌	離	震	巽	坎	艮	坤
四象	太陽		少陰		少陽		太陰	
兩儀	陽				陰			
	太極							

伏羲八卦次序

❸ **八卦相錯**

相錯，就八卦符號而言，指陰陽爻互變。來知德《周易集註》：「相錯者，陰與陽相對待，一陰對一陽，二陰對二陽，三陰對三陽也。故一（乾）與八（坤）錯，二（兌）與七（艮）錯，三（離）與六（坎）錯，四（震）與五（巽）錯。八卦不相錯，則陰與陽不相對待，非易矣！」

就八卦象徵義而言，相錯指八卦相對運作，包括「定位」、「通氣」、「相射」、「相搏」。或以「重卦」釋「相錯」。《正義》：「聖人重卦，令八卦相錯，乾、坤、震、巽、坎、離、艮、兌，莫不交互而相重，以象天、地、雷、風、水、火、山、澤，莫不交錯。則《易》之爻卦，與天地等，成性命之理，吉凶之數。」義可互補。邵雍有「伏羲八卦方位圖」，以今本〈說卦傳〉所言次序說之，不可通；以帛書「天地定立，澤山通氣，火水相射，雷風相搏」說之，則符節悉合。

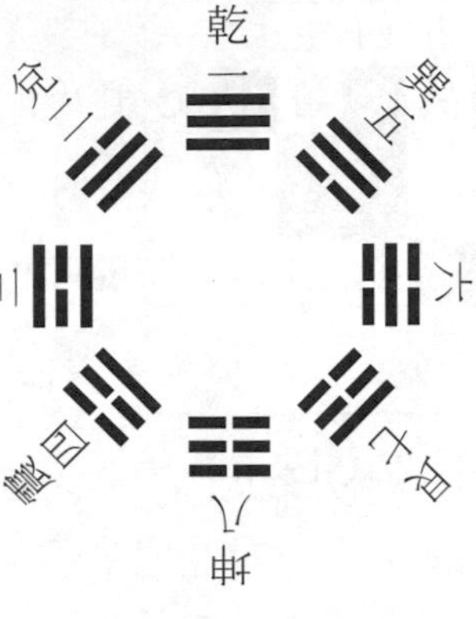

伏羲八卦方位

❹**數往者順，知來者逆，是故《易》逆數也**

帛書「逆數」作「達數」。此三句多異說，今擇要分就義理、象數說明。就義理言，韓《注》：「《易》八卦相錯，變化理備。於往，則順而知之；於來，則逆而數之。作《易》以逆睹來事，以前民用。」認為《周易》八卦交相重疊，成六十四卦，每卦六爻。自然演變，人事進化，道理都具備於卦爻之中。對於往事，就順著時代發展而知曉；對於未來，就回頭考察歷史軌跡而推斷。所以作《周易》考察過去而推斷未來，在事前指導人民運用。此一說也。就象數言，邵雍《皇極經世書・卷七・先天象數第二》：「天地定位一節，明伏羲八卦也。八卦者，明交相錯而成六十四卦也。數往者順，若順天而行，是左旋也，皆已生之卦也，故云數往也；知來者逆，若逆天而行，是右旋也，皆未生之卦也，故曰知來也。夫《易》之數，由逆而成矣，此一節直解圖意，若逆知四時之謂也。」《周易本義》有「伏羲八卦方位圖」，其下說明引邵子曰：「乾南、坤北，離東、坎西，震東北、兌東南，巽西南、艮西北。自震至乾為順，自巽至坤為逆。後六十四卦方位放此。」綜覽圖文：震卦初陽生；離卦初三皆陽、兌卦初二皆陽，是二陽生；乾卦三爻皆陽。其方向，由震東北，而離東，而兌東南，至乾南，是順天而左旋的。就生卦次序來說，乾一、兌二、離三，都在震四前，都是既往已生之卦。所以自震至乾，數既往已生之卦，順天而左旋，陽氣漸進。巽卦初陰生；坎卦初三皆陰，艮卦初二皆陰，是二陰生；坤卦三爻皆陰。其方向，由巽西南，坎西，艮西北，坤北，是逆天而右旋的。再就生卦次序來說，坎六、艮七、坤八，都在巽五之後，都是未來將生之卦。所以自巽至坤，可知此後將生之卦，逆天而右旋，陰氣漸進。《皇極經世》還說「若逆知四時之謂也」，《本義》引亦有「後六十四卦方位放此」之語。因此，此數句不但可解釋日夜消長，還可解釋四時循環；不但指涉八卦，更可延伸指涉六十四卦。於是「《易》逆數也」也可以得到合理的詮釋。此又一說也。二說可並存。

語譯

乾為天，坤為地，確定了相互配合的位置；艮為山，兌為澤，彼此流通著氣息；震為雷，巽為風，雙方激盪應和；坎為水，離為火，不相厭棄而相協助。（帛書無「不」字，則相射當作往來激射解。）八卦就這樣相對交錯運作著。一一稽查往事，可順著時代先後而知曉；想預知未來，就要回頭考察歷史軌跡作推斷。所以《周易》呀，正是一種依照歷史軌跡上的數據而作推斷的學問。

附錄古義

應劭《風俗通・山澤篇》：「《孝經》曰：聖不獨立；智不獨治；神不過天地。同靈造虛，由立五嶽，設三台。《傳》曰：五嶽視三公，四瀆視諸侯，其餘或伯或子男，大小為差。《尚書》『咸秩無文』，王者報功，以次秩之，無有文也。《易》稱『山澤通氣』，《禮》『名山大澤不以封諸侯』，故積其類曰山澤也。」

歐陽詢《藝文類聚・七・引張昶西嶽華山堂闕碑銘》：「《易》曰：『天地定位，山澤通氣。』然山莫尊於嶽，澤莫盛於瀆。嶽有五而華處其一，瀆有四而河在其數，其靈也至矣。」

乾德乾象各章

乾以君之❶。……戰乎乾❷。……戰乎乾，乾西北之卦也，言陰陽相薄也❸。乾，健也❹……。乾為馬❺。……乾為首❻。……乾天也，故稱乎父❼。……乾為天、為圜、為君、為父、為玉、為金、為寒、為冰、為大赤、為良馬、為老馬、為瘠馬、為駁馬、為木果❽。

章旨

以上各條，節取自朱子《本義》本〈說卦傳〉四、五、七、八、九、十、十一章，帛書無。分別言八卦之功能、與化育時空的關係、卦德、遠取象於動物、近取象於人身、乾坤六子之關係、以及廣明乾卦之象。此所節取，皆關乎乾者。第六章僅及六子未提乾坤，故缺。其詳及孔本節次，請參閱注釋。

注釋

❶乾以君之

以，用來。君之，君臨萬物。王夫之《周易內傳》：「此言六子之大用，所以摩盪陰陽，互相節宣，而歸其本於乾坤也。……而宰制陰陽，使因時而效六子之績者，健行之氣君之也。」此句孔本在第四節，朱本屬第四章，章旨在闡八卦之功能。本句言乾卦之功能。

❷戰乎乾

戰義有二說。一指陰陽相搏鬥。《正義》：「陰陽相戰則在乎乾。」二指陰陽相交接。《說文解字》：「壬，位北方也。陰極陽生，故《易》曰：『龍戰于野。』戰者，接也。象人懷妊之形。」蓋謂陰陽交合而懷孕。詳下條注釋。此及下條孔本仍在第四節；朱本析孔本第四節為四、五兩章，此句及下條都在第五章。章旨在說明八卦與萬物生長的關係，並與方位、季節相配合。

❸戰乎乾，乾西北之卦也，言陰陽相薄也

薄有搏鬥、接入二義。前已言「戰乎乾」，此又言「乾」為「西北之卦」、「陰陽相薄」者，《周易內傳》：「前舉其目，而後釋之。或古有此言，而夫子釋其義。」此章言八卦與萬物化育歷程之關係，並涉及方位與季節。以為：震，東方（春分）；巽，東南（立夏）；離，南方（夏至）；坤，西南（立秋）；兌，西方（正秋也）；乾，西北（立冬）；坎，正北方（冬至）；艮，東北（立春）。由《傳》意推之，乾於季節，當是秋冬之交，立冬（陽曆十一月八日前後）之時。陰盛侵陽，故陽與之搏鬥也。孔氏《正義》：「解上『戰乎乾』。以乾是西北方之卦，西北是陰地，乾是純陽而居之，是陰陽相薄之象也。」是就方位言。崔憬《周易探玄》：「立冬則乾王，而陰陽相薄。」是就季節言。楊萬里《誠齋易傳》：「乾，西北之卦，九、十月之交，陰盛陽衰之時，……陰疑於陽也。不然，則坤之上六，……何以言『龍戰于野』？」則綜時位而言之。此採搏鬥一義而言也。虞翻《周易注》：「薄，入也。」惠士奇《易說》：「陰陽交接。」惠棟《周易述》：「〈說卦〉戰乎乾，謂陰陽相薄也。卦无傷象。王弼謂『與陽戰而相傷』，失之。」金穀元〈申說文龍戰于野義〉：「龍，陽物，謂乾也。『龍戰于野』，即〈說卦傳〉所謂『戰乎乾』也。……『戰乎乾』者，入乎乾也。入接一義，與《說文》訓龍戰為龍接之意正合。……許君以龍戰為龍交，以于野為于王，其說自古矣。」此採接入一義而言也。

❹乾，健也

此說八卦中乾之性能。虞翻《周易注》：「精剛自勝，動行不休，故健也。」孔氏《正義》：「乾象天，天體運轉不息，故為健也。」案：天體若僅是運動不息，則與行屍走肉何異？其健尤在於生生不息，化育不息。參閱〈象傳〉「天行健，君子以自強不息」注釋。此條孔本在第六節，朱本在第七章。案：〈說卦傳〉第六章言六子中水火、雷風、山澤，相反相成以成就萬物，而未言及乾坤。或以其首句「神也者」之「神」，即指天地造化之神妙云。

❺乾為馬

此說明八卦之乾「遠取諸物」。動物中馬最健行，故取以為乾之象。《正義》：「此一節說八卦畜獸之象，略明遠取諸物也。乾象天，天行健，故為馬也。」此條孔本在第七節，朱本在第八章。

❻乾為首

此說明八卦之乾「近取諸身」。人身頭在上而最尊貴，故取以為乾之象。《正義》：「此一節說八卦人身之象，略明近取諸身也。乾尊而在上，故為首也。」此條孔本在第八節，朱本在第九章。

❼乾天也，故稱乎父

此節主要說明乾父坤母產生六子之歷程。設想天人間均具陰陽二原理，天地之化育萬物，猶父母之生養子女。崔憬《周易探玄》：「欲明六子，故先說乾稱天、父，坤稱地、母。」是也。王夫之《周易內傳》：「稱者，以此之名加彼之辭也。張子《西銘》理一分殊之旨，蓋本諸此。父母者，吾之所生成者也。因之而推其體，則為天地；因此而推其德，則為乾坤。天地大而父母專；天地疏而父母親。故知父母而不知乾坤者有矣；未有不知父母而知乾坤者也！思吾氣之所自生，至健之理存焉；思吾形之所自成，至順之理在焉。氣固父之所臨也；形固母之所授也。故敬愛行，而健順之實、知能之良，於此而凝承以流行於萬理。則見乾於父，見坤於母，而天地之道不違矣。是以可名乾以父，名坤以母。而父母之尊親始昭著而不可昧。」說理既詳而明。張載《西銘》：「乾稱父，坤稱母。予茲藐焉，乃混然中處。故天地之塞，吾其體；天地之帥，吾其性。民，吾同胞；物，吾與也。」由乾天為父，坤地為母，導出民胞物與，實本〈說卦〉。近人蔡仁厚《宋明理學》有〈西銘開示的義理與踐履規模〉一節，解說綦詳，請參閱「坤，地也，故稱乎母」注。此條孔本在第九節，朱本在第十章。

❽乾為天、為圜、為君、為父、為玉、為金、為寒、為冰、為大赤、為良馬、為老馬、為瘠馬、為駁馬、為木果

《正義》：「此下歷就八卦，廣明卦象者也。此一節廣明乾象。」陸德明《經典釋文》：「荀爽《九家集解》本乾後更有四：『為龍、為首、為衣、為言。』」孔言大旨，陸補佚文。至於為何如此取象，李鼎祚《周易集解》引述前人所說，可供參考。全錄於下：「『乾為天』，宋衷曰：

『乾動作不解，天亦轉運。』『為圜』，宋衷曰：『動作轉運，非圜不能，故為圜。』『為君』，虞翻曰：『貴而嚴也。』『為父』，虞翻曰：『成三男，其取類大，故為父也。』『為玉為金』，崔憬曰：『天體清明而剛，故為玉為金。』『為寒為冰』，孔穎達曰：『取其西北冰寒之地。』又崔憬曰：『乾主立冬以後，冬至以前，故為寒為冰也。』『為大赤』，虞翻曰：『太陽為赤，月望出入時也。』又崔憬曰：『乾四月純陽之卦，故取盛陽色為大赤。』『為良馬』，虞翻曰：『乾善故良也。』『為老馬』，《九家易》曰：『言氣衰也，息至已必當復消，故為老馬也。』『為瘠馬』，崔憬曰：『骨為陽，肉為陰。乾純陽爻，骨多，故為瘠馬也。』『為駁馬』，宋衷曰：『天有五行之色，故為駁馬也。』『為木果』，宋衷曰：『群星著天，似果實著木，故為木果。』然《集解》所述，後人亦頗多修正。如郭雍《郭氏傳家易說》：「『果實著木，如星之著天。』如是，則果為星象，非天象也。乾元為萬物之始，居群物之上，萬物之所資焉。而果者，木之始也。木以果為始，亦猶物以乾為始也。然聖人言此，使學者知其道无乎不在也。此亦舉其大概耳，安能盡言天下萬物之象哉！觸類而長之，斯可矣。」又如高亨《周易大傳今注》疑「為寒為冰」似為「坤為地為母」之下文字，誤竄於此。如此之類，不勝枚舉。學《易》者，可觸類旁通，而毋須執著於《易》象。此條孔本單獨成為第十節，朱本則合其下七卦為第十一章。廣述八卦之取象。

語譯

乾以剛健中正的創始功能主導萬物。……與坤纏鬥交合在乾的時空。……在乾纏鬥交合，乾是西北之卦，相當於秋冬之交，正好說明陰陽相纏交接的時空。乾，剛健而運作不息。……乾，像動物中最能健行的馬。……乾，像身體上的頭。……乾代表天公，所以就用乾來稱呼父親。……乾的運作像上天，終而復始像圓圈，主導萬物像君王，賦予兒女生命像父親，晶瑩無瑕像美玉，剛堅寶貴像黃金，像寒冬中隱含著的陽氣，像冰雪中埋藏著的生意，像顏色中的大紅，像健行不息的好馬，像耐久識途的老馬，像少肉多骨的瘦馬，像毛色鮮明的花馬，像樹上滿藏種子的果實。

附錄古義

班固《漢書・五行志》：「於《易》，乾為君為馬。馬任用而彊力。君氣毀，故有馬禍。」

陳壽《三國志・魏書・高貴鄉公紀》：「帝又問：『乾為天，而復為金，為玉，為老馬，與細物並邪？』(《易》博士淳于)俊對曰：『聖人取象，或遠或近，進取諸物，遠則天地。』」

序卦傳

有天地然後萬物生焉❶。

注釋

❶有天地然後萬物生焉

《周易》六十四卦始於乾坤。乾為天，坤為地，天地交感化育而生萬物；於是以乾坤生六子，重疊為六十四卦，象徵萬物之生。前賢之注，意見不一，茲錄三家，以備參考。一、干寶《周易注》：「物有先天地而生者，今止取始于天地；天地之先，聖人弗之論也。故其所法象，必自天地而還。《老子》曰：『有物混成，先天地生，吾不知其名，彊字之曰道。』〈上繫〉曰：『法象莫大乎天地。』《莊子》曰：『六合之外，聖人存而不論。』《春秋穀梁傳》曰：『不求知所不可知者，智也。』而今後世浮華之學，彊支離道義之門，求入虛誕之域，以傷政害民，豈非『讒說殄行』，大舜之所疾者乎！」案：干寶先引《老》、《莊》、《穀梁》以明「取始于天地」之義；繼引大舜之言以斥當時浮華之學。入室操戈，以攻虛誕，蓋有感而發也。所引《老子》語在二十五章；《莊子》語在〈齊物論〉；《穀梁傳》語在隱公三年；大舜語在《尚書・舜典》。又案：《易緯・乾鑿度》：「夫有形生於无形，乾坤安從生！故曰：有太易，有太初，有太始，有太素也。太易者，未見氣也；太初者，氣之始也；太始者，形之始也；太素者，質之始也。」干寶所謂「虛誕」者，或指此類。二、王夫之《周易外傳》：「〈序卦〉非聖人之書也，乾坤並建而捷立，《周易》以始。蓋陰陽之往來无淹待，而嚮背无吝留矣，故道生於有，備於大。繁有皆實，而速行不息。太極之函乎五行二殊，固然如斯也，有所待非道也。……是故六陰六陽，十二皆備，統天行地，極盛而不缺，至純而莫位，以為之始，則萬物之生，萬物之化，質必達情，情必成理。相與參差，相與夾輔，相與補過，相與進善，其情其才，其器其道，於乾坤而皆備。抑无不生，无不有，而後可以為乾坤。天地不先，萬物不後。而〈序傳〉曰：『有天地而後萬物生焉。』則未有萬物之前，先有天地，以留而以待也。是以知〈序卦〉非聖人之書也。」船山以乾坤並建而無淹待，天地萬物並存而無先後，以此駁斥〈序卦傳〉。言雖雄辯，而理猶可商。三、李光地《周易折中．序卦明義》：「乾坤者，眾卦之宗，故居篇首。先儒謂《周易》首乾，則此是文王所定，不可易也。」熊十力於船山，頗為推崇，然於此則有異見。《讀經示要》曰：「〈序卦〉一篇，昔人多疑為非聖人之言，此陋見也。余以為〈序卦〉非聖人不能作，其義宏闊深遠，嘗欲取而釋之而未有暇也。茲略舉上篇數節，稍疏之，以見其概。『有天地然後萬物生焉。盈天地之間唯萬物，故受之以屯。屯者，盈也。』乾坤二卦之後，繼以屯卦。乾有天象，坤有地象。屯者，萬物始生之象。故云：『有天地然後萬物生』也。太空之中，諸天體凝成。而地球為太陽系中之一行星，其凝固之勢，與氣溫之度，至適宜於生物時，則萬物始生。此屯之所以繼乾坤也。」其肯定〈序卦傳〉先有天地，後生萬物之意，至為明顯。三說並陳，欲讀者自行思索採擇也。

語譯

有了天地，然後萬物產生在天地之間。

雜卦傳

乾剛坤柔❶。

注釋

❶**乾剛坤柔**

六十四卦中，惟乾六爻皆陽，為純剛之卦；坤六爻皆陰，為純柔之卦。故以剛柔況之。其他六十二卦，皆陰陽相雜，凡陰皆源自坤卦，凡陽皆源自乾卦。以陰陽相雜故，不得以為純剛或純柔。虞翻《周易注》：「乾陽金堅，故剛；坤陰和順，故柔。」郭雍《郭氏傳家易說》：「六子之剛柔，索於乾坤；六十四卦之剛柔，重於八卦。故卦中之剛柔皆乾之剛坤之柔也，是以獨乾坤為剛柔。」朱震《漢上易傳》：「乾坤《易》之門。凡剛皆乾也；凡柔皆坤也。剛柔相雜乃成諸卦，故曰乾剛坤柔。」王夫之《周易內傳》：「二卦並建，剛柔備矣。分之則純以成德，合之則雜以成章也。」

語譯

乾六爻皆陽，是純剛之卦；坤六爻皆陰，是純柔之卦。

初九爻辭

初九❶：潛龍❷，勿用❸。

注釋

❶初九

爻名，數也。初是爻位之數，指六爻之卦最下面的一個位置；九是爻德之數，指在陰陽之道中所得為陽剛之德。陽爻居初位，就叫初九。初為爻位之始，爻位的重要性超過爻德的重要性，所以先言「初」而後言「九」。《周易》占筮的時候，自初至上所得為九、七、七、七、七、七，本卦是乾䷀，之卦是姤䷫；或所得為七、六、六、六、六、六，本卦是復䷗，之卦是乾：這兩種情形，都以乾初九爻辭占。

❷潛龍

「潛龍，勿用」是乾卦初九的爻辭。潛龍是乾初九的「象」。潛，潛伏而未顯的意思。《易》參三才而兩之：初二為地位；三四為人位；五上為天位。初為地下，所以有潛伏之象。乾元天道，本來備萬理、應萬事、含萬德、行萬化。當其在「初」，隱而未顯之時，卻必須退藏於密，充實自己，鞏固根基，待機而動，以培養無限發展的可能性。龍是古代傳說中的神物，陽升而出，陽降而蟄，無論水陸天空，都能自由活動。象徵乾陽「九」的強健、能變化，和適應環境。

《史記・老子韓非列傳》記載孔子贊美老子的話說：「鳥，吾知其能飛；魚，吾知其能游；獸，吾知其能走。走者可以為罔；游者可以為綸；飛者可以為矰。至於龍，吾不知其乘風雲而上天。吾今日見老子，其猶龍邪？」《周易集解》引沈驎士曰：「稱龍者，假象也。天地之氣有升降；君子之道有行藏。龍之為物，能飛能潛，故借龍比君子之德也。」可以反映古人對龍的看法。由爻位「初」之數可推出「潛」之象；由爻德「九」之數，可推出「龍」之象：因數成象，此又一證。

❸勿用

是乾初九的「占」。勿用包含兩層意思：一是不被任用；一是不必有所作為。告訴我們年紀幼少，處身低微，環境惡劣，未被社會所用的時候，正是鍛鍊體魄，增進學識，砥礪品德的時機。不必刻意表現，干祿求用。「勿用」之義理，是由「潛龍」之現象推出。

語譯

六爻的乾卦居最下面初位的是陽爻「九」。它像潛伏未顯的神龍一樣，啟示我們年紀尚輕，環境惡劣，地位低微，未被任用的時候，不必要刻意表現，有所作為。

附錄古義

《左傳・昭公二十九年》：「史墨曰：『龍，水物也。水官棄矣，故龍不生得。不然，《周易》有之：在乾䷀之姤䷫曰：「潛龍勿用。」其同人䷌曰：「見龍在田。」

其大有☲☰曰：「飛龍在天。」其夬☱☰曰：「亢龍有悔。」其坤☷☷曰：「見群龍无首，吉。」坤之剝☶☷曰：「龍戰于野。」若不朝夕見，誰能物之？』

賈誼《新書・容經篇》：「龍也者，人主之辟也。亢龍往而不返，故《易》曰：『有悔。』悔者，凶也。潛龍入而不能出，故曰：『勿用。』勿用者，不可也。」

《淮南子・人間篇》：「古者，五帝貴德，三王用義，五霸任力。今取帝王之道而施之五霸之世，是由乘驥逐人於榛薄，而蓑笠盤旋也。今霜降而樹穀，冰泮而求穫，欲其食，則難矣。故《易》曰『潛龍勿用』者，言時之不可行也。故『君子終日乾乾，夕惕若厲，無咎』。終日乾乾，以陽動也；夕惕若厲，以陰息也。因日以動，因夜以息，惟有道者能之。」

揚雄《法言・先知篇》：「龍之潛亢，不獲其中矣。是以過中則惕，不及中則躍，其近於中乎？」

范曄《後漢書・魯恭傳》：「恭議奏曰：『《易》曰：「潛龍勿用。」言十一月十二月陽氣潛藏，未得用事；雖煦嘘萬物，養其根荄，而猶盛陰在上，地凍水冰，陽氣否隔，閉而成冬。故曰：「履霜堅冰，陰始凝也；馴致其道，至堅冰也。」言五月微陰始起，至十一月堅冰至也。』」

阮籍〈通易論〉：「《易》之為書也，本天地，因陰陽，推盛衰，出自幽微以致明著。故乾元初『潛龍勿用』，言大人之德隱而未彰，潛而未達，待時而興，循變而發。」

象傳

潛龍勿用❶，陽在下也❷。

注釋

❶潛龍勿用

〈小象傳〉先舉所釋爻辭之全文，作為論述的依據。

❷陽在下也

「陽」釋爻辭「龍」字，《周易集解》引馬融曰：「物莫大於龍，故借龍以喻天之陽氣也。」《周易》中，陽也常常象徵光明、道德、君子。「在下」釋「潛」字，同時說明了「勿用」的原因。案：《周易》卦爻辭無「陽」字；中孚九二爻辭雖有：「鳴鶴在陰，其子和之。」惟句中「陰」字假借為「蔭」，是樹蔭的意思。亦無陰陽義之「陰」字。〈象傳〉言乾初九「潛龍勿用」之因，為「陽在下也」，點出「九」有「陽」義。又《易》例：凡初爻稱「下」。

語譯

潛伏的龍，不被任用，也不要有所作為，這是陽氣尚在地下的緣故啊！

文言傳

初九曰：「潛龍勿用。」何謂也❶？子曰❷：「龍德而隱者也❸。不易乎世，不成乎名❹；遯世无悶，不見是而无悶❺；樂則行之，憂則違之，確乎其不可拔❻：潛龍也❼。」

潛龍勿用，下也❽。

潛龍勿用，陽氣潛藏❾。

潛之為言也，隱而未見，行而未成，是以君子弗用也❿。

注釋

❶初九曰：「潛龍勿用。」何謂也

先舉爻辭而發問。

❷子曰

子為孔子，〈文言傳〉引子曰凡六次。

❸龍德而隱者也

龍德，指龍的強健剛毅，順時適境的德性。而隱，是說能隱；或以「而」為轉折連詞，亦通。「神龍見首不見尾」，正是龍德能隱的最佳寫照。喻人具聖德，而位處卑下，也要隱居韜光。注意：「隱」必須與「德」相結合。無德不配稱隱，隱居仍要修德。

❹不易乎世，不成乎名

不易乎世，不被世俗所變易，也就是「世易而道不易」的意思，承上文「德」字而言。乎作「於」解。不成乎名，不成就自己的虛名。名本因事功而成，而潛龍勿用，靜修而已，所以事功未著，名望也就不必成立了，承上文「隱」字而言。

❺遯世无悶，不見是而无悶

遯世无悶，承上文「不易乎世」而言。是說雖逢無道，避世隱居，內心堅貞，所以也就無憂悶了。即《論語》「人不知而不慍」的意思。不見是而无悶，承上文「不成乎名」而言。是說自己雖然不被世人認為是對的，但自己認清了真理，也就無憂悶了。即《中庸》「遯世不見知而不悔」的意思。案：儒家這種人生哲學，於處世很有價值。否則如屈原〈離騷〉所言：「已矣哉！國無人莫我知兮，又何懷乎故都？既莫足與為美政兮，吾將從彭咸之所居！」那就只有自沉一條悲劇之路，由潛而見、或躍而飛的機會，也全無可能了。

❻樂則行之，憂則違之，確乎其不可拔

樂則行之，是進一層說明「遯世无悶，不見是而无悶」的。樂於遯世不見是，於是行此遯世不見是之事。而由消極的「无悶」而至積極的以此為「樂」，境界尤高。憂則違之，是進一層說明「不易乎世，不成乎名」的。以隨俗浮沉、浪得虛名為憂，因此不肯「易乎世成乎名」。確乎其不可拔，表示樂行憂違原則之堅定而不可動搖。確，剛貌。案：桑代克「學習三定律」中有「效果律」，強調刺激反應間聯結的強弱要靠反應後的效果來決定。若反應後使個體獲得滿足的效果，則刺激反應間的聯結加強；反之若得到的是煩惱的效果，則刺激反應間的聯結便減弱。聖人要人「樂則行之，憂則違之」，不僅合乎「效果律」學習定律，而且注重道德的自主性及堅貞，故境界更高一層。

❼**潛龍也**

回應上文「龍德而隱者也」，而結穴於爻辭。孔子之答覆至此結束。綜觀答辭：首尾呼應；中間七句，有駢有散，相對相承。邏輯結構，十分嚴密。以上為〈文言傳〉採用師生問答的方式，對乾初九爻辭的義理所作第一次的解釋。

❽**潛龍勿用，下也**

此為〈文言傳〉對乾初九爻辭所作第二次的解釋。乾〈文言〉第二次解釋爻辭，都以人事就每爻道理下一斷語。與乾〈小象〉綜合天象人事以說明爻辭，略有出入。乾初九〈小象〉：「潛龍勿用，陽在下也。」既指天之陽氣之潛伏地下，亦喻人中君子猶在社會底層；而乾初九〈文言〉：「潛龍勿用，下也。」大致上僅指「人事」方面地位的低微。《集解》引隋何妥曰：「此第二章，以人事明之。當帝舜耕漁之日，卑賤處下，未為時用，故云下。」

❾**潛龍勿用，陽氣潛藏**

此為〈文言傳〉對乾初九爻辭所作第三次的解釋。乾〈文言〉第三次解釋爻辭，都以天時就每爻氣象作一說明。唯於人事仍含啟示的作用。《集解》引何妥曰：「此第三章，以天道明之。當十一月，陽氣雖動，猶在地中，故曰潛龍也。」便以天時為釋。程《傳》：「方陽微潛藏之時，君子亦當晦隱，未可用也。」則以天道而推人事，有所發揮。案：何妥，隋人，著有《周易講疏》。此處所引，本於爻辰說。始於京房，而鄭玄小變之。以乾六爻自初至上，配子寅辰午申戌，以坤六爻自初至上，配未酉亥丑卯巳。茲更補以二十四節氣，並附公曆，及全爻所值公曆起迄月日約數，表列於下：

爻名	值支	值氣	起迄月日約數
乾初九	子	冬至（12月21日至23日）、小寒（1月5日至7日）	12月22日至1月19日
坤六四	丑	大寒（1月20日至21日）、立春（2月3日至5日）	1月20日至2月18日
乾九二	寅	雨水（2月18日至20日）、驚蟄（3月5日至7日）	2月19日至3月20日
坤六五	卯	春分（3月20日至22日）、清明（4月4日至6日）	3月21日至4月19日
乾九三	辰	穀雨（4月19日至21日）、立夏（5月5日至7日）	4月20日至5月20日
坤上六	巳	小滿（5月20日至22日）、芒種（6月5日至7日）	5月21日至6月20日
乾九四	午	夏至（6月21日至22日）、小暑（7月6日至8日）	6月21日至7月22日
坤初六	未	大暑（7月22日至24日）、立秋（8月7日至9日）	7月23日至8月22日
乾九五	申	處暑（8月22日至24日）、白露（9月7日至9日）	8月23日至9月22日
坤六二	酉	秋分（9月22日至24日）、寒露（10月8日至9日）	9月23日至10月22日
乾上九	戌	霜降（10月23日至24日）、立冬（11月7日至8日）	10月23日至11月21日
坤六三	亥	小雪（11月22日至23日）、大雪（12月6日至8日）	11月22日至12月21日

❿**潛之為言也，隱而未見，行而未成，是以君子弗用也**

此為〈文言傳〉對乾初九爻辭所作第四次的解釋。乾〈文言〉第四次解釋爻辭，以字義句義為重心。隱而未見，以位言，是解說「潛」之「象」的；行而未成，以道言，是解說「弗用」之「理」的。「君子」具語法上的模稜。「君子」可能是主語，意指君子不用潛龍；也可能是前置的賓語，意指不用潛龍這種君子。

語譯

初九爻辭所說的「潛龍勿用」，是什麼意思呢？孔子說：「具有像龍一樣陽剛矯健的德性，又能隱伏潛藏不露光芒的意思啊！不因世俗而改變初衷，不願意苟且形成自己的虛名。雖然避世遁隱，卻能保持理想，所以不會憂悶；雖然自己的德行未受世人肯定，但是自己認清了真理，所以也不會憂悶。合道理的事，做了快樂，就做；不合道理的事，做了不快樂，就不做。堅持原則，絕對不可動搖：這樣才像一條潛伏的神龍啊！」

潛伏的龍，不被任用，沒有作為；因為地位低下啊！

潛伏的龍，不要出來活動，因為陽剛之氣潛藏在地下，還沒有到顯露的時候啊！

「潛」這個字啊，是隱藏而未顯現，德行尚無成就的意思。所以在位者不會用他，而君子也不求被用！

附錄古義

陳壽《三國志・蜀書・秦宓傳》：「宓答（王商）書云：『昔堯優許由，非不弘也，洗其兩耳；楚聘莊周，非不廣也，執竿不顧。《易》曰：「確乎其不可拔。」夫何衒之有？』」

九二爻辭

九二❶：見龍在田❷，利見大人❸。

注釋

❶九二

爻名，數也。是陽爻「九」居六爻之卦自下向上數的第二爻的位置。二、三、四、五，爻位已因「初」而定，此時爻德的重要性已超過爻位的重要性，所以先言爻德之數「九」，而後言爻位之數「二」。占筮所得，自初至上為七、九、七、七、七、七，本卦為乾䷀，之卦為同人䷌；或所得為六、七、六、六、六、六，本卦是師卦䷆，之卦是乾：這兩種情形，都以乾九二爻辭占。關於九二，王弼《周易注》有一段精闢的分析比較，全錄於後：「出潛離隱，故曰見龍；處於地上，故曰在田。德施周普，居中不偏，雖非君位，君之德也。初則不彰，三則乾乾，四則或躍，上則過亢。利見大人，唯二五焉。」

❷見龍在田

這是乾九二的「象」。見，顯現的意思。田，指地面。初九注釋已說過：六畫卦，初與二象地在下；三與四象人在中；五與上象天在上。初為地下，九象徵龍德，所以乾初九以潛龍為象；

二為地上，九二表示龍已出潛離隱，顯現在地面。所以乾九二以見龍在田為象。這時，乾元的生機，已充滿在地面，昭示於天下了。

❸利見大人

這是乾九二的「占」。《易》下卦上卦相疊，又每以下卦代表地方，上卦代表中央統治階層。乾之九二，居下卦之中，象徵民間的中堅分子。德修學成，可以移風易俗，革新社會，為民間中的大人，所以利見九五之大人，而本身也為地方人士所利見。大人，陸德明《經典釋文》引王肅云：「聖人在位之目。」必須兼具聖德與政治地位。利見大人，有兩種不同的解釋：鄭玄以為「九二利見九五之大人」；《正義》卻依王弼的意見，認為：「二之與五，俱是大人，為天下所利見也。」程《傳》調和二說。云：「以聖人言之、舜之田漁時也。利見大德之君，以行其道；君亦利見大德之臣，以共成其功；天下利見大德之人，以被其澤。」認為九二利見九五之大人；九五也利見九二之大人；天下的人更利見九二、九五具大德之人出現。《本義》亦採是說。案《易》例：初與四、二與五、三與上，陰陽相配叫「應」；否則稱「敵應」。乾二、五都是陽爻，本屬敵應。所以王弼、孔穎達都不採鄭玄「九二利見九五之大人」的說法。或以乾坤兩卦，在「位」、「應」方面，並不跟其他六十二卦一致。程《傳》就曾指出：「乾坤純體，不分剛柔，而以同德相應。」因此，鄭玄以為九二利見九五之大人之說，不可偏廢，而程朱融會鄭王的說法，最為周延得當。

語譯

陽爻九居於六爻的乾卦自下至上第二爻的位置。它像顯現在地面的龍一樣，是地方上的意見領袖。地方百姓是何等樂於見到有大德的人在民間出現，更希望他能和朝廷中的大人見面溝通！

附錄古義

《左傳・昭公二十九年》見初九條。

《論衡・刺孟篇》見乾元亨利貞條。

唐・馬總《意林・四・引風俗通》：「《易》云：『利見大人。』大人與聖人，其義一也。」

《三國志・蜀書・劉封傳》：「孟達與封書曰：『陛下大軍金鼓以震，當轉都宛鄧。若二敵不平，軍無還期。足下宜因此時早定良計。《易》有「利見大人」，《詩》有「自求多福」。行矣，今足下勉之。』」

象傳

見龍在田，德施普也❶。

注釋

❶德施普也

普是周遍。德施普也，包括兩層意思：其一是陽出地上，草木禽獸都開始生長。這是上天造化之德的普及。其二是大人或能博施濟眾，或能移風易俗。這是君子參與贊助天地化育之功的普及。

語譯

龍在地面上出現，象徵春回大地，生機發越，陽光普照著萬物，使萬物發育生長。具大德的社會中堅分子，因而也要博施濟眾，或者開導風氣，加惠萬民，造福人群啊！

文言傳

九二曰：「見龍在田，利見大人。」何謂也？子曰：「龍德而正中者也❶。庸言之信；庸行之謹❷。閑邪存其誠；善世而不伐；德博而化❸。《易》曰：『見龍在田，利見大人。』君德也❹。」

見龍在田，時舍也❺。

見龍在田，天下文明❻。

君子學以聚之，問以辯之，寬以居之，仁以行之❼。《易》曰：「見龍在田，利見大人。」君德也❽。

注釋

❶龍德而正中者也

正中，是正位於中，不偏不倚，無過、不及的意思。《周易》爻例：凡二五稱中；因為二居下卦之中，五居上卦之中。而凡陽居五，陰居二，就稱中正；因為初、三、五是陽位，二、四、上是陰位，所以六二以陰爻居陰位，九五以陽爻居陽位，都居中得正。乾九二雖在下卦之中，但以陽爻居陰位，並未得正。而〈文言傳〉卻以為「正中」，理由可能有二：第一、正中是正得中位，不是中正之既中且正。項安世《周易玩辭》：「稱中正者，二事也：二、五為中；陰陽當位為正。稱正中者，一事也；猶言『兌，正秋』、『坎，正北方』，但取其正得中位，非以當位言也。」便否認正中之正與位有關。第二、乾卦純陽，無當位不當位的限制。王夫之《周易內傳》：「乾無當位不當位，天化无所不行，凡位皆其位也，中斯正矣，故曰正中。」考〈文言傳〉說乾上九有「貴而无位」的話，那麼就〈文言傳〉而言，乾卦有當位不當位。王說似不如項說之妥當。

❷庸言之信；庸行之謹

庸是平常；之，猶亦也。朱子《本義》：「常言亦信，常行亦謹。」九二以陽爻居陰位，所以必須如此信實謹慎。《集解》引《九家易》：「以陽居陰位，故曰謹也。」可從。案：《中庸》也有：「庸德之行，庸言之謹。」的話，可以參看。

❸閑邪存其誠；善世而不伐；德博而化

閑作「防」解。以陽爻居陰位，所以必須防止陰邪的誘惑。存其誠，承上句「信」字而來。《集解》引宋衷曰：「二在非其位，故以閑邪言之；能處中和，故以存誠言之。」伐，自誇。九二居中而在下卦，尤其不可自誇。《九家易》以為乾始以美利利天下而不言所利，就是善世而不伐。並云：「《老子》曰：『上德不德，是以有德。』此之謂也。」不伐，承上句「謹」字而來。化，指變化氣質，二本陰位，氣質濁柔，陽九必須使之變化。案：閑邪是消極的，存誠是積極的，所以閑邪存其誠是由消極進而積極；善世是積極的，不伐是消極的，所以善世而不伐在積極作為中仍保存消極防弊的自我警惕：此可見《易》言之周延。又案：由「存誠」而「善世」，是儒家修己治人一貫主張；進而「德博而化」，更是儒家「參贊天地化育」之崇高理想。與《大學》之言「明明德」、「親民」、「止於至善」；《中庸》之言「盡性」、「盡人之性」、「盡物之性」、「贊天地之化育」，道理是一致的。而「誠」尤其值得注意。就《周易》爻德來看，陽爻中實為誠，陰爻中虛為敬。所以〈文言傳〉於乾九二提出「誠」字，於坤六二提出「敬」字。成為宋儒程顥、陸九淵立誠敬之教的主要源頭。據吳怡《中庸誠字的研究》所述：《春秋》及

《春秋》以前的典籍，「誠」字非常少見，而且全作副詞或形容詞使用。《周易・文言傳》釋九二、九三爻辭，兩次提到「誠」，而且都作名詞使用，帶著道德主體的特殊含義。更標以「子曰」，雖然是儒門後世子弟追述先師孔子的話；但是，我們仍然可以認為這是中國先聖把「誠」當作代表道德主體的名詞使用的早期資料之一。

❹**《易》曰：『見龍在田，利見大人。』君德也**

君德，指九二具有領袖所應具備的德行。九二既能修己治人，德博而化，這就是君德了。同時啟示我們：九二爻辭所說的「大人」可指「九二」本身。案：「君臣」關係是一種相對而可以改變的關係。《易緯・乾鑿度》：「初為元士，二為大夫，三為三公，四為諸侯，五為天子，上為宗廟。」相對於天子、諸侯、三公，大夫為臣；相對於元士，大夫為君。這種相對的關係還是可以改變的。升遷、貶謫、禪讓、廢立、革命都是。儒家經典甚至鼓勵在位者要及時禪讓，否則可能被武力推翻。所以《中庸》記載：「仲尼祖述堯舜，憲章文武。」《周易・彖傳・革》：「湯武革命，順乎天而應乎人。」《孟子・梁惠王下》：「聞誅一夫紂矣，未聞弒君也。」都是證明。人人盡責，並擁有公平調整職務機會的社會，才是合理的社會。以上為〈文言傳〉對乾九二爻辭所作第一次的解釋。

❺**見龍在田，時舍也**

舍，作居住休止解。時舍是說暫時居止於此。二非陽位，不宜久居；龍非地上之物，終必躍飛。這也是乾元具有生生不息，精進不已的德性，所以〈文言傳〉之言如此。此為〈文言傳〉對乾九二爻辭所作第二次的解釋。《集解》引何妥曰：「此夫子洙泗之日，開張業藝，教授門徒。

自非通舍，孰能如此。」通舍，言既利見大人，與五相通，又能離潛現於田，暫時止息，雖通仍舍。

❻見龍在田，天下文明

就天時來說，夏曆正月建寅，雨水、驚蟄之時（約當陽曆二月十九日至三月二十日），陽氣上升，春回大地，萬物萌生，天下呈現一片文采燦爛的景象。就人事來說，君子信言謹行，存誠善世，德博能化，為天下興起欣欣向榮的新風氣。這是〈文言傳〉對乾九二爻辭所作第三次的解釋。

❼君子學以聚之，問以辯之，寬以居之，仁以行之

四「之」字皆指稱「誠」。即以學聚誠，以問辨誠，以寬居誠，以仁行誠。辯、辨古每通用。今辯論之辯，從言作辯；辨別剖決之辨，從刀作辨。吳澄《易纂言》：「學，效也。有所未知，則效知者以求知之。蓋理具於心，而散於事物。事物之理，有一未明，則心之所具有未盡。必博學周知，俾萬理皆聚而无所闕遺。故曰學以聚之。辯，剖決也。既聚矣，必問於先知先覺之人，以剖決其是否。故曰問以辯之。寬，猶曾子所謂弘，張子所謂大心也。居，謂居業之居。既問既辯矣，必有弘廣之量，以藏蓄其所得。故曰寬以居之。仁者，心德之全，天理之公也。既有以居之矣，心德渾全，存存不失。應事接物，皆踐其所知。而所行无非天理之公，故曰仁以行之。」《中庸》：「誠之者，擇善而固執之者也。博學之、審問之、慎思之、明辨之、篤行之。」意旨略同。宋郭忠孝（兼山）《中庸解》引《易・文言》此四句，以為「蓋言誠之者之事也」。詳見〈文言傳〉釋乾九五注❾。

❽《易》曰：「見龍在田，利見大人」君德也

上文所言學問是修己的工夫；寬仁是治人的工夫。修己治人，故再度肯定九二之「君德」。《易纂言》又云：「學聚之，以知其理；仁行之，以行其事；問辯之，以審別所當行於學知之後；寬居之，以存貯所已知於仁行之先。寬之所居即學之所聚者；仁之所行即問之所辯者。學至於是，則為大人。雖居下位，而其德乃君德也。」以上是〈文言傳〉對乾九二所作第四次的解釋。

語譯

九二爻辭所說的：「見龍在田，利見大人。」是什麼意思呢？孔子說：「具有像龍一樣陽剛矯健的德性，又能正好不偏不倚無過不及的意思啊！即使日常的言語也要信實；即使日常的行為也要謹慎。防止陰邪的誘惑，存養自己充實的德性；改善世俗而不自誇；大德廣被而能感化民眾。《周易》上說：『見龍在田，利見大人。』表示九二具有這種做領袖所應具備的德性啊！」

龍出現在地面上，只是暫時停留罷了。

龍出現在地面上，天下呈現一片美麗光明的景象。

君子努力學習來聚集自己充實的道德主體；仔細發問來明辨自己充實的道德主體；從容不迫地來涵養自己充實的道德主體；仁民愛物地來篤行自己充實的道德主體。《周易》上說：「見龍在田，利見大人。」表示九二具有這種做領袖所應具有的德性啊！

九三爻辭

九三❶：君子終日乾乾❷，夕惕若❸，厲无咎❹。

注釋

❶九三

爻名，數也。陽爻居六爻之卦自下向上數的第三爻的位置。占筮所得，自初至上，唯第三爻為老陽九，他爻皆為少陽七，則本卦為乾䷀，之卦為履䷉；或唯第三爻為少陽七，他爻皆老陰六，即本卦是謙卦䷎，之卦為乾：這兩種情形，都以乾九三爻辭占。王弼《注》：「處下體之極，居上體之下，在不中之位，履重剛之險。上不在天，未可以安其尊也；下不在田，未可以寧其居也。純脩下道，則居上之德廢；純脩上道，則處下之禮曠。故終日乾乾，至于夕惕，猶若厲也。居上不驕，在下不憂，因時而惕，不失其幾，雖危而勞，可以无咎。處下卦之極，愈於上九之亢，故竭知力而後免於咎也。乾三以處下卦之上，故免亢龍之悔，坤三以處下卦之上，故免龍戰之災。」依象釋義，並與乾上、坤三較論，於本爻有全面而深入的分析。

❷君子終日乾乾

乾九三之象。君子，本指貴族有地者，〈文言傳〉擴充其義，以為成德之稱。詳已見乾〈大象〉

「君子以自強不息」注。鄭玄《周易注》以為：「三於三才為人道，有乾德而在人道，君子之象。」乾乾，健而又健，努力進德修業而不懈的意思。關於乾九三所以「終日乾乾」的原因，在爻象上說，劉百閔《周易事理通義》：「乾三在乾下卦之上，而外接乾之上卦，故曰乾乾。」在義理上說，乾九三稟乾元精進不已之仁德，健而又健，所以終日進德修業，不懈如此。《論語・里仁》：「君子無終日之間違仁，造次必於是，顛沛必於是。」意相近。

❸夕惕若

也是乾九三之象。惕是警惕反省；若，語尾。惕若就是惕然。《孟子・梁惠王》：「即不忍其觳觫若，無罪而就死地也。」若亦為語尾。說見俞樾《群經平議》卷三十二。船山《周易內傳》：「惕若，憂其行之過健而有戒也。」《周易》倡中道而戒過分。所以九二居下卦之中而言「利」。九三居下卦之上而言「惕」。這裏必須注意的是：惕只是警惕小心，絕不是恐懼投降。九三以陽爻居陽位，得位而正，用不著怕什麼！請參閱下條注。

❹厲无咎

這是「占」。《淮南子・人間篇》：「終日乾乾，以陽動也；夕惕若厲，以陰息也。」《漢書・王莽傳》：「《易》曰：『終日乾乾，夕惕若厲。』公之謂矣。」厲字都連上句。王弼《周易注》：「至于夕惕，猶若厲也。」雖連上讀；又云：「雖危而勞，可以无咎。」則以厲為危，連下文无咎成句。案：「厲无咎」為《周易》常語。睽九四爻辭有「厲无咎」、姤九三爻辭有「厲无大咎」。厲字要連无咎為句。所以乾〈文言傳〉以「雖危无咎矣」釋「厲无咎」，程《傳》、朱《義》也用「雖處危地而无咎」來解釋「厲无咎」。清儒注《易》，重義理的如船山《周易內傳》，重象數的如惠棟《周易述》，都以「厲无咎」為句。厲是危險，許慎作夤，《說文解字》：「夤，敬惕也。从夕，寅聲。《易》曰：『夕惕若夤。』」无是無的古文奇字。咎是罪過。〈上繫〉第三章：「无咎者，善補過也。」〈下繫〉第八章：「三多凶，五多功，貴賤之等也。其柔危，其剛勝邪！」三居下卦最上，為多凶之位，易惹咎過。好在乾九三以君子之人，當陽爻之位，日乾夕惕，進德修業，勤奮不懈，善於補過，能以「剛勝」，這是雖危而不會有罪過的原因。干寶《周易注》：「此蓋文王反國，大釐其政之日也。凡无咎者，憂中之喜，善補過者也。文恨早耀文明之德，以蒙大難，增脩柔順，以懷多福，故曰无咎矣。」

語譯

陽爻九居於六爻的乾卦自下至上第三爻的位置。在內卦位置最高，好像一位在野的領袖。必須整天勤奮，努力不懈，到了晚上還要反省警惕。這樣，雖然地位危險，仍不會有禍害的。

附錄古義

《淮南子・人間篇》見初九條。

班固《漢書・王莽傳上》：「陳崇時為大司徒司直，與張竦相善。竦者，博通士。為陳崇草奏稱莽功德：『……開門延士，下及白屋；婁省朝政，綜管眾治；親見牧守以下，考迹雅素，審知白黑。《詩》云：「夙夜匪解，以事一人。」《易》曰：「終日乾乾，夕惕若厲。」公之謂矣。』」

象傳

終日乾乾，反復道也❶。

注釋

❶反復道也

反復，重複踐行，終而又始之意；九三居下卦之終，行將開上卦之始，所以行健不息如此。道，乾元仁道，在天為行健，為化育萬物，為生生不已；在人為自強，為參贊化育，為精進不已。熊十力《讀經示要》：「明大化推盪，無有已止，此其所以為乾而又乾，健之至也。」

語譯

整日勤奮，努力不懈，那是效法終而又始，生生不已的天道，而精進不息啊！

附錄古義

班固《白虎通・天地篇》：「君舒臣疾，卑者宜勞。天所以反常行何？以為陽不動無以行其教，陰不動無以成其化，雖終日乾乾，亦不離其處也。故《易》曰：『終日乾乾，反覆道也。』」

文言傳

九三曰：「君子終日乾乾，夕惕若，厲无咎。」何謂也？子曰：「君子進德脩業❶。忠信，所以進德也❷；脩辭立其誠，所以居業也❸，知至至之，可與言幾也❹；知終終之，可與存義也❺。是故居上位而不驕❻，在下位而不憂❼。故乾乾因其時而惕，雖危无咎矣❽。」

終日乾乾，行事也❾。

終日乾乾，與時偕行❿。

九三，重剛而不中⓫，上不在天，下不在田⓬，故乾乾因其時而惕，雖危无咎矣⓭。

注釋

❶君子進德脩業

進德，增進德行，為明德修己的工夫。脩業，修治功業，是親民治人的工夫。〈上繫〉：「夫《易》，聖人所以崇德而廣業也。」由進德而崇德，由脩業而廣業，此君子而聖人之進階。九二已具「君德」，九三更宜增進為君之德；九二已為「大人」，九三更需修治大人之業。進德脩業為終日乾乾之所事。

❷忠信，所以進德也

忠信，是盡己之力，信實待人。《論語・學而》記曾子之言：「為人謀而不忠乎？與朋友交而不信乎？」忠信二者，都兼體用內外而言。所有的「道德」，都必須發生「作用」，才能成立。因此，「德」字，常是「德行」的簡稱。程《傳》以「內積忠信」，《本義》以「忠信主於心」，把忠信局限於「內」「心」，恐非。盡己之力，信實待人，以此增進自己的德行，這是以體生用，由內至外。

❸脩辭立其誠，所以居業也

脩是修營，為方法；辭是辭令，為對象；誠即上文所言之忠信，是原則；居業就是修業而永保之，為效果。後世之言「修辭」，本於此。王應麟《困學紀聞》卷一：「脩辭立其誠，修其內為誠，修其外則為巧言。《易》以辭為重：〈上繫〉終於『默而成之』，養其誠也；〈下繫〉終於『六辭』，驗其誠不誠也。」修營言辭要建立在忠誠信實的基礎上，以此創立功業，永保功業，這是用本於體，外出於內。以上忠信與脩辭立誠二句分別言進德修業的方法。

❹知至至之，可與言幾也

與，介詞，介動作的共同參與者。幾，〈下繫〉：「幾，動之微，吉之先見者也。」言幾，共同討論將來機微的情況與行動。幾既是先見，所以就象數方面說，上文「知至」之至不指九三本爻，乃指九五。《集解》引翟玄曰：「知五可至而至之，故可與行幾微之事也。」是可以採信的。三、五都是陽位，但是三未得中，必須至五才居中得正。知道目標是五，而向五前進，這樣就可以跟他商量精微機密的行動了。就義理方面說，知道必先脩己，方能安人以至於安百姓；必先明明德，而後可以親民新民而止於至善；必先格物、致知、誠意、正心、修身，而後可以齊家、治國、平天下；必先盡己之性，方能盡人之性，盡物之性，以至於贊天地之化育。必先進德，才能創業以至於發展事業，此屬知解之事，故曰「知至」；於是脩辭立誠，以至居業，此屬證行之事，故曰「至之」。如此常於動心起念處下工夫，方可以與之共同商討治國平天下以至參贊化育的精微機密的行動。案：「可與言幾也」，或無「言」字。如唐石經，宋岳珂刻王弼《注》本，閩、監、毛三種《注疏》本，程頤《易傳》本，朱熹《本義》本，皆無「言」。惟李鼎祚《集解》本、李道平《纂疏》本，及日本國古本、足利本，有「言」字。考孔穎達《周易正義》云：「既能見是將至，則是識幾知理，可與共論幾事。」所謂「共論幾事」，即「言幾」也。又崔憬《周易探玄》云：「故言知至至之，可與言微也。」「言微」亦「言幾」之意也。唐人《正義》、《探玄》如此，故以有「言」者為是。

❺ **知終終之，可與存義也**

就象數方面說，九三處內卦之終，所以說知終；能貫徹始終，全終復始，就是終之。這樣就可以與他共同從事合乎義理的行動了。《集解》引崔憬的話，以為文王「貽厥武王至于九五」是知至至之；「三分有二以服事殷」是知終終之。可供參考。就義理方面說，內聖外王，談何容易；脩己以安百姓，堯舜其猶病諸；察時度力，知己有所未能：此為「知終」。於是盡忠講信，以進明德，此為「終之」。案：立志不可不大，故以居業兼善天下為目標；然事有不可強求者，倘力有未逮，時不我予，則獨善其身，亦可以存義矣。《朱子語類》：「知終終之者，既知到極處，便力行到極處。此真實見於行事，故天下義理，都無走失，故曰可與存義。」說理甚高遠。自「進德脩業」至此，皆言「終日乾乾」之義。

❻**居上位而不驕**

九三居內卦的上位，知終存義，所以不驕。孔穎達《正義》：「居上位而不驕者，謂居下體之上位而不驕也。以其知終，故不敢懷驕慢。」

❼**在下位而不憂**

九三在外卦的下方，知至見幾，所以不憂。孔穎達《正義》：「處上體之下，故稱下。以其知事將至，務幾欲進，故不可憂也。」此句與上句，重在九三之所「在」，而就其相對於上下之位置，警惕其應不驕不憂，反覆闡釋「夕惕若」的含義。

❽**故乾乾因其時而惕，雖危无咎矣**

故乾乾因其時而惕，總結上文；雖危无咎矣，釋爻辭「厲无咎」。以上為第一次解釋九三。

❾**終日乾乾，行事也**

九三以陽爻居陽位，於三才屬人。像一位性格剛強的人從事艱巨的任務，一切的事必須自己動手，不能不努力去做自己當做的事：包括「進德」、「脩業」、「夕惕」。《易傳》釋《經》，引《經》

文有省略之例。此引「終日乾乾」，下省去「夕惕若」。以上為第二次解釋九三。

⑩終日乾乾，與時偕行

《集解》引何妥曰：「此當三月，陽氣浸長，萬物將盛，與天之運俱行不息也。」這是就天時而說的。指夏曆三月，穀雨、立夏之時（約當陽曆四月二十日至五月二十日）。李光地《周易折中》：「與時偕行，即上乾乾因其時之義。言終日之間，無時不乾乾。」這是就義理說的。二十世紀中葉，閻錫山曾言：「一隻不能跟著時間轉動的錶，就叫廢錶；一個不能隨著時代前進的人，就叫廢人。」意近。以上為第三次解釋九三。

⑪九三，重剛而不中

重剛，指九三由下乾而接上乾；不中，謂非二非五而不在卦之中爻。《集解》引虞翻曰：「以乾接乾，故重剛；位非二五，故不中也。」可從。《本義》：「重剛，謂陽爻陽位。」雖然能解釋九三之重剛，但解釋下文「九四重剛而不中」就不通了。因此朱熹注九四重剛，只好以「重字疑衍」來搪塞。

⑫上不在天，下不在田

既非九五之飛龍在天；又非九二之見龍在田故。

⑬故乾乾因其時而惕，雖危无咎矣

〈文言傳〉第一次解釋九三，也曾用此句。不過，第一次是就九三所「在」，而指出其所以故；此第四次解釋九三，是就九三所「不在」，而指出其所以故。既慮其所「在」，又慮其所「不在」，《周易》言事之「周」，於此可見。

語譯

九三爻辭所說的：「君子終日乾乾，夕惕若，厲无咎。」是什麼意思呢？孔子說：「這是勉勵君子增進德行，修治功業。盡忠講信，憑此來增進德行啊！修飾辭令要站在誠實的基礎上，憑此來修治功業啊！知道目標是至善的『五』位，是創造發展一番大事業，而修辭立誠，向至善的『五』位前進，這樣就可以事先跟他商量精微機密的行動了；知道自己所處的『三』位是內卦的終極，知道本身條件和外界環境都有所局限，於是忠信進德，獨善其身，而能全終復始，這樣就可以跟他共同去從事合乎義理的行動了。居於內卦的最高位而不驕傲；在外卦的下面而不憂悶。所以努力不懈，隨時警惕。這樣，雖然處在危險的位置也不會有罪過了。」

整天勤奮，行健不息，天地在從事化育工作，君子也在從事進德修業的工作啊！

整天勤奮，行健不息，萬物隨著時間成長，君子也跟時代一齊前進啊！

九三，處在重疊的兩個三畫的乾卦的連接處，卻不是二、五居中的位置。上不在「飛龍在天」的五位；下不在「見龍在田」的二位。所以必須努力不懈，隨時警惕，這樣，雖然處在危險的位置也不會有罪過了。

九四爻辭

九四❶：或躍在淵❷，无咎❸。

注釋

❶九四

爻名，數也。陽爻居六爻之卦自下向上數的第四爻的位置。占筮所得，自初至上，唯第四爻為九，他爻皆為七，則本卦為乾䷀，之卦為小畜䷈；或唯第四爻為少陽七，他爻皆老陰六，即本卦是豫䷏，之卦是乾：這兩種情形，都以乾九四爻辭占。王弼《注》於本爻有頗為全面的剖析，先錄於下：「去下體之極，居上體之下，乾道革之時也。上不在天，下不在田，中不在人，履重剛之險，而无定位可處，斯誠進退无常之時也。近乎尊位，欲進其道，迫乎在下，非躍所及；欲靜其居，居非所安，持疑猶豫，未敢決志。用心存公，進不在私，疑以為慮，不謬於果，故无咎也。」

❷或躍在淵

為乾九四之「象」。或，朱子《本義》以為「疑而未定之詞」；躍，暫時跳起來。就卦象而論，初二地位，三四人位，五上天位。三是地面人，腳面貼在地面上；四是太空人，與地球卻有一段距離。所以乾九四有「或躍」的動態。在淵，指初九「潛龍」在淵，《易》卦初為下卦第一爻；四為上卦第一爻。四由初生；初是四的出發點。「或躍在淵」，包含兩層意思：一指由初九在淵經九二、九三而躍居九四。〈文言傳〉：「或躍在淵，乾道乃革。」就採用這種意思。一指或從九四躍居九五，或從九四退返初九而在淵。〈文言傳〉：「九四，重剛而不中……故或之。」便以九四之不可久處，所以有或進或退的考慮。揚雄《法言・先知篇》：「龍之潛亢，不獲其中矣。是以過中則惕，不及中則躍。其近乎中乎？」也以為「躍」是要躍到上卦之「中」的九五。關於九四「或躍在淵」的義蘊，《集解》引干寶曰：「四，虛中也。躍者，暫起之言，既不安於地而未能飛於天也。四以初為應，淵謂初九甲子，龍之所由升也。或之者，疑之也。此武王舉兵孟津觀釁而退之爻也。守柔則逆天人之應，通權則違經常之教，故聖人不得已而為之，故其辭疑矣。」依象釋義，引史為證。熊十力《讀經示要》有更精彩的闡發：「從宇宙大生命的進程而言：一方面固見其上進無已，即所謂躍；一方面又見其保留元來階地，即所謂在淵。龍之或奮躍而欲上於天，或復不離於淵，正可以象宇宙大生命在進程中之情狀。」以為「此爻之義，深微極矣」。

❸无咎

為乾九四之「占」。咎，過失也。〈下繫〉：「四多懼。」《易》例：五為天子。四爻伴君如伴虎。以漢武帝為例：據《漢書・百官公卿表》記載：元狩五年（西元前一一八年），丞相李蔡有罪自殺；元鼎二年（西元前一一五年），丞相莊青翟有罪自殺；五年，丞相趙周下獄死；征和二年（西元前九一年），丞相公孫賀下獄死；三年，丞相劉屈氂下獄腰斬。二十九年間，連死了五位丞相。可見四居五下之危險。乾九四以陽爻居陰位，又為多懼之位，所以懷疑它可能得咎。倘若九四能夠深思熟慮，當各項因素成熟之後，可以躍居九五而得位；否則退回初九，在淵而得位。九四仍可能无咎的。船山《內傳》：「或躍也，或在淵也，疑而未決。志健而慮深，則其躍也，不以躁進為咎；其在淵也，不以怯退為咎。」可供參考。

語譯

陽爻九居於六爻的乾卦自下至上第四爻的位置。從初九在淵的位置一路跳躍到上卦九四的位置來，或再跳到九五，或返回到初九，都不會有錯誤的。

象傳

或躍在淵，進无咎也❶。

注釋

❶進无咎也

前進之物，停則墜落。臺灣企業家吳火獅的座右銘是：「保持現狀，就是落伍。」陽道樂進，躍至九四，雖有不及於中，居非其位的疑惑；但是再進可至九五，就居中得位了。所以九四充滿光明的遠景，而可无咎。熊十力《讀經示要》：「夫子於此爻，直以『進无咎』三字贊之，意深遠哉。吾人欲生命超拔於墮沒之中，而遠於咎，亦果於進而已矣。」

語譯

從初九淵水中一路跳上來，應再跳到九五呢？還是回到初九呢？前進是不會有錯的。

文言傳

九四曰：「或躍在淵，无咎。」何謂也？子曰：「上下无常，非為邪也❶；進退无恆，非離群也❷；君子進德脩業，欲及時也❸。故无咎❹。」

或躍在淵，自試也❺。

或躍在淵，乾道乃革❻。

九四，重剛而不中❼，上不在天，下不在田，中不在人，故或之❽。或之者，疑之也，故无咎❾。

注釋

❶上下无常，非為邪也

上下以位言。上指躍居上卦之中；下指退居下卦之初。无常，是沒有一定的意思。「非為邪也」的「為」不是判斷動詞，而是及物動詞，作出之意。與下文「非離群也」的「離」詞性相對相當。躍居上卦九五，既居中得位；退處下卦初九，也在淵得位。所謂「居廟堂之高，則憂其民；處江湖之遠，則憂其君」。都不會作出邪惡的事。啟示吾人無論身在何處，都不可為非作歹。

❷進退无恆，非離群也

進退以動言。進指或躍，退指在淵。无恆，即无常的意思。非離群也，指不脫離下卦之群眾。《易》例每以上卦為統治者，下卦為群眾。譬之於人事：不論進退，都要以群眾為依歸。本身即為群眾的一分子，一切以群眾的利益為利益，以群眾的意旨為意旨。而非在群眾之外，抓住群眾心理，利用群眾為個人擴張力量。抓住群眾，利用群眾，與群眾仍然是隔離的。《周易折中》引林希元曰：「蓋以爻與位言，九陽爻，四陰位，陽主進，陰主退，是進退未定也。以上體言，四居上之下，居上欲進；居上之下，則又未必於進：亦進退未定也。以上下二體言，四初離下體，入上體，是為改革之際，亦進退未定也。」依象析義甚是。又熊十力《讀經示要》曰：「生命躍進上一階地，若(似也)與其元來下一階地相離異。其實上下元為一體，何離異之有。」說義理尤精。

❸君子進德脩業，欲及時也

三、四皆「人」位。三是「人」位的開始，所以〈文言傳〉諄諄告以進德修業的方法；四是人生的後半輩子，所以〈文言傳〉諄諄促以「及時」。希望九四增進品德，不可為邪；脩治大業，不可離群。都必須及時努力。朱熹《本義》：「進德脩業，九三備矣；此則欲其及時而進也。」甚是。

❹**故无咎**

承「非為邪也」、「非離群也」、「及時進德脩業」三事而說。以上為〈文言傳〉對乾九四爻辭第一次的闡釋。元俞琰《周易集說》曾分析此節文字云：「上與進釋『躍』字；下與退釋『在淵』之義；无常无恆釋『或』之義；非為邪、非離群、欲及時，以申『進无咎』之義。」

❺**或躍在淵，自試也**

決定行動的因素有五：一、在道理上該不該作；二、在環境上宜不宜作；三、在時機上可不可作；四、在能力上能不能作；五、在效果上利不利作。〈文言傳〉在此強調「自」字，就是強調自己對這些條件作全盤的考慮。合，就躍；不合，就退居在淵。與功名之士勇於行，隱遯之士果於止，有所不同。《論語・子路篇》：「不得中行而與之，必也狂狷乎。狂者進取，狷者有所不為。」勇於行是「狂者」；果於止是「狷者」；而九四要看各種因素，卻屬「中行」。於「自」之外，〈文言傳〉更標出一個「試」字。小鳥學飛之前，先學跳躍。試試自己的能力，能不能跳，能不能飛。自古成功在嘗試，這是必要的步驟。此為〈文言傳〉第二次闡釋乾九四爻辭。

❻**或躍在淵，乾道乃革**

由初九在淵，經九二、九三而躍居九四，為乾道離下入上，變革之象。以天時說，夏至、小暑之時（約當陽曆六月二十一日至七月二十二日），日光已由直射北回歸線而逐漸南移。《集解》引何妥曰：「此當五月微陰初起，陽將改變，故云革也。」就人事說，象徵生命發展至一個嶄新的階段。這是文言傳第三次闡釋乾九四爻辭。

❼九四，重剛而不中

九四也在乾下乾上二剛相重之處，而非二非五不在卦之中爻。參閱「九三，重剛而不中」注釋。

❽上不在天，下不在田，中不在人，故或之

非五，所以上不在天；非二，所以下不在田；非三，故中不在人。《正義》：「三之與四，俱為人道。但人道之中，人下近於地，上遠於天。九三近二，是下近於地，正是人道。故九三不云『中不在人』。九四則上近於天，下遠於地，非人所處，故特云『中不在人』。」九四如此懸在半空中，或上？或下？就得仔細考慮了。案：一九七六年諾貝爾文學獎得主梭爾・貝洛(Saul Bellow)，第一部小說《懸空的人》(*Dangling Man*)，寫芝加哥人約瑟夫應徵入伍前七個月，辭去工作，靠妻子賺錢過活。以為可以自由自在地讀書、思考、過理想且有意義的日子，誰知大大不然。他與親友、鄰居不和：他們覺得他遊手好閒，而他覺得他們庸俗。他參加「青年精神團契」，初時喜獲知音，不久即發現這些年輕人幼稚、浪漫、空有理想而不合現實。他甚至不滿自己的妻子只照顧他的身體而忽略他的精神需求，因此而有外遇。……於是反陷在疏離狀態：沒有歸屬，沒有認同，找尋不到生命的意義和生活的目標，而社會就是他懸蕩於其中的空間。這本小說正好可以移作「中不在人」的註腳。

❾或之者，疑之也，故无咎

疑不是狐疑，只是詳審。疑而能決，就可无咎。在二十世紀美國實用主義哲學家杜威(John

Dewey)的《追求真相》(*The Quest for Certainty*)中，指出解決疑難的五個步驟：一、發現困難或疑問。二、確定問題的性質。三、提出各種可能的假設。四、選擇合理的假設。五、經證驗而成立結論。於疑難的解決，所言頗可參考。以上為〈文言傳〉第四次闡釋乾九四爻辭。

語譯

九四爻辭所說的：「或躍在淵，无咎。」是什麼意思呢？孔子說：「或從九四跳到九五，或退回下卦的初九，雖然不一定；但是，必須安分守己，不可為非作歹啊！或許跳躍前進，或許退回淵中，雖然也不一定；但是，九四必須保留原來階地，不可脫離基層的群眾啊！生命已成長，君子增進德行，脩治功業，必定要及時努力啊！所以才不會有過錯。」

或從九四跳上九五，或退回初九在淵，要自己嘗試啊！

或在淵中躍起，由乾下跳到乾上，乾道於是起了變動。

九四，處在重疊的兩個三畫的乾卦的接連處，卻不在二、五居中的位置。上面攀不住天；下面踩不到地；懸在空中不成人的生活。或上或下？何去何從？所以用「或」字表明它。用「或」字表明它，是考慮處在這種尷尬地位的進退方針啊！所以不會有過錯的。

九五爻辭

九五❶：飛龍在天❷，利見大人❸。

注釋

❶九五

爻名，數也。陽爻居六爻之卦自下向上數的第五爻的位置。占筮所得，第五爻為九，其他五爻都是七，本卦為乾䷀，之卦為大有䷍；或只有第五爻是少陽七，他爻皆老陰六，本卦是比卦䷇，之卦是乾：這兩種情形，都以乾九五爻辭占。全爻通說，仍引王弼《注》以明之：「不行不躍，而在乎天，非飛如何？故曰飛龍也。龍德在天，則大人之路亨也。夫位以德興，德以位敘，以至德而處盛位，萬物之覩，不亦宜乎？」案：在乾卦六爻中，初九、九三得位而非中；九二居中卻失位；九四、上九既非中又失位；居中得位，唯有九五。又乾為天，九五更是居中得位而近人的天爻。在乾卦中，是最主要的一爻。

❷飛龍在天

此為乾九五的「象」。《易》例：五與上為天位。龍升於天，非飛為何？關於飛龍在天，熊十力《讀經示要》有一段精彩的闡釋：「九以陽居天位，是龍之果於躍，而飛至於天也。故曰飛龍在天。就乾元始物而言，萬物資潛在之勢能以生。此勢能之潛移默運乎萬物也，將令萬物時時捨故創新。而物皆始乎微隱，以成乎盛著。如自然界，其始但鴻濛一氣，隱微極矣。及至凝為諸天，則燦然盛著。又如原形質為生物之始，其後生機體日益複雜，乃至物種嬗變。生物界之由微而著，莫可究詰。人群萬事之始乎簡單，終乎繁以鉅，亦與自然同例。蓋皆由潛能運物，使之捨故創新，故物得由微隱至盛著也。此亦如龍之由潛而見，而益篤其健。以至於躍，而飛在天也。夫萬物者，本潛能之發現。其發現也，由微隱而底於盛著。故以龍之由潛藏以至飛而在天象之。……就人事而言：如革命勢力，其始本潛伏無形也。剛健之德，真積力久，一旦天佑人助而大業成。天者何？自然之理，必至之勢也。佑亦助也。改革之業，順乎理而乘其勢，物莫之逆，佑莫大焉！群眾咸曉然於公利公害之所在，為人生最高之理想而效死，是人皆互助也。大業之成，夫豈偶然！則飛龍在天之象也。」考熊氏「物皆始乎微隱，以成乎盛著。」「人群萬事之始乎簡單，終乎繁以鉅。」之說，似受斯賓塞 (Herbert Spencer)《第一原理》(*First Principles*) 影響甚深。劉百閔有《易事理學的第一原理》，可以參閱。

❸利見大人

此為乾九五的「占」。是九二之大人利見九五之大人，九五之大人亦利見九二之大人，而萬物更利見此九五大人之出現。程《傳》：「聖人既得天位，則利見在下大德之人，與共成天下之事，天下固利見夫大德之君也。」所言最妥。詳已見乾九二爻辭之注釋。

語譯

陽爻九居於六爻的乾卦自下至上第五爻的位置。它像飛翔在天空的龍一樣，是高層領導中心。天下的人是何等樂於見到有大德的人在統治階層出現，更希望他能和地方上的領袖見面溝通！

附錄古義

《左傳・昭公二十九年》見初九條。

司馬遷《史記・蔡澤列傳》：「語曰：『日中則移，月滿則虧。』物盛則衰，天地之常數也；進退盈縮，與時變化，聖人之常道也。故國有道則仕，國無道則隱。聖人曰：『飛龍在天，利見大人。』」

班固《漢書・郊祀志》：「武帝……制詔御史：『昔禹疏九河，決四瀆，閒者河溢皋陸，隄繇不息。朕臨天下二十有八年，天若遺朕士而大（繇大）通焉。乾稱「飛龍」，「鴻漸于般」，朕意庶幾與焉。』」

《文選・四十七・引王褒聖主得賢臣頌》：「故世必有聖智之君，而後有賢明之臣；虎嘯而谷風冽，龍興而致雲氣，蟋蟀俟秋吟，蜉蝣出以陰。《易》曰：『飛龍在天，利見大人。』《詩》曰：『思皇多士，生此王國。』故世平主聖，俊乂將自至。若堯舜禹湯文武之君，獲稷契皋陶伊尹呂望之臣，明明在朝，穆穆列布，聚精會神，相得益章；雖伯牙操遞鐘，逢門子彎烏號，猶未足以喻其意也。」

《文選・五十一・引王褒四子講德論》：「非有聖智之君，惡有甘棠之臣，故虎嘯而風寥戾，龍起而致雲氣，蟋蟀俟秋吟，蜉蝣出以陰。《易》曰：『飛龍在天，利見大人。』鳴聲相應，仇偶相從。人由意合，物以類同。是以聖主不遍窺望而視以明，不殫傾耳而聽以聰。何則？淑人君子，人就者眾也。」揚雄《法言・問神篇》：「或曰：『龍必欲飛天乎？』曰：『時飛則飛，時潛則潛。既飛且潛，食其不妄形其不可得而制也與？』」陳壽《三國志・蜀書・先主傳》：「許靖……等上言：『……間黃龍見武陽赤水，九日乃去。《孝經・援神契》曰：「德至淵泉，則黃龍見。」龍者，君之象也。《易》乾九五：「飛龍在天」，大王當龍升登帝位也。』」

象傳

飛龍在天，大人造也❶。

注釋

❶大人造也

造字意義，古有多說：陸績、王肅、王夫之都當「至」講；朱熹當「作」講；鄭玄、程頤都當「為」講。造的首步是「到達」；然後「聖人作而萬物覩」，大人們聲應氣求，有一番「作為」。考《漢書・劉向傳》記向上封事云：「故賢人在上位，則引其類而聚之於朝。《易》曰『飛龍在天，大人聚也。』」那麼「造」字，或作「聚」字。而《易》所謂「大人」也就不僅為一人了。此可作熊十力以「大人」為「能成革命大業之群眾」說之一助。《讀經示要》云：「詳此之言大人，實指能成革命大業之群眾而言。《易》與《春秋》相表裏。《春秋》離據亂，進升平，又由升平而進太平。非群眾皆成大人，何得革據亂之汙習，致太平之盛治乎？利見大人者，人皆大人，互相利見也。若群眾共戴一人為大人，則群品汙下可知。斯乃最不利見者，而九五之盛，固如此乎？」

語譯

飛龍翱翔在天空，象徵聖人到達了至尊的地位，成為最高領導者，興起一番作為啊！

附錄古義

班固《漢書・劉向傳》：「向上封事云：『故賢人在上位，則引其類而聚之於朝；《易》曰：「飛龍在天，大人聚也。」在下位則思與其類俱進；《易》曰：「拔茅茹以其彙，征吉。」在上則引其類，在下則推其類，故湯用伊尹，不仁者遠而眾賢至，類相致也。』」

文言傳

九五曰：「飛龍在天，利見大人。」何謂也？子曰：「同聲相應，同氣相求❶。水流濕，火就燥，雲從龍，風從虎❷。聖人作而萬物覩❸。本乎天者親上，本乎地者親下❹。則各從其類也❺。」

飛龍在天，上治也❻。

飛龍在天，乃位乎天德❼。

夫大人者：與天地合其德；與日月合其明；與四時合其序；與鬼神合其吉凶❽。先天而天弗違；後天而奉天時❾。天且弗違，而況于人乎？況于鬼神乎❿？

注釋

❶同聲相應，同氣相求

這是以自然界聲氣相同的感應，譬方說明九五與九二之大人，相互利見，並且得到民眾擁護的道理。李鼎祚《集解》引張璠曰：「天者，陽也；君者，陽也。雷風者，天之聲；號令者，君之聲。明君與天地相應，合德同化，動靜不違也。」程頤《易傳》：「人之與聖人，類也。五以龍德升尊位，人之類莫不歸仰，況同德乎？上應於下，下從於上，同聲相應，同氣相求也。……乾之二五，則聖人既出，上下相見，共成其事，所利者，見大人也。」都是相當正確的解釋。分析言之，包括三層意思：其一、指自然界的現象。例如：中孚九二爻辭說的「鳴鶴在陰，其子和之」，以及振動頻率相同之物體間的共鳴現象，都為同聲相應；〈彖傳〉說咸卦「二氣感應以相與」，〈說卦傳〉說的「山澤通氣」，以及天欲雨而礎柱潤等自然界對空氣中濕度的反應，都為同氣相求。其二、九五之大人與九二之大人的相應相求、聲氣互通，而結成一體。其三、大人們聲氣感應與自然界聲氣感應之間的統一。關於「同聲相應，同氣相求」，熊十力曾有深入的探討，《讀經示要》云：「子曰：『同聲相應，同氣相求。』云云。故知大人，互以聲氣之同，而相應求。非奉一尊以為大人也。若奉一尊以為大人，則是群品低下，而使權力操之一尊，猶帝制之餘習耳。不得為革命也。真能革命之群眾，必皆為大人也。或問，皆為大人，將人各自雄，而不相從屬。奈何？答曰：一群之內，人各自雄，而不相從屬者，則以人各懷其私故也。人之不能去私而奉公者，以其甘為小人，為鳥獸之歸故也。若群眾皆大人，即皆知去私奉公。易言之，即互以公義相從屬，焉有挾私以自雄之患乎？」錄以供參考。

❷水流濕，火就燥，雲從龍，風從虎

從自然界的現象中舉例以申說上文「同聲相應，同氣相求」的道理；同時作下文「各從其類」

的前提。孔穎達《正義》略云：「水流於地，先就溼處；火焚其薪，先就燥處：此同氣水火皆无識而相感。龍吟則景雲出，虎嘯則谷風生：明有識之物感无識。」

❸聖人作而萬物覩

這是大人與民眾間的聲應氣求。朱熹《本義》：「作，起也；物，猶人也。」孔穎達《正義》略云：「聖人作，則飛龍在天也；萬物覩，則利見大人也。聖人有生養之德，萬物有生養之情，故相感應也。」

❹本乎天者親上，本乎地者親下

孔穎達《周易正義》引莊氏云：「本受氣於天者，是動物含靈之屬。天體運動，含靈之物亦運動，是親附於上也。本受氣於地者，是植物无識之屬。地體凝滯，植物亦不移動，是親附於下也。」《朱子語類》記董銖所錄：「本乎天者親上，凡動物首向上，是親乎上，人類是也；本乎地者親下，凡植物本向下，是親乎下，草木是也。……此本康節說。」古人所說如此。我嘗以「本乎天者」，指天命之性而言，人性向上，遙契天道，是為「親上」；「本乎地者」，指形骸之質而言，體質多欲，終化塵土，是為「親下」。今再思之，此說得過頭，亦不盡然。本乎天者當指九五，其所重視者，天人總體之利益，是親上也；本乎地者當指九二，其所重者，地方基層之利益，是親下也。九五與九二雖互為利見而立場必不同，《論語》所謂「君子和而不同」也。

❺則各從其類也

上應「同聲相應，同氣相求」等句；並作「本乎天者親上，本乎地者親下」的結語。以上為

〈文言傳〉第一次解釋乾九五爻辭。

❻飛龍在天，上治也

上治有兩種解釋。一是：在「上」卦居中得位，為治化行於天下的象徵。朱子《本義》：「居上以治下。」是也。二是：美好的上等的政治。此為〈文言傳〉第二次解釋乾九五爻辭。

❼飛龍在天，乃位乎天德

就天象說，《集解》引何妥以為：「此當七月萬物盛長，天功大成，故云天德。」夏曆七月值處暑、白露之時（約當陽曆八月二十三日至九月二十二日），正是秋收的季節。就人事說，五上為天位，但是只有五能接近人民，居中得位，是得民得位有德之大人。《尚書・召誥》：「其惟王位在德元。」只有有德的大人，才適合居領導的位置。此為〈文言傳〉第三次解釋乾九五爻辭。

❽夫大人者：與天地合其德，與日月合其明，與四時合其序，與鬼神合其吉凶

這是指大人化育之德，與天地無不覆載之德相合；大人觀察之明，與日月無不照臨之明相合；大人施政之序，與四時生長收藏之序相合；大人之賞善懲惡，與鬼神吉凶無私相合。這又是中國人自客觀現象中吸取主體道德教訓的例證之一。《中庸》：「君子之道，本諸身，徵諸庶民，考諸三王而不謬，建諸天地而不悖，質諸鬼神而無疑，百世以俟聖人而不惑。」又說：「仲尼祖述堯舜，憲章文武，上律天時，下襲水土。辟如天地之無不持載，無不覆幬。辟如四時之錯行，日月之代明。」觀念是一致的。《論衡・感虛篇》曾引〈文言傳〉此四句，云：「此言聖人與天地鬼神同德行也。」

❾ **先天而天弗違；後天而奉天時**

在天時尚未開始之前，大人們要稟承上天生生不息的仁德，化育萬物。如：生活教育，預告農時，能源創造等。上天當然不會違背大人之行事。在天時已經發動之後，大人們要體會上天開物成務的用心，因時興功。如：使民以時，產品加工，能源利用等。人事也必須遵守自然的法則。總之：大人之德，與天道相契，所以如此。《孟子‧梁惠王篇》倡「不違農時」、「數罟不入洿池」、「斧斤以時入山林」，並舉齊郊牛山為例，〈告子篇〉云：「牛山之木嘗美矣；以其郊於大國也，斧斤伐之，……牛羊又從而牧之，是以若彼濯濯也。」又〈離婁篇〉將開荒墾地之罪與善戰者、連諸侯者相次。如此等等，亦有尊重自然生態法則之意。至於所言：「盡其心者，知其性也；知其性，則知天矣！」此所以能先天而天弗違；「存其心，養其性，所以事天也。」此所以能後天而奉天時。併述於此。又郭忠孝《中庸解》云：「嘗讀《易》至乾之九五曰：『飛龍在天。』孔子曰：『天地合其德；日月合其明；四時合其序；鬼神合其吉凶。先天而天弗違；後天而奉天時。』蓋言誠者事也。九二曰：『見龍在田。』子曰：『學以聚之；明以辯之；寬以居之；仁以行之。』蓋言誠之者之事也。」考《中庸》云：「誠者，天之道也；誠之者，人之道也。誠者，不勉而中，不思而得，從容中道，聖人也；誠之者，擇善而固執之者也，博學之，審問之，慎思之，明辨之，篤行之。……自誠明，謂之性；自明誠，謂之教。誠則明矣；明則誠矣。」與〈文言傳〉之釋九五、九二，確可比較。

❿ **天且弗違，而況于人乎？況于鬼神乎**

天生萬物，人為萬物之一，所以人次於天；鬼神，為人類觀念之產物，所以又次於人。熊十力《讀經示要》：「鬼神者，人情之所敬畏，以為冥中有是物也，其實無有也。鬼神生於人之心，人莫違也，而況鬼神乎？」以上為〈文言傳〉第四次解釋乾九五爻辭。

語譯

九五爻辭所說的：「飛龍在天，利見大人。」是什麼意思呢？孔子說：「聲音類同，會互相應和；氣質近似，會彼此感通。水流向潮濕的地方；火先燒乾燥的物品。雲隨著龍；風跟著虎。聖人興起，於是萬民都瞻仰著。受命於天的全國性的領導者，重視自然與人類總體的利益；基層推舉的地方領袖，重視地方民眾的福祉。表明了各種人物都追隨本身性質和立場而行事啊！」

飛龍翱翔在天上，是聖人在上，政治美好的象徵啊！

飛龍翱翔在天上，表示天候已到了收穫的季節，也象徵偉大的人們，稟受上天大公無私的美德，居於領導的地位啊！

那夠資格稱為「大人」的人，跟天地共有化育萬物的品德；跟日月共有普照天下的光明；跟四時共有生長收藏的秩序；跟鬼神共有福善禍惡的賞罰。大人行事，有些在天時啟動之前，由於默契天道，所以上天也不會違背；有些在天時運作之後，由於尊重天道，所以奉行適合天時的措施。連上天都不能違背大人的行事；何況人呢？何況鬼神呢？

附錄古義

裴松之《三國志・蜀書・許靖傳注・引魏略》：「王朗與靖書曰：『自與子別，若沒而復浮，若絕而復連者數矣，而今而後，居升平之京師，攀附於飛龍之聖主；儕輩略盡，幸得與足下並為遺種之叟，而相去數千里。……自天子在東宮，及即位之後，……每敘足下，以為謀首，豈其注意乃復過於前世？《書》曰「人惟求舊」，《易》稱「同聲相應，同氣相求」，劉將軍之與大魏，兼而兩之。」

班固《漢書・五行志》：「《易》曰：『雲從龍』；又曰：『龍蛇之蟄，以存身也。』陰氣動，故有龍蛇之孽。」

王充《論衡・龍虛篇》：「雲龍同類，感氣相致，故《易》曰：『雲從龍，風從虎。』」又〈亂龍篇〉：「董仲舒申《春秋》之雩，設土龍以招雨，其意以雲龍相致。《易》曰：『雲從龍，風從虎。』以類求之，故設土龍。陰陽從類，雲雨自至。儒者或問曰：『夫《易》言「雲從龍」者，謂真龍也，豈謂土哉？楚葉公好龍，牆壁槃盂皆畫龍。必以象類為若真，是則葉公之國常有雨也。《易》又曰「風從虎」，謂虎嘯而谷風至也。風之與虎，亦同氣類。設為土虎置之谷中，風能至乎？』」

《漢書・五行志》：「夫大人者，與天地合其德，與日月合其明，故聖王在上，總命群賢，以亮天功，則日之光明，五色備具，燭燿亡主，有主則為異，應行而變也。色不虛改，形不虛毀。觀日之五變，足以監矣。故曰：『縣象著明，莫大乎日月。』此之謂也。」

《續漢書・祭祀志上注・引東觀書》：「杜林上疏議郊祀云：『臣聞營河雒以為民，刻肌膚以為刑，封疆畫界以建諸侯，井田什一以供國用，三代之所同。及至漢興，因時宜，趨世務，省煩苛，取實事，不苟貪高亢之論。是以去土中之京師，就關內之遠都，除肉刑之重律，用髡鉗之輕法；郡縣不置世祿之家，農人三十而取一，政卑易行，禮簡易從。民無愚智，思仰漢德，樂承漢紀。基業特起，不因緣堯。堯遠於漢，民不曉信，言提其耳，終不悅諭。后稷近於周，民戶知之，世據以興，基由其祚，本與漢異。郊祀高帝，誠從民望，得萬國之歡心，天下福應，莫大於此。民奉種祀，且猶世主不失先俗，群臣僉薦鯀，考績不成，九載乃登。宗廟至重，眾心難違，不可卒改。《詩》云：「不愆不忘，率由舊章。」明當尊用祖宗之故文章也。宜如舊制以解天下之惑，合於《易》之所謂「先天而天弗違，後天而奉天時」義。」

《論衡・初稟篇》：「『天乃大命文王』，眷顧之義，實天不命也。何以驗之？『夫大人與天地合其德，與日月合其明，與四時合其敘，與鬼神合其吉凶，先天而天不違，後天而奉天時。』如必須天有命，乃以從事，安得先天而後天乎？以其不待天命，直以心發，故有先天後天之勤；言合天時，故有不違奉天之文。《論語》曰：『大哉！堯之為君，唯天為大，唯堯則之。』王者則天，不違奉天之義也。推自然之性，與天合同，是則所謂『大命文王』也。」

又《感虛篇》：「《易》曰：『大人與天地合其德，與日月合其明，與四時合其敘，與鬼神合其吉凶。』此言聖人與天地鬼神同德行也。」

又〈寒溫篇〉：「『夫大人與天地合德，先天而天不違，後天而奉天時』。〈洪範〉曰：『急恆寒若，舒恆燠若。』如〈洪範〉之言，天氣隨人易徙，當『先天而天不違』耳，何故復言『後天而奉天時』乎？『後』者，天已寒溫於前，而人賞罰於後也。」

又〈自然篇〉：「堯則天而行，不作功邀名，無為之化自成；故曰：『蕩蕩乎！民無能名焉。』年五十者擊壤於塗，不能知堯之德；蓋自然之化也。《易》曰：『大人與天地合其德。』黃帝堯舜，大人也；其德與天地合，故知無為也。」

崔駰〈章帝謚議〉：「臣聞號者功之表，謚者行之跡；據德錄功，各當其實。《孝經》曰：『天地明察，神明章矣。』《唐書》數堯之德曰：『平章百姓』，言天之常德也。《詩》曰：『雕琢其章，金玉其相，亹亹文王，綱紀四方』；又曰：『倬彼雲漢，為章于天。』喻文王聖德有金玉之質，猶雲漢之天也。舉表析義，四方附矣。《易》曰：『先天而天不違，後天而奉天時。』臣愚以為宜上尊號曰『章』。」

陳壽《三國志・蜀書・先主傳》：「劉豹等上言：『臣聞先王「先天而天不違，後天而奉天時」，故應際而生，與神合契。』」

杜佑《通典・七十二・引桓階請崇始祖奏》：「臣聞尊祖敬宗，古之大義。故六代之君，未嘗不追崇始祖，顯彰所出。先王應期撥亂，啟魏大業。然禰廟未有異號，非崇孝敬示無窮之義也。太尉公侯宜有尊號，所以表功崇德，發事顯名者也。故《易》言乾坤皆曰大德，言大人與天地合。」

上九爻辭

上九❶：亢龍❷，有悔❸。

注釋

❶上九

爻名，數也。六爻之卦最上面的一個位置是陽爻「九」。上為卦位之終，所以先言「上」而後言陰陽之數「九」。占筮之結果，初、二、三、四、五皆為少陽七，獨上爻為老陽九；或初、二、三、四、五皆為老陰六，獨上爻為少陽七：這兩種情形，都以乾上九爻辭占。就整個六畫之乾卦而言，上居全卦最高處，已至窮途末路；就三畫的上卦而言，四不及，五居中，上爻又是過頭了；就天、地、人三才言，五及人而得位，上不及人而失位。所以在乾六爻中，此爻最多警惕之辭。

❷亢龍

此是乾上九的「象」。亢，本來是像人的頸喉。帛書作「抗」，是假借字。《詩經・邶風・燕燕于飛》：「頡之頏之。」段玉裁《說文解字》引此，並認為：「飛而下曰頡；飛而上曰頏。……頏即亢字，亢之引申為高也。」所以亢的引申義是飛到上面高空去。《史記・蔡澤列傳》：「《易》

曰：『亢龍有悔。』此言上而不能下，信而不能詘，往而不能自返者也。」亢龍，正是一條飛到上面下不來，只能伸而不能曲，只去不回的龍。我們在前面不只一次地說過，乾代表生生不息的仁德，具有剛健、運動、變化的功能。何以至於「亢」？關於此一論題，熊十力《讀經示要》以為：「天道之行，無所謂亢，更無所謂悔。亢而有悔者，就物言之也。」又云：「夫物秉天道以生。物既生，而天道固在物也。然物生，即囿於成型，而天道隱。隱者，謂物日益成為滯礙之物，天道乃被錮也。物盛而至其極，則成型益固。天道將不得流行，而物失其性矣。物失其性，則未有能生者也，不歸於滅盡不得也。物盛而極，將違失天道。是物之窮也。故以亢龍象之。」人老了，血管硬化，腦細胞逐漸壞死，以至於糊塗了。正是熊氏所謂「物盛而極將違失天道」的例證。尤有甚者，過分追求完美，亦是一病，此即醫學上所謂「完美性人格障礙症」。《中庸》強調不偏不倚無過不及的平常道理，卻也感慨「中庸不可能也」。東方朔〈答客難〉：「水至清則無魚；人至察則無徒。」都是對這種生命困境的認知。

❸有悔

此是乾上九的「占」。悔是《周易》常用語。〈上繫〉第三章：「悔吝者，言乎其小疵也。」鄭玄因此以悔為小疵。人之有小疵，幾乎是不可避免的，悔而能改，也就不會有災禍了。所以〈上繫〉又說：「震无咎者存乎悔。」要是執迷不悟，居高而驕，那麼後悔也就來不及了。讀《周易》「亢龍有悔」，宜留意「悔」字，不可因「亢」而自暴自棄。

語譯

六爻的乾卦最上面的一爻是陽爻九。它像一條上飛不下，能伸不曲，只去不回的龍。啟示我們居高不驕，時時反省悔改；否則後悔就來不及了。

附錄古義

《左傳・昭公二十九年》見初九條。

賈誼《新書・容經篇》見初九條。

《淮南子・繆稱篇》：「同言而民信，信在言前也；同令而民化，誠在令外也。聖人在上，民遷而化，情以先之也；動於上不應於下者，情與令殊也。故《易》曰：『亢龍有悔。』」高誘《注》：「仁君動極在上，故有悔也。」

司馬遷《史記・蔡澤列傳》：「《易》曰：『亢龍有悔。』此言上而不能下，信而不能詘，往而不能自返者也。」

范曄《後漢書・陰興傳》：「帝後召興，欲封之，置印綬於前。興固讓曰：『臣未有先登陷陣之功；而一家數人，並蒙爵土，令天下觖望，誠為盈溢。臣蒙陛下貴人恩澤至厚，富貴已極，不可復加，至誠不願。』帝嘉興之讓，不奪其志。貴人問其故。興曰：『貴人不讀書記邪？亢龍有悔。』」

象傳

亢龍有悔，盈不可久也❶。

注釋

❶盈不可久也

《周易》有兩個重要的基本觀點：一是「中」，不要「不及」，尤其反對「過」。所以謙〈彖傳〉云：「天道虧盈而益謙；地道變盈而流謙；鬼神害盈而福謙；人道惡盈而好謙。」另一是「循環」，所以〈序卦傳〉云：「泰者，通也；物不可以終通，故受之以否。」「剝窮上反下，故受之以復。」基於上述兩個基本觀點，所以有大道循環，物極必反，居上必下，過滿則溢的說法。乾上九已到達乾卦的頂點，自然盈不可久了。以天象來證明：日中而昃；月盈而虧；寒去暑來；暑往寒至；是宇宙間的盈不可久。以人事來證明：樂極生悲；苦盡甘來；禍兮福所倚；福兮禍所伏；是人世間的盈不可久。必須強調的是，盈不可久也有其正面價值。記得第一次世界大戰之後，華盛頓軍備會議中商定英、美、日三海軍大國戰艦數量為五、五、三之比。第二次世界大戰之後，美、蘇也曾展開限核談判。如果人類真發明了長生不老之術，我想，世上各國要協商的將是各國人口的限額。這代表生兒育女的禁絕，生生不息的終止。所以只有個人生命的盈不可久，才能換來人類生命的進化綿延。蘇軾〈赤壁賦〉：「蓋將自其變者而觀之，則天地曾不能以一瞬；自其不變者而觀之，則物與我皆無盡也。」真是通達者之言。

語譯

一條上飛不下，能伸不曲，只去不回的龍，所以必須悔改，否則必生悔恨，是因為大道循環，居中為吉，過盈不久的道理啊！

文言傳

上九曰：「亢龍有悔。」何謂也？子曰：「貴而无位❶，高而无民❷，賢人在下位而无輔❸，是以動而有悔也❹。」

亢龍有悔，窮之災也❺。

亢龍有悔，與時偕極❻。

亢之為言也，知進而不知退，知存而不知亡，知得而不知喪❼。其唯聖人乎！知進退存亡而不失其正者，其唯聖人乎❽！

注釋

❶貴而无位

在上故貴。但上是陰位，而九居之。居陰失正，所以說无位。无位就是居非其位，也就是失位。李鼎祚《集解》引荀爽曰：「在上故貴；失位故无位。」王弼《周易略例・辯位》：「案〈象〉无初上得位失位之文；又〈繫辭〉但論三、五、二、四同功異位，亦不及初、上，何乎？唯乾上九文言云：『貴而无位』；需上六云：『雖不當位』，若以上為陰位邪，則需上六不得云『不當位』也；若以上為陽位邪，則乾上九不得云『貴而无位』也。陰陽處之，皆云非位；而初亦不說當位失位也。然則初上者，是事之終始，无陰陽定位也。故乾初謂之潛，過五謂之无位；未有處其位而云潛，上有位而云无者也。歷觀眾卦。盡亦如之，初上无陰陽定位亦以明矣」。孔氏《正義》：「『子曰：貴而无位』者，以上非九位而九居之，是无位也。」伊川《易傳》於噬嗑初九爻辭下云：「初居最下，无位者也；上處尊位之上，過於尊位，亦无位者也。王弼以為无陰陽之位。陰陽繫於奇耦，豈容无也？然諸卦初上不言當位不當位者，蓋初終之義為大。臨之初九則以位為正；若需上六云『不當位』，乾上九云『无位』：爵位之位，非陰陽之位。」眾說紛紜，讀者自思辨之。

❷高而无民

高就是過。上九非中爻，是過高了。因而與三、四爻所代表的人民脫節。王弼《注》：「下无陰也。」孔穎達《正義》更云：「六爻皆无陰，是无民也。」果如王、孔之說，為什麼乾九五不言「无民」呢？可見此言「无民」跟「无陰」沒有關係。關鍵在「高」。《集解》引何妥曰：「既不處九五帝王之位，故无民也。」李道平《纂疏》引《九家易》曰：「若太上皇者也。」都是可作參考的解釋。中國歷史上，皇帝多是終身職。必待「駕崩」，然後新皇帝登基。很少有太上皇出現。記憶深刻的有兩位太上皇，一是漢高祖劉邦的父親，一是唐太宗李世民的父親李淵。司馬遷《史記》：「未央宮成。高祖大朝諸侯羣臣，置酒未央前殿。高祖奉玉卮，起為太上皇壽，曰：『始大人常以臣無賴，不能治產業，不如仲力。今某之業所就孰與仲多？』殿上羣臣皆呼萬歲，大笑為樂。」太上皇當來有些尷尬。宋歐陽修、宋祁撰《新唐書・高祖本紀》：「武德八年（六二五）。……初，高祖起太原，非其本意，而事出於太宗。及取天下，破宋金剛、王世充、竇建德等，太宗功益高，而高祖屢許以為太子。太子建成懼廢，與齊王元吉謀害太宗，未發。九年六月，太宗以兵入玄武門，殺太子建成及齊王元吉。高祖大驚，乃以太宗為皇太子。八月甲子，即皇帝位于東宮顯德宮。……貞觀元年（九二七）正月乙酉，改元貞觀。……九年五月庚子，太上皇崩。」就更恐怖了。

❸賢人在下位而无輔

賢人，指九三。下位，指位於下卦。无輔，兩陽无應的意思。《集解》引荀爽曰：「謂上應三，三陽德正，故曰賢人，別體在下，故曰在下位；兩陽无應，故无輔。」是以三陽德正為賢人。王弼《注》：「賢人雖在下而當位，不為之助。」也以九三當位而稱賢人。意思其實相同。案：〈文言傳〉在解釋乾九五時說「同聲相應，同氣相求」，是九二、九五聲應氣求；於解釋乾上九卻說「賢人在下位而无輔」，是九三、上九兩陽无應。就爻象而言，不無矛盾。《易》無定象，亦無須深究。

❹**是以動而有悔也**

「是以」二字，承上文「无位」、「无民」、「无輔」而言。以是之故，每有行動，常致悔恨。以上為〈文言傳〉對乾上九爻辭作第一次的解釋。

❺**亢龍有悔，窮之災也**

《易》例凡上爻稱「窮」。熊十力《讀經示要》：「夫天道之行，健而又健，莫可為阻者。物至極盛，而益成滯礙，以違天道，則必為天行之所摧滅。滅故所以生新，以此見天道生生之仁也。物生而有成型，至於盛之極，而益為成型所限，將無以繼天，此其所以窮也。推而言之，凡人事之處滿居盈，而有違於天道生生之仁者，皆天之所不佑。而其窮以至究也，無可倖而免矣。亢龍之象，其寄意深遠哉！」此為〈文言傳〉第二次解釋乾上九爻辭。

❻**亢龍有悔，與時偕極**

《集解》引何妥曰：「此當九月，陽氣大衰，向將極盡，故云偕極也。」純由天時立論。夏曆九月，值霜降、立冬之時（約當陽曆十月二十三日至十一月二十一日）。此為〈文言傳〉第三次解釋乾上九爻辭。案：〈文言傳〉第三次解釋乾各爻，上下卦之間有密切關係。宋儒林栗著《周易經傳集解》，指出：「此節言上下卦應。初四為始，初潛藏，四乃革矣，革潛為躍也；二五為中，二文明，五乃天德矣，言德稱其位也；三上為終，三與時偕行，上偕極矣。」朱震《漢上易傳》則專就三、上作比較，亦言：「上，極也。消息盈虛，與時偕行則无悔；偕極則窮，故有悔也。」

❼知進而不知退，知存而不知亡，知得而不知喪

船山《易內傳》：「進退，以行言；存亡得喪，以遇言。保其固有曰存；本所無有曰亡；得所未有曰得；失其所有曰喪。」舉例來說：《論語・述而篇》所說的「暴虎馮河，死而無悔」，可說知進而不知退。《戰國策》記「馮諼市義」，則因孟嘗君知存而不知亡。《穀梁傳・僖公二年》所敘虞國「受幣借道」，可說是知得而不知喪。

❽其唯聖人乎！知進退存亡而不失其正者，其唯聖人乎

此處言「進退存亡」而「得喪」自在其中。而最重要的是提出一個「正」字，表明進退存亡得喪都必須有一個基本不可失的原則在，絕非見風轉舵，隨俗浮沉的意思。《孟子・萬章下》記載著：伯夷「治則進亂則退」，為「聖之清者」；伊尹「治亦進亂亦進」，為「聖之任者」；柳下惠「進不隱賢，遺佚而不怨」，為「聖之和者」；孔子「可以處而處，可以仕而仕」，為「聖之時者」。四人對於進退，或採清高態度，或採負責態度，或採合作態度，或集其大成：容或小異；但都不失原則，都可稱為聖人。正好可作此處聖人知進退存亡得喪的例子。朱子《本義》：「知其理勢如是，而處之以道，則不至於有悔矣！固非計私以避害者也。再言『其唯聖人乎』，始若設問，而卒自應之也。」以上為〈文言傳〉第四次解釋乾上九爻辭。

語譯

上九爻辭所說的：「亢龍有悔。」是什麼意思呢？孔子說：「尊貴卻沒有地位實權；崇高卻沒有民眾支持；正直能幹的人處在下層社會而不願出來輔佐。因為這三種原因，每有舉動，常生悔恨啊！」

上飛不下的龍，所以會悔恨，是因為遭到窮途末路的災難啊！

上飛不下的龍，所以會悔恨，是因為時勢已經發展到極限啊！

「亢」這個字的意思是說：知道前進，不知道後退；知道自己固有的，不知道自己沒有的；知道自己得到的，不知道自己失去的。一定只有聖人吧！知道進退、有無、得失的道理而能夠作最正確處理的人，一定只有聖人吧！

附錄古義

班固《漢書・五行志》：「傳曰：『皇之不極，是謂不建。……厥極弱。……』……皇，君也；極，中；建，立也。人君貌言視聽思心五事皆失，不得其中，則不能立萬事。……上失中，則下強盛而蔽君明也。《易》曰：『亢龍有悔。貴而亡位，高而亡民，賢人在下位而亡輔。』如此，則君有南面之尊，而亡一人之助，故其極弱也。」

陳壽《三國志・蜀書・譙周傳》：「景耀六年冬，魏大將鄧艾克江山，長驅而前。而蜀本謂敵不便至，不作城守調度。及聞艾已入陰平，百姓擾擾，皆迸山野，不可禁制。後主使群臣會議，計無所出。或以為蜀之與吳，本為和國，宜可奔吳；或以為南中七郡，阻險斗絕，易以自守，宜可奔南。惟周以為：自古以來，無寄他國為天子者。……願陛下早為之圖，可獲爵土。若遂適南，勢窮乃服，其禍必深。《易》

曰：『亢之為言，知得而不知喪；知存而不知亡；知得失存亡而不失其正者，其惟聖人乎！』言聖人知命而不苟必也。故堯舜以子不善，知天有授，而求授人。子雖不肖，禍尚未萌，而迎授與人，況禍已至乎？」

繫辭傳

亢龍有悔。子曰：「貴而无位，高而无民，賢人在下位而无輔，是以動而有悔也❶。」

注釋

❶在朱熹《本義》，此數句屬〈繫辭傳〉上篇第八章。全章說明卦象中有六爻之變化，並舉中孚九二、同人九五、大過初六、謙九三、乾上九、節初九、解六三、大有上九，共八爻爻辭，說明大義。此條文字與〈文言傳〉雷同，故不贅注。

語譯

（請閱上條〈文言傳〉之「語譯」。）

用九用辭

用九❶：見群龍，无首❷，吉❸。

注釋

❶用九

用辭名，數也。用，帛書作「迵」。《說文》：「迵，迵迭也。迭，更迭也。」是更迭輪換的意思。假借為「通」。今本〈繫辭傳〉「通變之謂事」、「變通配四時」、「往來不窮謂之通」、「變通莫大乎四時」、「變而通之以盡利」、「通則久」之通，帛書皆作「迵」。又假借為同，〈繫辭傳〉二「而觀其會通」，二通字帛書皆作「同」。通，有全部、整個之義。《孟子・離婁下》「匡章，通國皆稱不孝焉」之通即其例證。迵九，是乾卦六爻全部同為老陽「九」，行將輪流更替，變為六個少陰而成坤卦的意思。迵殆兼迵、通、同三字之義。今本作「用」，似不如作「迵」為妥。古注唯《集解》所引劉巘曰：「總六爻純九之義，故曰用九也。」最符原意。在《周易》六十四卦中，只有乾卦於六爻爻辭後另有「用九」；坤卦於六爻爻辭後另有「用六」。這是因為乾六爻純陽皆九、坤六爻純陰皆六，六十四卦三百八十四爻，非陽即陰，皆淵源於乾九坤六的緣故。朱子《本義》：「用九，言凡筮得陽爻者，皆用九而不用七。蓋諸卦百九十二陽爻之通例也。

以此卦純陽而居首，故於此發之。」就有這種意思。熊十力更在《讀經示要》中闡發其義旨云：「竊意乾坤二卦，所以有用九用六之文者，蓋乾坤實非可分析為二片。言乾，而坤在其中也；言坤，而乾在其中也。今乾卦六爻皆陽，則於乾坤大備之全作用中，而特舉乾以言，故曰用九；坤卦六爻皆陰，則亦於乾坤大備之全作用中，而特舉坤以言，故曰用六。故用九用六云者，明乾坤皆用也。其體則太極也。太極本寂然無形，而其顯為大用，則有乾坤二方面可言。余《新論》之言翕闢，實與《大易》互相發明，學者詳之可也。六十二卦，皆本乾坤，故更無用九用六之文。」頗有特識。在筮法上，如乾六爻皆為七，乾質不變，以乾卦辭占；如皆為九，由乾變坤，則以用九占。坤六爻若皆為八，坤質不變，以坤卦辭占；如皆為六，由坤變乾，則以用六占。試以《左傳》所載《周易》筮法為例以說明。〈昭公二十九年傳〉：「《周易》有之：在乾䷀之姤䷫，曰：『潛龍勿用。』其同人䷌曰：『見龍在田。』其大有䷍曰：『飛龍在天。』其夬䷪曰：『亢龍有悔。』其坤䷁曰：『見群龍无首吉。』坤之剝䷖曰：『龍戰于野。』若不朝夕見，誰能物之？」乾之姤，初爻變，便以乾初九占；乾之同人，二爻變，便以乾九二占；乾之大有，五爻變，便以乾九五占，乾之夬，上爻變，便以乾上九占；乾之坤，六爻皆變，便以「用九」占。朱熹《周易本義》卷首嘗載〈筮儀〉，又《易學啟蒙》嘗從《左傳》、《國語》所記歸納出《周易》筮法，作〈考變占第四〉，並列圖以明之，茲附錄於本書之末，以供好事者參考。

❷見群龍，无首

此是用九的「象」。乾六爻皆龍，或潛、或見、或惕、或慮、或飛、或悔，都出現了。无首，一方面是對「見群龍」現象的描繪；另一方面，也是所以「吉」的原因。因此在句讀與義理上，都十分值得琢磨。先說句讀。劉向《說苑》嘗引「《易》曰无首吉」，《周易集解》引宋衷亦有「故曰无首吉」，王《注》、孔《疏》、程《傳》也都以「无首吉」斷句。唯朱熹《本義》曰：「蓋六陽皆變，剛而能柔，吉之道也；故為『群龍无首』之象，而其占為如是則『吉』也。」為兼顧這二種不同句讀，今斷其句為：「見群龍，无首，吉。」在義理方面，劉向、宋衷所說，其實與王、孔、程、朱頗多相異。《說苑・至公篇》說：「《易》曰：『无首吉』，此蓋人君之公也。」是對人而言，指一本至公，無所偏私。宋衷曰：「用九，六爻皆九，故曰見群龍。純陽，則天德也；萬物之始，莫能先之，不可為首。先之者凶，隨之者吉。故曰无首吉。」天德，猶今所言自然法則。宋衷蓋以「无首」為不可逾越自然法則義。熊十力解釋此句，上承劉、宋，而更有創發，最能由古典中發現新義，《讀經示要》云：「見群龍无首者，於大用流行，而特舉乾之方面以言，則見眾陽俱為君長，更無有超越眾陽而為首出之上神者，故以群龍无首象之。」又云：「非獨不承認有超越萬有之上神，即亦不可離現象而覓本體，乃即於一切現象而識本體。故為群龍無首之象。」又云：「復次以治化言，則人道底於至治之休。其時人各自治，而亦互相為理也；人各自尊，而亦互不相慢也；人各自主，而亦互相聯繫也；人各獨立，而亦互相增上也；人皆平等，而實互敦倫序也。全人類和諧若一體，無有逞野志，挾強權，以劫制眾庶者。此亦群龍無首之象。《春秋》太平，〈禮運〉大同，皆自乾元之義，推演而出。」熊氏由「无首」導出「本體不離現象」、「平等」等義，灼見卓識，已青出於藍，非劉、宋所能局限。至於王弼《注》云：「夫以剛健而居人之首，則物之所不與也。故乾吉在无首。」孔《疏》依之。程《傳》

云：「无為首則吉也；以剛為天下先，凶之道也。」《本義》亦云：「言陽剛不可為物先。」王夫之對此極表反感，《周易內傳》云：「王弼附老氏不敢為天下先之說，謂无首為藏頭縮項之術。則是孤龍而喪其元也。《本義》因之，所不敢從。」又於謙卦辭下亦云：「君子……念道之無窮，而知能之有限，……則匹夫匹婦勝予是懼，而不忍以驕亢傷之。……如老聃之教，……以其至柔馳騁天下之至剛，己愈退則物愈進。待其進之已盈，為物情之所不容，然後起而撲之，無能出其網羅者，以為妙道之術。」換句話說：儒家之說「无首」與「謙」，是對個人知能的局限有所認識，因而不敢驕亢；而道家之說「不敢為天下先」，則是一種手段，目的在「故能成器長」。船山於此最能辨其毫釐。我個人對劉向、宋衷、王船山、熊十力之說，較能認同。

❸吉

此是用九的「占」。吉，為《周易》常用語。根據〈上繫〉：「吉凶者，言乎其失得也。」我們可以認為有「得」為「吉」；有「失」為「凶」。當然，所謂失、得，不限於物質方面，也不限於個人；要注意人類福祉的增進，此為大得；自然法則的維護，以免大失。案：六爻全變，唯乾以用九占；坤以用六占；其他六十二卦皆以所變之卦（即「之卦」）卦辭占。換句話說，若無用九，乾六爻全變即以坤卦辭占。那麼「用九」與「坤卦辭」異同何在？朱熹《本義》：「《春秋傳》曰：『乾之坤，曰「見群龍无首，吉。」』蓋即純坤卦辭：牝馬之貞，先迷後得，東北喪朋之意。」所言重在兩者之同。《周易折中》引林希元（著有《易經存疑》）曰：「或疑无首之吉，剛而能柔則吉也；牝馬之利，順而能健則利也。剛而能柔，與順而能健者，性體自是不同。而《春秋傳》曰：『乾之坤曰「見群龍，无首，吉。」』何也？曰：乾變之坤，雖為坤之所為；

然本自剛來，與本是坤者不同。坤變之乾，雖為乾之所為；然本自柔來，與本是乾者不同。故乾无首之吉，終不可同於坤牝馬之貞；坤永貞之利，終不可同於乾之元亨。聖人不教人即所變之卦以考其占，而別著自此至彼之象占者，正以其有不可同耳。」所言重在兩者之異。《周易折中》案語云：「乾坤者，天地之大義。乾雖變坤，未可純用坤辭也；坤雖變乾，未可純用乾辭也；故別立用九、用六，以為皆變之占辭。此其說亦善矣！以理揆之，則凡卦雖全變，亦無盡棄本卦而不觀之理，不獨乾坤也。故須合本卦、變卦而占之者近是。」更推廣林希元之意，以為其他六十二卦六爻皆變者，亦須合本卦、之卦兩卦辭比較合參云。

語譯

乾卦六爻全部同為老陽「九」，就像紛紛出現的龍群一樣，誰也不可強居首位，大家都是平等的，必須彼此尊重，和諧互助，才能有美好的收穫。

附錄古義

《左傳・昭公二十九年》見初九條。

劉向《說苑・至公篇》：「《書》曰：『不偏不黨，王道蕩蕩。』言至公也。古有行大公者，帝堯是也。貴為天子，富有天下，得舜而傳之，不私於其子孫也。去天下若遺躧；於天下猶然，況其細於天下乎！非帝堯孰能行之？孔子曰：『巍巍乎！惟天為大，惟堯則之。』《易》曰：『無首吉。』此蓋人君之至公也。」

象傳

用九，天德不可為首也❶。

注釋

❶天德不可為首也

德，得也。〈上繫〉：「一陰一陽之謂道。」在這一陰一陽之道中，天所得到的是陽，所以天德是純陽，也正是用九所用的純陽天德。天德流行，終而復始，因此無法確定終始。以空間來說：宇宙的中心或宇宙的起點，到底是地球？太陽？或銀河？以時間來說：一年的開始，是冬至？是立春？是舊曆正月初一？或新曆元旦？任何一個答案都對，也都不對。這就證明天德流行，終而復始，也就無終無始。所以〈象傳〉用「天德不可為首也」，為〈爻辭〉「群龍无首」進一新解。同時作為「用九」群陽周流六虛的說明。《折中》引明人谷家杰曰：「一歲首春，一月首朔，似有首矣；然春即臘之底，朔即晦之極，渾渾全全，要之莫知所終，引之烏有其始，更無可為首也。用九者，全體天德，循環不已，聖人之御天者，此也。」船山《易內傳》云：「天之德無大不屈、無小不察。周流六虛、肇造萬有，皆其神化。未嘗以一時一物為首，而餘為從，以朔旦冬至為首者，人所據以起算也，以春為首者，就草木之始見端而言也。生殺互用而無端；晦明相循而無間；普物無心運動而不息；何首之有？天无首，人不可據一端以為首。見此而知其不可，則自彊不息，終始一貫，故足以承天之吉。」都點出這番意思。

語譯

乾卦六爻全部同為「九」，代表乾元天德的流行，終而復始，循環不息，無不覆蓋，無不化育，不可執著一時一地一事一物，強以為開始。

文言傳

乾元用九，天下治也❶。

乾元用九，乃見天則❷。

注釋

❶乾元用九，天下治也

乾元，言乾為眾卦之首，具始生之德。已詳乾〈彖傳〉「大哉乾元」注。乾元用九，大公無私，人人平等，互敬互助，盡人盡物，化育齊同，所以天下安定，生機盎然。這是就「用」方面說明乾元用九。〈文言傳〉前已言：「飛龍在天，上治也。」此又言：「乾元用九，天下治也。」

二者之異同，孔穎達有說。《正義》：「九五止是一爻，觀見事狹，但云『上治』；乾元總包六爻，觀見事闊，故云『天下治也』。」可從。

❷乾元用九，乃見天則

天則，即天象法則。如建子十一月，陽氣潛藏；建寅正月，天下文明；建辰三月，終日乾乾，與時偕行；建午五月，乾道乃革；建申七月，位於天德；建戌九月，與時偕極。陰陽消長，寒暑往來，周而復始，無所謂首。正是天象的法則。而人於《周易》乾元用九中，就能「見」此天則而效法它。《論語・泰伯篇》云：「巍巍乎，唯天為大，唯堯則之。」是以天為則的一個例子。這是就「體」方面說明乾元天德。項安世《周易玩辭》嘗較論上九、用九云：「乾辭言用九者四，其義皆難遽通；連亢龍章讀之，則義明矣。知居終之有悔，則知无首之當吉；知盈之不可久，則知首之不可為；知窮之足以致災，則知不窮之足以致治；知極為天時之極，則知變為天則之變矣。」所言甚是。

語譯

乾是六十四卦的一個源頭，當乾六爻同為九的時候，代表天下已是平等成熟的社會，治理得很安定。

乾是六十四卦的一個源頭，當乾六爻同為九的時候，代表宇宙已是穩定運作的時空，其中可以發現自然的法則。

附錄古義

裴松之《三國志・吳書・虞翻傳注・引翻別傳》：「翻奏曰：『孔子曰：「乾元用九而天下治，聖人南面，蓋取諸離。」斯誠天子所宜協陰陽致麟鳳之道矣。』」

坤卦經傳通釋

卦辭

䷁坤下坤上 坤❶：元亨，利牝馬之貞❷。君子有攸往：先，迷；後，得主，利❸。西南得朋，東北喪朋❹。安貞吉❺。

注釋

❶䷁坤下坤上 坤

卦名，數也。坤，六畫之卦名。下卦是三畫的坤，上卦也是三畫的坤。當占筮所得六爻皆少陰「八」，以坤卦辭占。坤，《經典釋文》：「字本作巛。」帛書字正作巛，就是川字。川水順流而下，所以由川孳乳而有順字。川、順、坤，三字疊韻。段玉裁《六書音均表》都列在古音第十三部。〈說卦傳〉：「坤，順也。」為坤字的本義。地之承天，既接受陽光，也接受雨雪；

地之載物，美惡不拒，是十分柔順的。所以〈說卦傳〉又說：「坤為地。」於是地便成為坤最主要的象徵之物。〈繫辭傳上〉：「《易》有太極，是生兩儀。」又說：「天尊地卑，乾坤定矣。」所以坤和乾一樣，淵源於「太極」。太極原只是一個渾淪未判的元氣。就自然方面說，它是模糊的星雲。然後輕而清的氣體上升而為天為乾；重而濁的水物凝聚為地為坤。就人生方面來說，太極本是原始單一的受精卵。隨著生命的成長，於是有男性女性之別。男稟陽剛之氣，為乾；女稟陰柔之質，為坤。而表現於外的，又有受之於天命的「道德我」，為乾；有形之於軀殼的「情欲我」，為坤。天地男女，都基於太極中的陰陽二原理，萬物亦然。《中庸》首章朱熹注：「天以陰陽五行化生萬物，氣以成形，而理亦賦焉。於是人物之生，因各得其所賦之理，以為健順五常之德，所謂性也。」可移此作注腳。〈序卦傳〉：「有天地然後萬物生焉。」所以《周易》以坤卦次於乾卦，成為六十四卦中最前面的兩卦。乾六爻皆陽，坤六爻皆陰，以相對為序。六十四卦中，除乾坤外，頤䷚與大過䷛，坎䷜與離䷝，中孚䷼與小過䷽，也都以陰陽相對為序。

❷元亨，利牝馬之貞

此為坤卦的「占」，且占中攝「牝馬」之象以證「占」。乾具「元亨利貞」四德。坤順乾之健，也具乾之四德。只是於貞，為「牝馬之貞」，有所限制罷了。茲分釋於下。先說「元亨」。元有始義，大義。有天無地，物無以成；有花無粉，果無以結；有父無母，人無以生；有德無情，德無以發揮：所以相對於乾元，坤元具始生、大成之義。亨為亨通。坤在自然方面代表地球。《正義》：「地之為體，亦能始生萬物，各得亨通。故云元亨。」在人事方面，坤代表女性、軀體、情感等等。《集解》引干寶曰：「陰氣之始，婦德之常，故稱元；與乾合德，故稱亨。」

「德」要「行」，而「行」有賴於健康的身體和發而皆中節的情感表現。再說「利牝馬之貞」。馬行地上，最能負重致遠。《集解》引干寶曰：「行天者莫若龍，行地者莫若馬。故乾以龍繇，坤以馬象。」牝馬性情尤其柔順。宋俞琰《周易集說》曾記述：「北地馬群，每十牝隨一牡而行，不入他群；是為牝馬之貞。坤道以陰從陽，其貞如牝之從牡則利，故曰利牝馬之貞。」所以此處用牝馬作為柔順的象徵。貞為固重，含守常不變之意。意義因卦而有小異。如乾為健，則貞為貞健，即守其貞健而不變；坤為順，則貞為貞順，即守其貞順而不變。關於利牝馬之貞，熊十力有極為卓越的新看法。《讀經示要》云：「坤具乾之四德。而於貞，則曰牝馬之貞，頗與乾異。乾以剛固為貞，坤則以柔順而貞。牝馬柔順而健行，故取其象。蓋乾卦以四德顯體，此六十四卦，三百八十四爻之所同具也。而自坤卦以下，凡舉四德，或全或否，則皆就吾人之修為而言。明儒所謂由工夫說到本體，即此意。形不可以役心。心，乾也，陽也；形，坤也，陰也。心不能主乎形，而為形所役，則是坤不順從乾。陰侵陽，此佛氏所呵為顛倒也。故君子存心養心之功，必時時提醒，不使心為形役。如顏子之非禮勿視，非禮勿聽，非禮勿言，非禮勿動，即使形不得役心，坤守順以從乾也。欲不可以違理。違理之欲，邪欲也。邪欲，陰也，屬坤。理，陽德也，乾也。邪欲不守順而違理，人道絕矣。私不可以背公。如帝制與獨裁之治，以獨夫專政柄，而違天下之公道，此惡德也。惡德即陰也，屬坤。少數人剝削群眾利益，與強國兼併弱小，皆以私害公，並是惡德，屬坤可知。凡事之出於公道者，皆陽德，屬乾。以私背公，則陰犯陽。大逆大亂之道也。故知坤道守順，而不可侵乾。則無敢以私背公者。明坤道在順，以從陽而得貞，故以牝馬象之也。君子知此，當不迷於所得矣。」熊氏以心、理、公屬乾；

山《易內傳》，而說明尤較船山詳盡（請參閱下條注釋）。

形、欲、私屬坤。形不得役心；欲不得違理；私不得背公。所以坤以從陽而得貞。此義本於船山《易內傳》，而說明尤較船山詳盡（請參閱下條注釋）。

❸君子有攸往：先，迷；後，得主，利

「君子」以下，至卦辭結束，都是以「有攸往」為例，告占者的「斷占之辭」。攸，所也。迷，失道妄行。《韓非子·解老篇》：「凡失其欲往之路而妄行者，謂之迷。」主，主從之主。此指坤道應從乾道，以乾道為主。利，船山《易內傳》謂：「凡言利者，皆益物而合義之謂，非小人以利為利之謂。」關於坤卦辭此句的句義，根據《集解》引盧氏（景裕，北魏人，著有《周易注》。拙作《魏晉南北朝易學書考佚·北魏盧氏周易注》曾詳加述評。）云：「坤，臣道也，妻道也，後而不先，先則迷失道矣。故曰先迷。陰以陽為主，當後而順之則利，故曰後得主利。」在帝制時代，這種解釋自然是恰當的。程《傳》云：「陰從陽言也，待唱而和。陰而先陽，則為迷錯，居後乃得其常也。……臣道亦然。君令臣行，勞於事者，臣之職也。」仍不出盧氏的範圍。首先把坤卦從「臣妾之道」轉為「義利之辨」的是朱熹。《本義》云：「陽先陰後，陽主義，陰主利。」船山《易內傳》擴大朱子的意見，云：「坤者，攸行之道也。君子之有所往，以陰柔為先，則欲勝理，物喪志而迷。以陰柔為後，得陽剛為主而從之，則合義而利。」於「義利」之外，更拈出欲與理，形與志，對乾坤陰陽的道德哲學有進一步的發揮，從而更符合了孔子以《周易》為寡過之書的觀念。熊十力以心、理、公屬乾；形、欲、私屬坤（參閱上條注釋），實本於船山。熊氏於《讀經示要》又云：「總之，萬惡之源，只是己私。人生只隨順軀殼起念，而不知趣求超越軀殼之靈性生活，便成己私。此須反己察識。若以陰私為先，而障蔽固有之健德，人生便長溺迷惑之深淵，故曰先迷。言以陰私為先，即成迷亂也。反之，而能以小己軀殼之私為後，即陰私被抑，則障蔽不生，而健德常為一身之主，流行無間。故云後得主。得主，即內部生活和諧，無不利。」說理尤為暢達。

❹西南得朋，東北喪朋

朱震《漢上易叢說》引王肅曰：「西南陰類，故得朋；東北陽類，故喪朋。」王弼《注》云：「西南致養之地，與坤同道者也，故曰得朋；東北反西南者也，故曰喪朋。」《集解》引崔憬曰：「西方坤、兌，南方巽、離，二方皆陰，與坤同類。」案〈說卦傳〉之論方位：震東，兌西，離南，坎北，巽東南，乾西北，坤西南，艮東北。〈說卦傳〉之論陰陽：乾為父、震長男、坎中男、艮少男，皆陽類；坤為母、巽長女、離中女、兌少女，皆陰類。綜合二者，西與南為坤巽離兌，皆陰；東與北為乾震坎艮，皆陽。所以坤陰往西南就得到陰柔的朋黨；坤陰往東北就失去陰柔的朋黨。得朋喪朋，利弊如何？這是一個值得思考的問題。留待〈彖傳〉來解答。蹇䷦〈卦辭〉：「利西南，不利東北。」蹇艮下為少男，坎上為中男，利西南以覓妻也。解䷧卦辭「利西南」，解坎下震上，皆男性，亦利西南訪陰。漢儒如馬融以卦氣來解釋；荀爽以消息來解釋；虞翻以納甲來解釋。都嫌穿鑿附會。拙作《魏晉南北朝易學書考佚》一書王肅章曾有詳細的敘述和評論，可供參考，此不贅述。

❺安貞吉

安於貞順則吉。詳細點說：利安於順義，欲安於順理，形安於順志，私安於順公，就能得貞獲吉。王弼《注》云：「陰之為物，必離其黨，之于反類，而後獲安貞吉。」

語譯

六爻的坤是由兩個三爻的坤上下重疊而成。象徵著大地，有柔順的美德。坤與乾合德，始生萬物，使各得亨通。利於具有像母馬追隨公馬負重致遠的貞潔柔順的品德。至柔至順的君子，受到這種現象的啟示。知道如果要到什麼地方去，或者要做什麼事，自己感情用事率先行走就容易迷路；跟隨聖人或公眾後面，得到領路的人，追隨真理，服從正義，這樣才好。如往西南，可以遇到同性的朋友；如往東北，就喪失這些朋友了。無論如何，只要安心地以正義、真理、道德、公眾為依歸，保持貞順正常的美德，總是有所收穫的。

附錄古義

班固《漢書・天文志》：「東北，地事天位也。故《易》曰：『東北喪朋。』」顏師古《注》引孟康曰：「東北陽，日月星辰起於牽牛，故為天位；坤在西南，紐於陽，為地統，故為地事也。」

杜佑《通典・四十四・引秦靜臘用日議》：「《尚書》、《易經》說五行水火金木土王相，衍天地陰陽之義，故《易》曰：『坤為土。』土位西南，黃精之君盛在未，故大魏以未祖。戌者，歲終日窮之辰，不宜以為歲初祖祭之行始也。《易》曰：『坤利西南得朋，東北喪朋。』丑者，土之終，故以丑臘，終而復始，乃終有慶。宜如前以未祖丑臘。」

彖傳

至哉坤元，萬物資生，乃順承天❶。坤厚載物，德合无疆；含弘光大，品物咸亨❷。牝馬地類，行地无疆，柔順利貞❸。君子攸行，先迷失道，後順得常❹。西南得朋，乃與類行；東北喪朋，乃終有慶❺。安貞之吉，應地无疆❻。

注釋

❶至哉坤元，萬物資生，乃順承天

此釋卦辭「元」字。稱坤元，是因為乾坤都是其他六十二卦的源頭，詳已見乾〈彖傳〉注釋。乾〈彖傳〉贊美「大哉乾元」。坤德法乾，至乾之大而後止，所以言「至哉坤元」。贊美坤元至柔至靜，能配合乾德。坤〈文言〉：「坤至柔而動也剛，至靜而德方。」正是此意。乾元，像天上的陽光和雨露，萬物靠著才發始，故云「萬物資始」；坤元，像地面的泥土和水，萬物靠它才產生，故云「萬物資生」。朱子《本義》：「始者氣之始；生者形之始。」船山《易內傳》：「陰非陽無以始，而陽藉陰之材以生。」是十分富啟發性的見解。讀者試與坤卦辭注釋所引熊十力語參看，可發現《易》學思想的演變發展。乾元言「統天」；坤元要「順天」。《讀經示要》云：「萬物資於乾以始者，理也；資於坤以生者，材也。理健而主施；材順而主受。順以承健，譬如地承天施。故曰乃順承天也。世俗共計天以光熱雨露之澤施於地，而地承之。故《易》乃順俗以取象。其意在明萬物之材質，莫不受成於乾，易言之，即莫不受成於理也。」

❷**坤厚載物，德合无疆；含弘光大，品物咸亨**

此釋卦辭「亨」。言地深厚廣大，能藏載萬物。這些萬物，資始於天，資生於地。換句話說，憑藉天道而「始」者，還需憑藉地道而「生」。因此，坤德配合无疆之乾德的重要性，是十分明顯的了。含弘光大四字，表明坤德的狀態。含為包容，言坤於萬物，無所不蓄；弘為寬裕，言坤於萬物，無所不有；光為昭明，言坤於萬物，無不使之顯著；大為博厚，言坤於萬物，無不使之成長。而其結果，使「品物咸亨」。即所有動物、植物、無生之物，都能順著天理地形，而得亨通。

❸**牝馬地類，行地无疆，柔順利貞**

此釋卦辭「利牝馬之貞」。牝馬具柔順負重之性，與地道之至柔至靜無不持載相類。二者均為坤之象徵，所以說「牝馬地類」。天行至健，牝馬以陰柔之質稟順行健的天性，所以能行地无疆。總之，卦辭所謂「利牝馬之貞」，是以牝馬來象徵柔順。唯其柔順，所以稟承天命造福萬物而能利，所以專心一意從陽守正而能貞。案：《正義》以「柔順利貞，君子攸行」屬下句；程朱以「柔順利貞，君子攸行」屬此句。今依文義，並參考船山《易內傳》，定為「柔順利貞」屬此句；「君子攸行」屬下句。

❹君子攸行，先迷失道，後順得常

此釋卦辭「君子有攸往：先，迷；後，得主，利」。《集解》引何妥曰：「陰道惡先，故先致迷失，後順於主，則保其常慶也。」宋儒邱富國《易全解》曰：「坤道主成，成在後。故先乾而動，則迷而失其道；從乾而動，則順而得其常。」熊氏《讀經示要》：「道者，謂事物當然之則也。陰私故迷，迷，故不解事物當然之則不可違，而有失道之咎。後其陰私，即固有剛健之心，不受障蔽，恆炯然為主於中，於是事物之感，雖萬變不常，而中恆有主，即應之以各當其則，而不可亂，故曰得常。」三家觀點雖然稍異，但都能抉發易旨。

❺西南得朋，乃與類行；東北喪朋，乃終有慶

此釋卦辭「西南得朋，東北喪朋」。坤往西南，所以得朋，是因為與巽離兌陰類同行。坤往東北，雖然喪失陰類的朋友，但能會合乾元。天地絪縕，萬物化生；以情從性，天下為公。所以終有可慶幸的事。船山《易內傳》云：「吉自外來曰慶。」

❻安貞之吉，應地无疆

此釋卦辭「安貞吉」。坤以柔順為貞，所以安於貞順，則吉。並且與地道相應而至無疆。《論語・衛靈公》：「子張問行。子曰：『言忠信，行篤敬，雖蠻貊之邦行矣；言不忠信，行不篤敬，雖州里行乎哉！』」《中庸》云：「君子無入而不自得焉。」意並相近。基督教《舊約・詩篇三七章十一節》：「謙卑的人必承受地土，以豐盛的平安為樂。」又《新約・馬太福音五章五節》：「溫柔的人有福了，因為他們必承受地土。」亦可資較論。

語譯

至柔至靜而與乾元同樣偉大的坤啊，是六十四卦另一源頭。萬物由於它才能產生。它順從地承受天道的指導。坤道像大地般的深厚廣大，藏載著萬物。坤德密切的，完全的配合著无疆的乾德。包含了弘揚了萬物，使萬物光輝成長。因而各類物品都能順著天理地形而得亨通。母馬與大地具有類似的德性，承受行健的天性，在無盡的地面上奔馳著。由於它的溫柔和順，所以能從陽守正，造福萬物。君子行路做事，任意領頭妄行，就會迷路失敗；追隨聖人或公眾之後，順從正義與真理，配合理智，才能踏上正常的道路，符合做事的常規。往西南會見了許多朋友，於是就跟同屬陰類的同行；往東北喪失了許多朋友，卻能以陰從陽，終有可以慶幸的事。安於貞順所得的好處，跟地道相應，浩瀚廣大，永無盡期。

附錄古義

班固《漢書・律曆志》：「東北，丑位。《易》曰：『東北喪朋，乃終有慶。』答應之道也。」

象傳

地勢坤❶，君子以厚德載物❷。

注釋

❶地勢坤

以地與天相比較，天的氣象崇高而偉大；地的形勢卑順而深厚。地藏金玉，也不拒糞土。是地勢卑順深厚的例證。《中庸》：「博厚，所以載物也；高明，所以覆物也；悠久，所以成物也。博厚配地，高明配天，悠久無疆。」又云：「今夫天，斯昭昭之多，及其無窮也，日月星辰繫焉，萬物覆焉；今夫地，一撮土之多，及其廣厚，載華嶽而不重，振河海而不洩，萬物藏焉。」言天地之德十分精彩，可以參看。

❷君子以厚德載物

言君子效法地勢卑順的現象，也要憑藉其厚如地的大德，不計大小、輕重、久暫、智愚、貴賤、毀譽，更不可存有性別、年齡、親疏、地域、階級、族群的成見，容載一切事物，並且各順其性，使之發揮功能。孔門所謂「有教無類」、「因材施教」也。厚德所以修己；載物所以待人接物。德不厚則無以載物；未能載物而自謂厚德，吾不知其可也。船山《易內傳》於此注云：

「君子體坤之德，順以受物。合天下之智愚貴賤，皆順其性而成之。不以己之所能責人之不逮。仁禮存心而不憂橫逆之至。物無不載也。六十四卦之變動，皆人生所必有之事，抑人生所必有之幾。特用之不得其宜為惡。故雖乾坤之大德，而以剛健治物，則物之性違；柔順處己，則己之道廢。惟以乾自彊，以坤治人，則內聖外王之道備矣。餘卦之德，皆以此為統宗，所謂易簡而天下之理得矣。」由坤順治人、乾剛自強而論六十四卦之用，深得易簡之理。熊氏《讀經示要》更補充說：「船山所言，雖未及為政，而為政亦不外是。夫受眾庶之推，而持天下之柄者，不憂群志之不孚。而開誠以與天下相見，則順物之性而成之，何不孚之有。不恃己之能，以宰制萬類，而天下皆有其可盡之能。仁以貞天下之志，禮以通天下之情。天下自消其險阻，而游於大同之宇。故厚德載物，易所以立人道之極，定至治之則。由之則吉，失之則凶。近世列強，以殘刻相尚，內劫持其群，而外肆侵略。人相食之禍未已。厚德載物之義，不可以喻諸凶猘。易不可見，而乾坤熄，聖人之憂來世，曷有極哉。」由易理而言政治，可供參考。又：厚德載物的反面，是嫉妒。當別人擁有美德、智慧、榮譽、權勢、財富，而自己認為也應擁有而實未擁有，一般的人常易產生嫉妒，於是費盡心思挖掘甚至捏造別人的不是，來毀壞別人。克制嫉妒的方法，一方面是培養自己的厚德，並盡力克服自己的過錯。另一方面是像《論語》上說的：「君子尊賢而容眾，嘉善而矜不能。」從小培養尊重賢能，欣賞別人的美德，而接納世俗，寬容別人的錯誤。別人某些令你痛恨的行為，也許正是自己想做而不敢做的。《論語・顏淵》記孔子的話說：「君子成人之美，不成人之惡；小人反是。」基督教也要人「原諒別人七十七個七次」，這些都應牢記。

語譯

地勢是卑順深厚的，君子因此也要憑藉其厚如地的大德，容載一切事物，使萬物各順其性而發揮功能。

文言傳

坤至柔而動也剛，至靜而德方❶。後得主而有常，含萬物而化光。坤道其順乎，承天而時行❷。積善之家，必有餘慶；積不善之家，必有餘殃❸。

注釋

❶坤至柔而動也剛，至靜而德方

此釋卦辭「元亨，利牝馬之貞」。坤本質是柔順的。但當其接受乾道而行動，亦有其剛強的一面，所以〈說卦傳〉云：「立地之道曰柔與剛。」以女性為例：「女性弱者」，似乎是至柔的；但「為母則強」，也有其剛強的一面。再以牝馬為例：本身是「至柔」的，當其承受天行健的乾道，亦能「行地无疆」，便「而動也剛」了。坤本質除柔順之外，而且是寂靜的。當其承乾施德，行為亦有一定的原則，那就是與乾合德，體現其廣生萬物的功能。〈繫辭傳上〉：「夫坤，其靜也翕，其動也闢，是以廣生焉。」正是此意。

❷**後得主而有常，含萬物而化光。坤道其順乎，承天而時行**

此釋卦辭「君子有攸往：先，迷；後，得主，利」。後得主而有常，即〈彖傳〉「後順得常」的意思；含萬物而化光，即〈彖傳〉「含弘光大」的意思。化為化育，光為光輝發越。坤道其順乎的「其」字，猶「必」也，即「一定是」的意思，「承天」即卦辭「得主」意；「時行」為依四時而行生長收藏之事。

❸**積善之家，必有餘慶；積不善之，家必有餘殃**

前人都以為這幾句是解釋初六爻辭的，茲依文義及叶韻定為釋卦辭「西南得朋，東北喪朋。安貞吉」。積善之家必有餘慶，釋「東北喪朋」，即〈彖傳〉「東北喪朋，乃終有慶」的意思。積不善之家必有餘殃，釋「西南得朋」，即〈彖傳〉「西南得朋，乃與類行」的意思。在坤卦辭、〈彖傳〉的注釋，我已屢引王船山、熊十力的意見，說明：就個人方面，意志為陽；軀體為陰。從而指出源於意志之理智亦為陽；源於軀體的欲望亦為陰。就社會方面，大眾為陽；小我為陰。從而指出源於大眾之公益亦為陽；源於小我之私利亦為陰。推而廣之：天為陽，地為陰；精神為陽，物質為陰；形上為陽，形下為陰。陰陽是相輔相成的，原不可定其善惡。無軀體，則意志無法實現；公益原為小我私利的普遍。但是當陰陽相合之際，仍有一個主從的分別：欲望要服從理智的指導；私利不可違反公眾的利益。就這個觀點看坤卦：坤陰往西南，會合群陰，雖一時得朋，卻有結黨營私，拋棄真理，為了私欲的滿足，相與為惡之嫌。所以積其邪行，終必遺後禍。若往東北，會合群陽，服從群陽的領導，雖一時喪朋，然去欲從理，去私從公，正義伸張。所以積其善行，終必有餘慶。〈文言傳〉此節，剛、方、常、光、行、慶、殃叶韻。段玉裁皆歸之於古音第十部。

語譯

坤的本質雖然十分柔順，可是行動卻很剛健；稟性雖然十分嫻靜，可是行為卻有一定原則。追隨聖人或公眾之後，順從正義與真理，於是踏上正常的道路，符合做事的常規。含藏培植著萬物，並且使它們成長而呈現光輝。坤道一定就是「順」吧！稟承天命而依時從事生長收藏的任務。陰柔的坤必須培養公正、光明、善良的德性。這樣的人家，最後一定有充裕的福慶；如果累積自私、卑汙、邪惡的行為，這樣的人家，最後一定會遺留下災殃。

附錄古義

荀悅《漢紀・平帝紀》：「莽詔曰：『地者有動有震。震者為害，動者不害。故《易》稱曰：「坤動而靜。」辟脅萬物，萬物生焉。』」

范曄《後漢書・楊震傳論》：「孔子稱：『危而不持，顛而不扶，則將焉用彼相矣！』誠以負荷之寄，不可以虛冒；崇高之位，憂重責深也。延光之間，震為上相，抗直方以臨權枉，先公道而後身名，可謂懷王臣之節，識所任之體矣。遂累葉載德，繼踵宰相。信哉！『積善之家，必有餘慶。』先世韋平，方之蔑矣！」

繫辭傳上

廣大變通章

夫《易》廣矣大矣❶：以言乎遠則不禦；以言乎邇則靜而正❷；以言乎天地之間則備矣❸。夫乾，其靜也專，其動也直，是以大生焉❹；夫坤，其靜也翕，其動也闢，是以廣生焉❺。廣大配天地；變通配四時；陰陽之義配日月；易簡之善配至德❻。

章旨

本段在孔穎達《正義》被列為〈繫辭傳〉上篇第五章的一部分。在朱熹《本義》則獨立成第六章。首言易道之廣大，包容遠近，備於天地，而能生生不息。然後將大生歸之於乾；將廣生歸之於坤。最後由天地引出四時與日月，並自博趨約，從廣大中見其易簡之善。

注釋

❶夫《易》廣矣大矣

易，指《周易》一書及其中所說的道理。〈繫辭傳上〉說：「生生之謂易。」〈繫辭傳下〉說：「易者，象也。」所以易指生生不息的功能和各種變易的現象。《周易》由用識體，由象明理，所說的道理正是由這些功能和現象中顯示並歸納出來的。廣矣大矣，是對這種功能和現象的贊歎之辭。孔穎達《正義》：「此贊明易理之大。易之變化，極於四遠，是廣矣；窮於上天，是大矣。故下云『廣大配天地』。」注意到《易》之變化現象的廣大。王夫之《內傳》：「廣者，包括富而暨被遠也；大者，規模弘而發生盛也。」注意到《易》資始資生功能的豐富、深遠、弘大、旺盛。

❷以言乎遠則不禦；以言乎邇則靜而正

遠，指天。禦，止也。不禦，無窮盡之意。邇，近也，指地。《集解》引虞翻曰：「禦，止也，遠謂乾，天高不禦也。邇謂坤，坤至靜而德方，故正也。」最為簡明。此言遠天近地，下條言天地之間，層次分明，條理井然。自韓康伯以「窮幽極深，无所止也」注「遠則不禦」，以「則近而當」注「則靜而正」，不復從虞翻遠天近地之說。孔穎達且以「互文」說遠近。《正義》：「遠尚不禦，近則不禦可知；近既靜正，則遠亦靜正，互文也。」朱熹《本義》：「不禦，言无盡。靜而正，言即物而理存。」皆無視於天、地、天地之間之層次。《周易折中》案云：「遠近是橫說；天地之間是直說。理極於無外，故曰遠；性具於一身，故曰近。」以橫、直說其條理，亦可備一說。

❸以言乎天地之間則備矣

備，完全具備。包括天道、地道、人道，一切生生化育之事及所生所化所育之物。虞翻曰：「謂《易》廣大悉備，有天地人道焉，故稱備也。」朱子《本義》：「備，言无所不有。」王夫之《內傳》：「備者，盡其變蓍之數也。」

❹**夫乾，其靜也專，其動也直，是以大生焉**

靜，靜態時的本質。專，專一；專注，猶〈彖傳〉所說的「純粹精也」。動，動態時的表現。直，剛正強健，直往無前，猶〈彖傳〉所說的「剛健中正」。「大生」之大，承上文「夫《易》廣矣大矣」之大而言；大生，謂易道之大因此而生。〈彖傳〉曾說：「大哉乾元，萬物資始。」專注於萬物資始的使命，並剛正地付諸行動，正是乾元所以偉大的原因。《論語》記載孔子的話說：「天何言哉？四時行焉，百物生焉，天何言哉！」正是對乾陽天道專純剛直這種偉大性能最簡明的寫照。後世注疏家或以大生為大大地生產，使人生的意義越發豐富起來。《集解》引宋衷曰：「乾靜不用事，則清靜專一，含養萬物矣；動而用事，則直道而行，導出萬物矣。一專一直，動靜有時，而物無夭瘁，是以大生也。」指出靜則含養萬物，動則導出萬物。孔穎達《正義》：「乾是純陽，德能普備，无所偏主，唯專一而已。若氣不發動，則靜而專一，故云其靜也專；若其運轉，則四時不忒，寒暑无差，剛而得正，故云其動也直。以其動靜如此，故能大生焉。」所謂「氣不發動」，指陽氣潛藏。至其「運轉」，四時寒暑之外，尤在萬物化育。陽氣或潛或現，循軌運作，則永無停止。王夫之《周易內傳》：「靜者言其體，動其用也。」靜體動用，這就分得更明確了。《內傳》繼云：「生，以化理言之，則萬物之發生；以爻象言之，則六十二卦、三百八十四爻，皆一陰一陽之所生；以德言之，則健於知而大明終始，順於作而行地无疆也。乾坤之生，廣大如此。故《周易》並建以為首，而六十二卦之錯綜以備物化，而天道盡於此也。」重點落在「生」上，分以化理、爻象、德，三者言之，最為周延。「乾坤並建」，是王夫之《易》學的重要主張。

❺夫坤，其靜也翕，其動也闢，是以廣生焉

翕，閉合的意思，是坤清靜之常態。闢，開啟，是坤順乾而動的表現。廣，承上文「夫《易》廣矣大矣」之廣而來。廣生，言易道之廣，因此而生。並兼具廣博地生育意。〈彖傳〉：「至哉坤元，萬物資生。」請參閱。宋衷曰：「坤，靜不用事，閉藏微伏，應育萬物矣；動而用事，則開闢群蟄，敬導沉滯矣。一翕一闢，動靜不失時，而物無災害，是以廣生也。」以闢為坤開闢群蟄意。孔穎達《正義》：「坤是陰柔，閉藏翕斂，故其靜也翕；動則開生萬物，故其動也闢。以其如此故能廣生於物焉。」亦主坤闢能開生萬物說，與宋衷近。並進一步較論大生、廣生云：「天體高遠，故乾云大生；地體廣博，故坤云廣生。對則乾為物始，坤為物生；散則始亦為生，故總云生也。」於《周易》「周」之周普義，頗能掌握。王夫之《內傳》：「翕，收斂含藏而所包者富；闢，啟戶以受陽之施，順而不拒也。」以闢為坤受陽之施。如限於此，恐把坤道說小了。

❻廣大配天地；變通配四時；陰陽之義配日月；易簡之善配至德

廣大是廣生大生之省。上文先言「《易》廣矣大矣」，再言乾大生、坤廣生，而乾為天坤為地，故廣生、大生與乾天始生、坤地生生實相配合。變指季節變化，通有循環流通意，帛書每作「迵」。在殷商時代，一年兩歲，卜辭稱之為春、秋。後世春、夏、秋、冬四季的分法，起於春秋時代。

王夫之《內傳》說：「春通夏而秋變之，秋通冬而春變之。」頗合古代曆法。陰陽之義配日月，吳怡《解義》引〈文言傳〉「利者義之和也」，以為「義乃是利物。而陰陽之所以利物，重在陰陽之和，像日月的交替得宜」。易簡之善配至德，孔穎達《正義》云：「初章論乾坤易簡，可久可大，配至極微妙之德也。然易初章，易為賢人之德，簡為賢人之業。今總云至德者，對則德業別；散則業由德而來，俱為德也。」釋義之餘並與〈繫辭傳上〉首章較論，甚好。案〈文言傳〉釋乾九五之「大人」云：「夫大人者：與天地合其德；與日月合其明；與四時合其序；與鬼神合其吉凶。」與此若合符節。然則大人者，深明易理而能行之者也。

全章脈絡，項安世《周易玩辭》析論精細，全錄於下：「夫《易》廣矣大矣，此一章之總目也。遠而不止，即直與闢也；靜而正，即專與翕也。天地之間備矣，即大生廣生也。《易》之為道，一與兩而已。乾即一也。靜而守一，則其事專而无不閉；動而用一，則其行直而无不開：此乾所以為萬物之父。坤即兩也。兩閉者為翕，言與乾俱閉也；兩開者為闢，言與乾俱開也：此坤所以為萬物之母。大者，无不統也；廣者，无不承也。自廣大而至易簡，其言之序，自博而趨約也。《易》之所以廣大者，以其能變通也；所以變通者，陰陽二物而已；所以為陰陽者，至易而不難知，至簡而不難能也。陽者，一之而已，豈非天下之至易乎？陰者，二之而已，豈非天下之至簡乎？天地之間：至大者天地，至變者四時，至精者日月，至善者至德。《易》之為書，具此四者，豈不謂之備乎？」

語譯

《周易》這本書說的化育不息的道理，內容廣博，功能偉大：以它來指涉高遠的天，那天道是永無窮盡的；以它來指涉近處的地，那地道是寧靜而方正的；以它來指涉天地之間，那人類、萬物，各種生育、變化的道理，都具備了。那剛健的乾，就其靜態的本質來看，它專注於萬物資始的準備；就其動態的作為來看，它剛健正直適當地賦予萬物無限發展的性能：所以易道的偉大就此誕生。那柔順的坤，就其靜態的本質來看，它蘊藏萬物的生機；就其動態的作為來看，它展開了萬物資生的任務：所以易道的廣博就此誕生。易道的廣博偉大，配合著天道的高遠無盡，地道的寧靜方正；易道的變化流通，配合著春夏秋冬的周流不息；陰陽的調和得宜，配合著日月的交替；平易簡約的美好，配合著至高的道德。

崇德廣業章

子曰❶：「《易》其至矣乎❷！夫《易》，聖人所以崇德而廣業也❸。知崇禮卑：崇效天，卑法地❹。天地設位，而《易》行乎其中矣❺！成性存存，道義之門❻。」

章旨

本段在《正義》屬〈繫辭傳〉上篇第五章，在《本義》則獨立為第七章。引孔子贊《易》

之言，以為崇德、知、成性、道，皆效乾天；廣業、禮、存存、義，皆法坤地：《易》之乾坤，即道義之門。

注釋

❶子曰

〈繫辭傳〉是漢初儒門後學所作。此標「子曰」，正表示後儒引用先師孔子之言。但在唐前，經師多以包括〈繫辭傳〉在內的《十翼》全部是孔子所作。孔穎達在《周易正義・序・論夫子十翼》中就說：「其〈彖〉、〈象〉等《十翼》之辭，以為孔子所作，先儒更无異論。」〈繫辭傳〉既為孔子所作，那為什麼會自署「子曰」呢？《正義》說：「是語之別端，故言子曰。」崔憬《周易探玄》亦說：「夫言子曰，皆是語之別端。」直到宋代歐陽修，在《經旨・易或問》中，才明白指出：「子曰者，講師之言也。」只是仍有異議。如朱熹《本義》即說：「《十翼》皆夫子所作，不應自著子曰字，疑皆後人所加也。」另外要說明的是：在〈繫辭傳〉二十三條子曰中，本條最先出現。故各家多所討論。

❷《易》其至矣乎

《易》，指《易》書及易理。〈繫辭傳〉上文有「盛德大業至矣哉」，所以此處易理要落實在崇德廣業功能上來討論。其，表揣測語氣的副詞。至，到也，指達到崇高而偉大的終極目標。案：〈繫辭傳〉曾說乾為天下之「至健」；坤為天下之「至順」；又說象為天下之「至賾」，也就是最深奧博大的現象；爻為天下之「至動」，也就是最錯綜複雜的運動變化。更說易道為天下之「至精」、「至變」、「至神」，也就是最精粹、最能掌握變化規律、最神妙的意思：修飾語「至」下都有中心語。而此處「《易》其至矣乎」，「至」作謂語用，故下無中心語，而予人極遼闊的想像空間。可以理解為概括至健、至順、至賾、至動、至精、至變、至神等等意涵。

❸夫《易》聖人所以崇德而廣業也

德，重點在自身，要樹立自己的人格，完成自己的理想；業，重點在對人，要使別人也能樹立人格，完成理想。《論語》：「子曰：『夫仁者，己欲立而立人，己欲達而達人。』」又云：「修己以安人；修己以安百姓。」更記載曾子明白指出：「夫子之道，忠恕而已矣！」己立己達是修己，是忠；立人達人是安人，是安百姓，是恕。崇德，使德行崇高。廣業，使事業廣大。〈文言傳〉釋乾九三嘗云：「君子進德脩業。」進德修業，所以為君子；崇德廣業，所以為聖人：層次境界不同。

❹知崇禮卑：崇效天，卑法地

知，心智。《釋文》：「知音智。」或讀本音，作知識解。禮，帛書作⿰月豊。《釋文》引蜀才作體。禮、⿰月豊、體，同源通用。《集解》亦作體，引虞翻注云：「知謂乾，效天崇；體為坤，法地卑也。」以心智為乾，形體為坤。熊十力言：「心，乾也，陽也；形，坤也，陰也。」（見《讀經示要》，參坤卦辭「元亨，利牝馬之貞」注釋。）虞翻此注，已開先河矣！韓康伯《繫辭注》：「知以崇為貴；禮以卑為用。極知之崇，象天高而統物；備禮之用，象地廣而載物也。」則字作禮，而與知相對。觀孔穎達《疏》：「知者通利萬物，象天陽无不覆，以崇為貴也；禮者卑敬於物，象地柔而在下，故以卑為用也。」知當仍音智。《朱子語類》：「知識貴乎高明；踐履貴乎著實。知既高明，須放低著實作去。」知作知識解，則讀如字。項安世《周易玩辭》：「知窮萬理之原，則乾之始萬物也；禮循萬理之則，踐而行之，則坤之成萬物也。」析理較論，頗為精當。案：上句言崇德廣業，此句把崇德廣業和乾天坤地合在一起說。

❺**天地設位，而《易》行乎其中矣**

這句話，可從不同層次來析論。就符號層次來看：乾為天，坤為地。相索而生震、坎、艮、巽、離、兌六子。再相疊而生六十四卦，每卦有六位。易道之變化、運作，都在此乾、坤所衍生的六位之中。所以《集解》引虞翻曰：「位為六畫之位。乾、坤各六爻，故天地設位。易出乾入坤，上下無常，周流六虛，故易行乎其中也。」即取此意。就上下文結構層次與實象層次來看：孔穎達《正義》說得很清楚：「天地陳設於位，謂知之與禮，而效法天地也。而易行乎其中矣者，變易之道行乎知禮之中，言知禮與易而並行也。」是先承上文「知崇禮卑；崇效天，卑法地」一貫而下的解釋。《正義》又云：「若以實象言之，天在上，地在下，是天地設位；天地之間，萬物變化，是易行乎天地之中也。」且兼顧實象層次。王夫之《周易內傳》：「崇卑之位設，而卦象爻辭所有之德業行乎其中，非但其位然也。天道崇而健德行焉；地位卑而順德行焉。一陰一陽之道主持之，精理存矣！……聖人效天法地，惟健順而已矣。故易者，聖人致知復禮之極功，夫子所謂卒學而无大過也。於此推極其實而要歸之於知禮，以使學者循循於博文約禮而上達於天德，意至切矣！」更就義理層次發揮儒家思想。最後說到「天地設位」與「易」之先後問題，這在「形而上者謂之道，形而下者謂之器」注釋已詳言之。個人傾向於天地實象與易理不即不離，易理存於天地實象之中，無分先後。

❻成性存存，道義之門

成性，成就自己、人人、萬物的善性。存存，有兩種意思。孔穎達《正義》：「存其萬物之存。」朱震《漢上易傳》：「夫萬物皆備於我，而存其所存者何也？去人欲而天理存也。」是存養天賦而內在於自己，並能發天賦而存在於人人、萬物的善性。也就是由盡己之心，進而盡人之心，盡物之心。朱熹《本義》：「存存，謂存而又存。」則是存養不已的意思。二說可並存。道義，何楷《古周易訂詁》：「理之當然曰道，事之合宜曰義。」至於全句，亦有不同詮釋。《集解》引虞翻曰：「『知終終之，可與存義也。』乾為道門，坤為義門。成性謂『成之者性也』，陽在道門，陰在義門，『其《易》之門邪』！」引〈文言傳〉、〈繫辭傳〉文相注，象數、義理，皆在其中。孔氏《正義》：「性謂稟其始也；存謂保其終也。道謂開通也；義謂得其宜也。既能成性存存，則物之開通，物之得宜，從此《易》而來，故云道義之門。」於句義之疏通甚明暢。《周易玩辭》：「有天地之位，則有陰陽之變行乎其中；人有此性，則有知禮之德存乎其中，但患人不能存之爾！苟能存其所存，則道義皆自是而出矣！道者義之體，智之所知也；義者道之用，禮之所行也。成性猶設位也：有此位則謂之設位；有此性則謂之成性。即上文言『成之者性也』。至存存上一存字，方言人為之功爾！」析論更精。綜合虞、孔、項三人之說，更以經傳補足，個人以為成性本於〈繫辭傳〉前文：「成之者性也。」《中庸》：「天命之謂性。」所以成性得之乎天，也就是乾。存存本於存義存敬。〈文言傳〉謂坤六二：「直其敬也，方其義也。君子敬以直內，義以方外，敬義立而德不孤。」存敬存義為坤道也。〈說卦傳〉：「立天之道曰陰與陽；立地之道曰柔與剛；立人之道曰仁與義。」《朱子語類》：「看來當曰義與仁。」以義與陰、柔相當，屬坤；仁與陽、剛相當，屬乾。所以存敬存義為坤道。既然成性得之天道，存存合於地宜，所以是道義之門。〈繫辭傳下〉：「乾坤其《易》之門邪！」前已有注釋，可參看。

語譯

先師孔子說：「《周易》所說的道理，崇高偉大，應該是到達極致了吧！那《周易》，聖人靠著它使德行崇高，事業廣大。心智重在崇高，禮儀重在謙卑：崇高效法上天，謙卑效法大地。天地設定了尊崇與謙卑的位置，並演化而產生六十四卦，三百八十四爻，而崇高又廣大的易道就運作在這天地和卦爻之間。成就自己、人人、萬物的善性，不斷涵養這些善性，這崇高的乾天，廣大的坤地，就是一陰一陽的道理和人類恰當的行為進進出出的門戶。」

開物成務章

子曰：「夫《易》何為者也？夫《易》開物成務，冒天下之道，如斯而已者也。」❶……❷是故闔戶謂之坤；闢戶謂之乾❸。一闔一闢謂之變；往來不窮謂之通❹。見乃謂之象；形乃謂之器❺。制而用之謂之法；

利用出入，民咸用之謂之神❻。

章旨

本段節錄自《正義》本〈繫辭傳〉下篇第十章，《本義》則在第十一章。引孔子之言，說明《易》功能有三：開物、成務、概括變易的規律。並以門戶開闔為例，說明那正是乾坤往來、陰陽變化的現象，落實在日常器用上。並以此贊歎人道法天、民咸用之的神妙。

注釋

❶子曰：「夫《易》何為者也？夫《易》開物成務，冒天下之道，如斯而已者也。」

《集解》本首句作：「夫《易》何為而作也？」餘句文字與《正義》及《本義》本同。帛書則為：「子曰：『《易》又可為者也？夫《易》古物定命，樂天下之道，如此而已者也！』」整組句子採設問方式，指出《周易》的作用有三：開物、成務、冒天下之道。開物，開謂開發、開始；物指事物。開物是使萬事萬物發始的意思。〈彖傳〉釋乾言「萬物資始」，〈繫辭傳〉言「乾知大始」，所以開物正是乾道的作用。成務，完成化育萬物的任務。〈彖傳〉釋坤言「萬物資生」，〈繫辭傳〉言「坤作成物」，所以成務是坤道的作用。冒，韓康伯《注》云「覆冒」，是覆蓋、含藏、概括的意思。冒天下之道，含藏概括天地間生化變易的規律，亦即一陰一陽的易道。由於乾道開物，坤道成務，所以已然覆蓋一陰一陽之易道。《集解》引虞翻曰：「以陽闢坤謂之開物，以陰翕乾謂之成務。冒，觸也，觸類以長之如此也。」很富啟發性。朱子《本義》：「開物成務，謂使人卜筮，以知吉凶，而成事業。冒天下之道，謂卦爻既設，而天下之道皆在其中。」扣住卜筮、吉凶、卦爻說。王夫之《內傳》：「開物，謂一陰一陽之道為萬物萬事之所始；成務，謂事物之成自人為者亦此理成之也。冒者，始終覆括之謂。如斯而已者，夏商之世，易道中衰，或多為繁說，侈於吉凶，而不要歸諸道。文王乃作《周易》，一本諸天人之至理，止其誣冗。惟君子謀道，乃得占以稽疑。理定於一而義嚴矣，以此立教。」皆本條注釋之參考資料，而有所取捨。

❷……

此處原有二「是故」，一「是以」。全文是：「是故聖人以通天下之志；以定天下之業；以斷天下之疑。是故蓍之德圓而神；卦之德方以知；六爻之義易以貢。聖人以此洗心，退還於密，吉凶與民同患。神以知來；知以藏往。其孰能與於此哉？古之聰明睿知神武而不殺者夫！是以明於天之道而察於民之故，是興神物，以前民用，聖人以此齊戒，以神明其德夫！」以其與乾坤關係甚疏，故刪而未注，並以刪節號表示之。

❸**是故闔戶謂之坤，闢戶謂之乾**

闔戶，是關門。闢戶，是開門。從象數說：在三畫的八卦中，乾☰象全開著的門，從巽☴初闢一線，經艮☶再闔一線，到坤☷門就全闔了，象徵黑夜來了。在六畫之卦中，由姤䷫，經遯䷠、否䷋、觀䷓、剝䷖，到坤䷁，也一樣。三畫卦，坤象全闔著的門，從震☳初開一線，經兌☱再開一線，到乾☰門就全開了。象徵白晝來到。六畫卦由復䷗，經臨䷒、泰䷊、大壯䷡、夬

☷，到乾☰，也一樣。就義理來說：闔戶，代表保存家中物品，代表安靜休息，代表柔順，所以說它是坤；闢戶，代表外出營生，代表活動，代表剛健，所以說它是乾。《集解》引虞翻曰：「闔，閉翕也。謂從巽之坤，坤柔象夜，故以閉戶者也。闢，開也。謂從震之乾，乾剛象晝，故以開戶也。」偏從象數說。韓康伯《注》：「坤道包物，乾道施生。」偏從義理說。王夫之《內傳》：「乾坤，謂陰陽也；凡卦之陰爻皆坤順之體；陽爻皆乾健之體。散見於六十二卦者，雖乾坤之象不全，而體固具也。闔戶闢戶以功用言。陰受陽施，斂以為實，闔之象也；陽行乎陰，盪陰而啟之，闢之象也。取戶之闔闢者，使人易喻，亦所謂『易以貢』（由變易來明告）也。已闔而靜，方闢則動；闢之也動，既闔而靜；靜以成體，動以發用。故六爻之有陰陽，皆具乾坤之德，而用不窮也。」依象申義，於陰陽、順健、體用、靜動，發揮得淋漓盡致。

❹一闔一闢謂之變；往來不窮謂之通

闔既為坤，也代表陰；闢既為乾，也代表陽。因此一闔一闢謂之變，意思跟一陰一陽之謂道就很類似了。《集解》引虞翻曰：「陽變闔陰；陰變闢陽。剛柔相推，而生變化也。」即依此推得。又姤、遯、否、觀、剝、坤，陰一爻一爻地消滅了陽，為陰消卦。代表夏曆五月到十月，從夏到冬。復、臨、泰、大壯、夬、乾，陽在陰中一爻一爻地生息，為陽息卦。代表夏曆十一月到四月，從冬到夏。一闔一闢，即陰消陽息，寒往暑來，往來不窮。所以《集解》引荀爽曰：「謂一冬一夏，陰陽相變易也。十二消息，陰陽往來無窮已，故通也。」即依此推得。孔穎達《正義》：「一闔一闢謂之變者，開閉相循，陰陽遞至。或陽變為陰，或開而更閉；或陰變為陽，或閉而還開：是謂之變也。往來不窮謂之通者，須往，則變來為往；須來，則變往為來。

隨須改變，不有窮已，恆得通流：是謂之通也。」說得就更淺明了。必須強調的是：闔、闢，只是現象的描述，不是變；只有一闔一闢才是變。同樣的，單是往，單是來，不是通；只有往來不窮才是通。《朱子語類》：「問一陰一陽之謂道。曰：『此與一闔一闢謂之變相似。陰陽非道也；一陰又一陽，循環不已，乃道也。只說一陰一陽，便見得陰陽往來，循環不已之意。此理即道也。』又問：『若爾，則屈伸往來非道也；所以屈伸往來，循環不已，乃道也。』先生頷之。」朱熹此答，實本於程顥。《二程全書》：「明道先生曰：『一陰一陽之謂道。道非陰陽也；所以一陰一陽，道也。如一闔一闢謂之變。』」

❺見乃謂之象；形乃謂之器

見，呈現。形，成形而顯著。此一複句有二種不同的解釋。其一，認為它是平行複句，是相對並存的；其二，認為它是遞進複句，是縱向貫時的。《集解》引荀爽曰：「謂日月星辰，光見在天而成象也；萬物生長，在地成形，可以為器用者也。」這是扣住前文「在天成象，在地成形」，所作相對並存的解釋，而形採成形義。韓康伯《注》：「兆見曰象；成形曰器。」孔穎達《正義》：「氣漸積聚，露見萌兆，乃謂之象，言物體尚微也；體質成器，是謂器物，故曰形乃謂之器，言其著也。」則主先象後形，由微而著，所作縱向貫時的解釋，而形採形著義。溯其淵源，可推至《莊子》與《易緯》。《莊子．齊物論》：「有始也者，有未始有始也者，有未始有夫未始有始也者。」由「始」層層上推，惟未言其為氣為象為形。《易緯．乾鑿度》：「太易者，未見氣也；太初者，氣之始也；太始者，形之始也；太素者，質之始也。」則由未見氣，而氣，而形，而質，步步下貫。似為《正義》言氣、象、形、質之張本。宋儒朱熹雖主道器不離，無先無後，但《本義》云：「見、象、形、器者，生物之序也。」《語類》卷七十五記林學蒙問：「發見而未成形謂之象？成形謂之器？」朱熹答曰：「是如此。」亦主象先形後說。前面說到「一陰一陽之謂道」，我曾指出：「將一陰一陽看作並時對立存在的關係，以二分法不斷區分天地萬事萬物，此《易》所以為『易簡』；將一陰一陽看作歷時交替變化的關係，來模擬此變動不居的世界，此《易》所以為『變易』。由『一陰一陽』上溯為永恆的真理『道』，此《易》所以為『不易』。」準此，「見乃謂之象；形乃謂之器。」亦可是既相對又貫時的一個整體。現在再將此一複句放在全節脈絡中看。就一闔一闢、往來不窮的變通而言，名之為現象；就門戶之形態乃一具體物品而言，名之為器物。並可擴充理解為：就所顯現的日月星辰運作而言，名之為現象；就大地化育所形成的具體物品而言，名之為器物。

❻**制而用之謂之法；利用出入，民咸用之謂之神**

承前文闔戶闢戶而言，模擬坤靜乾動來製作並使用門戶，叫作效法；利用門戶出出入入，每個人民都這樣用它，卻不知什麼道理，只能稱為神妙了。擴而充之，人世間許多事物，如：結繩為網，駕牛乘馬，日中為市，重門擊柝，耒耜、舟楫、臼杵、弓箭之利，以及衣裳、宮室、棺槨、書契之製作，也都直接或間接取法自然現象，也都具有日用而不知的神妙。《集解》引荀爽曰：「謂觀象於天，觀形於地，制而用之，可以為法。」又引陸績曰：「聖人制器以周民用，用之不遺，故曰『利用出入』也；民皆用之而不知所由來，故謂之『神』也。」已採廣義說法。

語譯

孔夫子說：「那《周易》說的道理是做什麼用的呢？那易道，開發萬物，完成化育的任務，概括天地間生化變易的規律，如此罷了的呀！」……由於這種緣故，當天地像關門安靜休息，就叫它坤；當天地像開門努力工作，就叫它乾。一關一開就叫它做陰陽變化；往來不停就叫它做陰陽感通。陰陽變化與感通所呈現出來的，就叫做現象；陰陽變化與感通落實到具體的形質中，就叫做器物。製造像門之類器物而使用它，稱之為效法；每個人民都利用像門之類器物進進出出，卻不知其中道理，所以說它神妙。

繫辭傳下

八卦成列章

八卦成列，象在其中矣❶；因而重之，爻在其中矣❷；剛柔相推，變在其中矣❸；繫辭焉而命之，動在其中矣❹。吉凶悔吝者，生乎動者也❺；剛柔者，立本者也❻；變通者，趣時者也❼。吉凶者，貞勝者也❽；天地之道，貞觀者也❾；日月之道，貞明者也❿；天下之動，貞夫一者也⓫。夫乾，確然示人易矣；夫坤，隤然示人簡矣⓬。爻也者，效此者也；象也者，像此者也⓭。爻象動乎內，吉凶見乎外⓮，功業見乎變；聖人之情見乎辭⓯。天地之大德曰生；聖人之大寶曰位⓰。何以守位？曰仁；何以聚人？曰財⓱。理財正辭，禁民為非，曰義⓲。

章旨

無論《正義》、《本義》，本章都在〈繫辭傳〉下篇第一章。首言卦之爻象、變動；次言吉凶、剛柔、變通，天地日月之道，及天下之動，強調立本趨時貞正的重要；然後拈出乾易坤簡，情見乎辭；終結於聖人守位治民之要旨。

注釋

❶八卦成列，象在其中矣

八卦是由太極、兩儀、四象，倍進而成。其行列方式甚多，《集解》引虞翻曰：「乾坤列東，艮兌列南，震巽列西，坎離在中，故八卦成列。」此其一；《本義》：「成列，謂乾一、兌二、離三、震四、巽五、坎六、艮七、坤八之類。」此其又一。象字，卦爻辭無，惟見於〈彖傳〉、〈繫辭傳〉，是現象、象徵的意思。下文「象也者，像此者也」，當綜合評釋之。其，指稱八卦及其行列結構。依據〈說卦傳〉，八卦及其行列結構中所含的現象與象徵意義，略如下表（以時令為序）：

	震☳	巽☴	離☲	坤☷	兌☱	乾☰	坎☵	艮☶
代表物	雷	風	火	地	澤	天	水	山
性質	動、起	入、散	麗、烜	順柔藏	說（悅）	健、剛	陷、潤	止
家屬	長男	長女	中女	母	少女	父	中男	少男
近取身	足	股	目	腹	口	首	耳	手
遠取物	龍	雞	雉	牛	羊	馬	豕	狗
方位	東	東南	南	西南	西	西北	北	東北
時令	正春	春夏之交	正夏	夏秋之交	正秋	秋冬之交	正冬	冬春之交

❷因而重之，爻在其中矣

因，依據；循著。重，重疊。依循八卦而重疊，應該是在三畫之卦上，再疊上一個三畫之卦，而成六十四卦。所以在卦號、卦名之間，才會有「某下某上」的文字。〈彖傳〉、〈象傳〉也常依據上卦下卦來說明整卦的現象和義理。但虞翻根據〈說卦傳〉：「兼三才而兩之，故《易》六畫而成卦。」「發揮於剛柔而生爻。」和〈繫辭傳下〉：「六者非它也，三材之道也。」等語，以三畫之卦，每爻發揮剛柔，分陰分陽，成為兩爻。《集解》引其言曰：「謂參重三才為六爻，發揮剛柔，則爻在其中。六畫稱爻。六爻之動，三極之道也。」王夫之從之，《內傳》云：「每畫演而為二，以具陰陽剛柔仁義之道也。」並作〈重卦圖〉，以為：「初、三、五，八卦之本位；

二、四、上，其重也。」云云。錄此以存異說；重卦仍當以八卦相重說為最妥也。爻在其中，指三百八十四爻，即在六十四卦之中。三畫之卦重疊成六畫之卦後，才有得位、失位，有應、無應，乘下、承上，上往、下來……等等講究，而占筮也才能運作，所以《易傳》凡爻字連數而言，必曰六爻。如〈文言傳〉：「六爻發揮。」〈繫辭傳〉：「六爻之動。」「六爻之義易以貢。」「六爻相雜。」是其例證。至於爻之語源、義理，下文「爻也者，效此者也」，再綜合詳論之。

❸剛柔相推，變在其中矣

剛柔相推，指占筮時，少陽七推出老陽九，少陰八推出老陰六，皆量變而質不變；老陽九推出少陰八，老陰六推出少陽七，質量皆變。變在其中之變，指由本卦推出之卦，亦即所謂變卦。《周易》占筮就用這種儀式過程模擬自然界既相對又輪轉的現象，也暗示了人事的因果倚依。詳見書末所附錄〈筮儀〉注。孔穎達《正義》：「剛柔即陰陽也。論其氣即謂之陰陽；論其體即謂之剛柔也。」姚配中《周易姚氏學》：「剛柔，謂畫由陽推之九，由九推之陰，由陰推之六，由六推之陽，剛柔相推。」

❹繫辭焉而命之，動在其中矣

繫，拴掛。辭，卦辭和爻辭。焉，於是，在卦、爻下。命，帛書作齊，《釋文》引孟喜作明。王夫之《內傳》：「命，以告占者也。」動，《內傳》：「人之進退作止。」全句之義，孔穎達《正義》：「謂繫辭於爻卦之下，而呼命其卦爻得失吉凶，則適時變動好惡，故在其繫辭之中矣。」所言甚當。吾友吳怡，著《易經繫辭傳解義》，對此「命」字，有生動的詮釋，而辨析「變」、

「動」，尤為精詳。其言曰：「這個『命』字也很傳神。因為『命之』的『之』，乃是指前面所謂的剛柔兩爻。本來剛柔兩爻在六十四卦中，只是代表性的一對符號。由這符號的相推，只能象徵宇宙變化的關係。至於聖人在卦爻下繫的辭，乃是繼天立極，承天立言的。所以繫辭，就像把天的命令交給了每一爻，使每一爻都像接受了使命，負有任務似的。所謂『動在其中』，就是指宇宙人生變化的一切動的因子，都含蓄在繫辭之中。在這裏值得我們注意的是『變』和『動』之間的差別。……就《易經》對『變』與『動』的不同用法來看，可以歸納為以下三點：(甲)『變』大都是就爻而言，『動』大都是指繫辭的鼓動而言。如『爻者，言乎變者也。』(〈繫上傳〉三章)、『十有八變而成卦。』(〈繫上傳〉九章)、『參伍以變。』(〈繫上傳〉十章)、『一闔一闢謂之變。』(〈繫上傳〉十一章)、『觀變於陰陽以立卦。』(〈說卦〉一章)、『鼓天下之動者存乎辭。』(〈繫上傳〉十二章)。(乙)『變』都是指天地自然的變化，而『動』乃是變化中的一段，順變則吉，逆變則凶。如『聖人以順動，則刑罰清而民服。』(豫卦〈彖〉)、『貴而无位、高而无民、賢人在下位而无輔，是以動而有悔也。』(乾〈文言〉)。(丙)變是永恆的，是包括了動和靜的，如(恆卦〈彖〉)：『四時變化而能九成。』這是指變之永恆性。(艮卦〈彖〉)：『時止則止，時行則行，動靜不失其時，其道光明。』時就是變，動靜不失其時，就是動靜不離其變，可見動靜都在變中。《莊子·秋水篇》所謂：『無動而不變，無時而不移。』即是說一切動都在變中。而《中庸》二十六章所謂：『不動而變。』即是說一切靜也都在變中，可見變是涵蓋了動和靜的。」錄之以享讀者。

❺吉凶悔吝者，生乎動者也

動字有兩義，一則指由本卦到之卦，卦爻辭中吉凶悔吝的變動；再則指人的行為動作是否合乎卦爻辭所指示的吉凶悔吝的準則。朱熹《本義》：「吉凶悔吝，皆辭之所命也；然必因卦爻之動而後見。」主前一義。李道平《周易集解纂疏》：「悔則吉，吝則凶，故吉凶生而悔吝著也。不動則吉凶悔吝无由見，故吉凶悔吝生乎動者也。」主後一義：皆失之片面。今人金景芳、呂紹綱合著《周易全解》云：「『生乎動者也』，是作《易》者觀察人們的行動的結果而得出的。作《易》者給爻繫辭以指明吉凶悔吝，乃是根據人們的實踐經驗做出的總結。並非憑空杜撰。而用《易》者占得這一爻，或吉或凶或悔或吝，只是得到一個行動的方向，究竟是吉是凶是悔是吝，還要看他的實際行動到底如何。一爻之吉凶悔吝，從作《易》的角度說，是源自人們的行動，從用《易》的角度說，是取決於人們的行動。《易》所云吉凶悔吝都是可變的。吉可變凶，凶可變吉，關鍵在於人的行動。後世算卦先生預言吉凶的宿命論觀點在《易》裏是找不到的。」已兼顧二義，甚是。茲更舉例來說明。革䷰卦辭：「悔亡。」〈彖傳〉：「革而當，其悔乃亡。」意思是變革得恰當，悔恨就能消除。六二爻辭：「征吉，无咎。」〈象傳〉：「行有嘉也。」意思是果敢前進必能成功，沒有過失，值得慶賀。九四爻辭：「悔亡，有孚改命，吉。」意思是悔恨消除，有信心改變命運，吉祥得很。上六爻辭：「征凶，居貞吉。」意思是急進會有凶險，安居守正才能獲益。又觀䷓初六爻辭：「童觀，小人无咎，君子吝。」顯示了像小孩一般見識，在小人來說，沒什麼好責備的；君子這樣，就令人遺憾了。賁䷕六五爻辭：「賁于丘園，束帛戔戔，吝，終吉。」說明了禮遇山林中隱士，僅以薄薄的一束帛，雖有些憾惜，最後還是獲益。以上例子說明了：同樣是革上六，因行止不同，或凶或吉；同樣是觀初六，因身分不同，或吝或无咎；同樣是一種行為，如「征」，於革六二吉，於革上六凶。有時「悔亡」而「吉」，有時「吝」而「終吉」。都要看行為恰當與否。

❻**剛柔者，立本者也**

「剛柔即陰陽也」，孔穎達已屢言之。一陰一陽之謂道，由陰陽合德上推而有太極；由陰陽絪縕化育而有巽、離、兌、震、坎、艮，所謂六子。進而有六十四卦，三百八十四爻，皆陽爻與陰爻所組成。因此，剛柔是構成《易》卦之根本。《集解》引虞翻曰：「乾剛坤柔，為六子父母。乾天稱父，坤地稱母。本天親上，本地親下。故立本者也。」即用此義。尤有進者，相對之事物，相需而存在，無彼即無此。所以朱震《漢上易傳》云：「爻有剛柔，不有兩則一不立，所以立本。」李光地《周易折中》案語云：「凡天地間之理，兩者對待，斯不偏，而可以立本；兩者迭用，斯不窮，而可以趣時。故《易》中剛柔相推，而變在其中。」皆已見及此義。

❼**變通者，趣時者也**

易道通過天地化育裁成萬物，稱之為變；推廣化育，使萬物運作，稱之為通。已見前「化而裁之謂之變，推而行之謂之通」注釋。〈繫辭傳上〉又說：「變通莫大乎四時。」「變通配四時。」《集解》引虞翻曰：「變通配四時，故曰趣時也。」趣，與趨通。《周易姚氏學》：「七八九六變通配四時。」七是少陽，配春；九是老陽，配夏；八是少陰，配秋；六是老陰，配冬。古代農業社會，春生，夏長，秋收，冬藏，人事也都跟四時相配合。《正義》以為：「其剛柔之氣，所以改變會通，趣向於時也。若乾之初九，趣向勿用之時；乾之上九，趣向亢極之時。是諸爻之變，皆臻趣於時也。」亦可備一說。

❽吉凶者，貞勝者也

貞，正也；常也。貞勝有二義：一謂守正則可取勝，能避凶獲吉；一謂正確面對吉凶，而不失常，足以勝之。帛書作「上朕」。上，尚也，為崇尚、注重之意。注重平常能守正，祈能免於凶險，保其常吉；並注重當下如何擔當，如何致勝。《正義》：「貞，正也。言吉之與凶，皆由所動不能守一，而生吉凶。唯守一貞正，而能克勝此吉凶。」偏重前一義。王夫之《內傳》：「貞，正也，常也。……勝者，道足以任之，謂吉而不靡，凶而不憂，足以勝吉凶，而德業不替者，此貞也。」偏重後一義。必合二義，方得全璧。

❾天地之道，貞觀者也

天地之道，指天覆地載，陰陽絪縕，化育萬物之道。韓《注》：「明夫天地萬物，莫不保其貞以全其用也。」以天地、萬物並言；所謂全其用，即全其化育之功能也。貞，正常、恆常。帛書作上。貞觀之觀兼二義：既為展示於天下，如〈彖傳〉謂觀䷓：「大觀在上，順而巽，中正以觀天下。」又為人之所觀瞻，如〈繫辭傳下〉所言：「仰則觀象於天，俯則觀法於地。」從觀察天地法象中領悟參贊化育的道理。貞觀，言天地運作之規律，正常恆久，展示於天下；人類正確、恆久觀察之餘，亦應效法天地運作之正常恆久，以參贊化育也。《集解》引陸績曰：「言天地正，可以觀瞻為道也。」已具觀之二義，並含法天地正道之意。

❿日月之道，貞明者也

言日月運轉之軌道，正常恆久，明照於人間。《集解》引荀爽曰：「言日月正當其位，乃大明也。」又引陸績曰：「言日月正，以明照為道矣！」是也。案：前句言「天地之道」，天為陽，地為陰，重點在空間；此句言「日月之道」，日照為晝，月明為夜，重點在時間。二句分別以天地空間的簡易劃分，日月時間的變易現象，具體舉例說明一陰一陽恆久正常之道。

⓫天下之動，貞夫一者也

貞夫一，帛書作「上觀天」。一亦兼守一、合一兩義，言正常恆久遵守一定的法則，且能與天地合其德，與日月合其明。〈彖傳〉言賁☶：「觀乎天文，以察時變；觀乎人文，以化成天下。」又言恆☳：「日月得天而能久照；四時變化而能久成；聖人久於其道，而天下化成。」皆道出此意。孔穎達《正義》：「謂天覆地載之道，以貞正得一，故其功可為物之觀也；言日月照臨之道，以貞正得一，而為明也；言天地日月之外，天下萬事之動，皆正乎純一也。」以貞正得一貫三句。案：《集解》引虞翻曰：「一謂乾元。萬物之動，各資天一陽氣以生，故天下之動貞夫一者也。」又「《易》有太極」下，引虞翻曰：「太極，太一也。」因此：太極、太一、一、乾元、天一，可繫聯等同。項安世《周易玩辭》：「〈下繫〉之貞夫一，即〈上繫〉之太極也。」熊十力《讀經示要》：「乾元即太極也。」虞翻已開先河矣！

⓬夫乾，確然示人易矣；夫坤，隤然示人簡矣

帛書作：「夫鍵，蒿然視人易；川，魋然視人閒。」確，馬融、韓康伯皆云剛貌；朱熹云健貌：並是。帛書作「蒿」，音近而訛。隤，本是下墜的意思。韓康伯云柔貌，朱熹云順貌。帛書作「魋」，音近字誤。孟喜作退，惠棟從之。《周易述》：「陰動而退，故曰退然簡明也。」陸績、董遇、姚信作妥。妥從手爪撫女會意，古書多訓安。韓康伯《注》：「確，剛貌也；隤，柔貌也。乾坤皆恆一其德，物由以成，故簡易也。」項安世《玩辭》：「一之始動為乾，《易》

之奇畫是也；一之復靜為坤，《易》之耦畫是也。故曰：乾示人易；坤示人簡。」王夫之《內傳》：「確然，至健而不虛之謂；隤然，至順而不競之謂。乾坤二純，立體於至足而不雜，則易簡之至也。」乾天日月運行，晝夜代明，四時循環，而萬物資始，此何等平易；坤地順應天道，順時作息，生長收藏，而萬物資生，此何等簡明：這正是乾天坤地予人的啟示。參閱〈繫辭傳上〉第一章「乾以易知；坤以簡能」注釋。

⑬爻也者，效此者也；象也者，像此者也

爻，指每卦的六爻。六十四卦，共三百八十四爻。就語源上來說，爻之言效也，所以本句說「爻也者，效此者也」，下文更有「爻也者效天下之動者也」。就語意來說，爻是仿效並象徵現象及現象之上道理之變動的。所以〈繫辭傳下〉說：「爻者，言乎變者也。」「道有變動，故曰爻。」可證。乾卦六爻和坤卦六爻，通過陰陽交會，剛柔推移，而成三百八十四爻，正是模擬效法自然界各種變動和變動的道理的。反過來說，三百八十四爻，無非初九、九二、九三、九四、九五、上九，初六、六二、六三、六四、六五、上六，皆歸本並仿效於乾、坤六爻，可謂易簡之至。《本義》：「此，謂上文乾坤所示之理。」指的正是乾坤易簡之理。以上釋「爻也者，效此者也」。下面再說「象也者，像此者也」。象，可指六畫之卦卦象，如乾之天行健，坤之地勢坤之類；可指三畫之卦卦象，如震為雷，巽為風之類；也可指爻象，如乾初九之為潛龍，坤初六之為履霜之類。〈繫辭傳〉每以爻、象並言，如：「聖人有以見天下之賾，而擬諸其形容，象其物宜，是故謂之象；聖人有以見天下之動，而觀其會通，以行其典禮，繫辭焉以斷其吉凶，是故謂之爻。」意思是：聖人有能力看出天下事物之幽深複雜，而模擬出它們的形態，像事物恰如其分的樣子，因此叫做象；聖人有辦法看出天下事物的運作變化，而觀察到陰陽的絪縕化育，來推行可以經常遵守的規範，在三百八十四爻下繫上爻辭，來判斷利弊得失，因此叫做爻。就是一例。本句在「爻也者，效此者也」下接以「象也者，像此者也」，又是一例。意思是：爻象之象，象徵、像似乾、坤六爻的陰陽交會，剛柔相推。本章首句言：「八卦成列，象在其中矣；因而重之，爻在其中矣。」至此為爻、象之義分別作結。

⑭**爻象動乎內，吉凶見乎外**

內，卦內爻象的變動。外，卦外人事之運作。韓康伯《注》：「兆數見於卦也；失得驗於事也。」王夫之《內傳》：「幾之初動者，曰內；事應之生起者，曰外。」爻之有少陰、少陽、老陰、老陽，是由八、七、六、九的數所決定的；而卦象、爻象，都是一種徵兆，預示事物當時的現象和未來的發展。這些數的量變和質變，及其預示的兆象，都在卦爻之內。由蓍策之營運、變化所象徵的天地化育、四時運轉、積月成閏，也都代表一種自然法則，人力甚難改變。至於凶有所失，吉有所得，則與人之作為有關，這正是《周易》諄諄告誡的。坤☷卦辭：「安貞吉。」告誡吾人要安心守正。訟☰卦辭：「中吉終凶。」警示訴訟要適可而止。同人☰九四爻辭：「弗克攻，吉。」〈象傳〉：「其吉，則困而反則也。」表示困境中能回歸到規則還是有收穫的。咸☱六二爻辭：「凶，居吉。」〈象傳〉：「雖凶居吉，順不害也。」震☳上六爻辭：「征凶……无咎。」〈象傳〉：「雖凶无咎，畏鄰戒也。」〈繫辭傳上〉：「震无咎者存乎悔。」在在都啟示我們：吉凶禍福，人仍有部分掌握的力量。

⑮**功業見乎變；聖人之情見乎辭**

功業見乎變之「變」，承托前二句：爻象動乎內之「動」，吉凶見乎外之「見」，而概括爻象之動，吉凶之見二義。〈繫辭傳上〉曾說：「化而裁之存乎變。」意為易道通過天地化育，裁成萬物，存於「變」中。又說：「變而通之以盡利。」意為遇吉則謙卑自牧以求長泰；逢凶則敬慎自守以求化吉。窮則變，變則通，唯變所適，可以盡利。又說：「吉凶生大業。」知道如何化吉保泰，自然能創造大事業。功業見乎變，道理在此。再釋聖人之情見乎辭。〈繫辭傳上〉說：「繫辭焉而明吉凶。」這是站在作《易》立場說的。又說：「辯吉凶者存乎辭。」這是站在用《易》立場說的。而聖人深深了解如〈繫辭傳下〉說的：「吉凶以情遷，是故愛惡相攻而吉凶生。」的道理，因而要求喜怒哀樂要「發而皆中節」（《中庸》說的）。消極方面，如〈繫辭傳上〉說的：「吉凶與民同患。」積極方面，更如〈繫辭傳上〉所揭示的：「鼓天下之動者存乎辭。」鼓勵勸說大家，要盡己、盡人、盡物之心，以行動來參贊天地之化育。

⑯天地之大德曰生；聖人之大寶曰位

《周易》最重要的、最核心的道理在：化育萬物，生生不息。易之為易簡，為變易，為不易，都可從生生不息上推論而出。〈彖傳〉於乾䷀，曰：「大哉乾元，萬物資始。」於坤䷁，曰：「至哉坤元，萬物資生。」乾坤即天地也，有資始資生之德。於咸䷞，曰：「天地感而萬物化生。」於益䷩，曰：「天旋地生，其益无方。」〈序卦傳〉：「有天地然後萬物生焉。」義亦相近。〈繫辭傳上〉：「生生之謂易。」更指出天地生生不息之德就是易道的核心。聖人之大寶曰位，韓《注》：「夫无用則无所寶；有用則有所寶也。无用而常足者，莫妙乎道；有用而弘道者，莫大乎位。故曰：『聖人之大寶曰位。』」崇道而不輕位，貴无而未賤有。《集解》引崔憬曰：「言聖人行易之道，當須法天地之大德，寶萬乘之天位。謂以道濟天下為寶，而不有位，是其大寶也。」《周易折中》引此而刪去「而不有位」四字，於例未妥，於義則安。〈繫辭傳上〉：「崇高莫大乎富貴。」並不排斥富貴有位。吳怡《易經繫辭傳解義》：「這個『位』，在宇宙言，是指的空間，如『天地設位而易行乎其中矣』（〈繫辭上傳〉七章），在人生言，是指的職位、身分、立場等，如『履帝位而不疚』（履卦〈彖辭〉）、『列貴賤者存乎位』（〈繫上傳〉三章），在卦爻言，是指的六爻之位，如『六位時成』（乾卦〈彖〉）、『易六位而成章』（〈說卦〉）。聖人對宇宙來論，要成位乎其中，以參天地之化育；對人生來論，要善用名位，也即君君、臣臣、父父、子子的正名；對卦爻來論，要知位以明吉凶。可見這個『位』的重要性了。」所言甚是，錄之以與讀者分享。

⑰何以守位？曰仁；何以聚人？曰財

仁，帛書作「人」，與下文聚人之人相應，甚好，《釋文》亦作「人」。這兩句話在形式上，採問答式，較直述句更能引人注意。在義理上，表達了儒家的政治思想。《論語·衛靈公》：「知及之，仁不能守之，雖得之，必失之。」明白表示了仁以守位。就政治方面說，仁的內容有五。《論語·陽貨》：「子張問仁於孔子。孔子曰：『能行五者於天下，為仁矣。』請問之，曰：『恭、寬、信、敏、惠。恭則不侮；寬則得眾；信則人任焉；敏則有功；惠則足以使人。』」其中「惠」與博施濟眾有關。《論語·雍也》：「子貢曰：『如有博施於民，而能濟眾，何如？可謂仁乎？』子曰：『何事於仁，必也聖乎，堯舜其猶病諸！』」這就與聚人以財意思相近了。《大學》於是說：「財聚則民散；財散則民聚。」並明白指出：「仁者以財發身；不仁者以身發財。」

六朝名士，多有生活奢靡，卻自視清高，恥言錢財者，如王衍。《世說新語・汰侈》曾記載他以賭術贏得一隻名牛，卻把牠殺了吃掉。〈規箴〉篇又記載他「口未嘗言錢」，而稱錢為「阿堵物」。恐非儒門道德標準。

⑱理財正辭，禁民為非，曰義

義者，宜也。此指聖人守位的適宜措施。又分三層次：一為理財，這是基本的；二為正辭，是積極的教育；三為禁民為非，是消極的刑法措施。《尚書・洪範》說到「八政」：「一曰食，二曰貨。」《論語・子路》記孔子坐著學生冉有駕的車子到了衛國。看見人們熙來攘往，於是說：「人真多呀！」冉有問：「人多了以後呢？」孔子說：「富之！」使人民生活富裕。冉有再問：「生活富裕以後呢？」孔子說：「教之！」要教育他們。可見教育建立在經濟富裕的基礎之上。正辭，端正言語，使言語正確、正當。這樣才能說服人民奉行政令。《論語・子路》所謂：「名不正則言不順，言不順則事不成」也。最後才是禁民為非，啟用刑法，這是正辭教育無效之後的救濟措施。《周易》於訟䷅、噬嗑䷔兩卦，專言刑法；又賁䷕、解䷧、豐䷶、旅䷷、中孚䷼等卦，也言及刑法。案：禁民為非，帛書作「愛民安行」。

語譯

八卦排成行列，事物的象徵意義就包含在八卦和它的行列結構中了；依據三畫的八卦重疊為六畫的六十四卦，三百八十四爻就包含在六十四卦中了。陰陽少老相互推演，自然界的周流變化和人事上的因果倚伏就包含在這陰陽演變中了。聖人在卦爻之下繫上了卦辭和爻辭，並且賦予生命意義，宇宙人生變動的規律就包含在卦爻辭之中了。吉祥而有收穫，凶險而有喪失，懊悔而能改過，慳吝而有遺憾，卦爻辭中這些判斷詞，都是由過去的行動中歸納而產生，指示後人逢凶化吉，吝而知悔，也要由個人的行動來決定。陽爻與陰爻，是構成卦爻的根本。參與贊助易道化育萬物，使萬物生、長、收、藏，生生不息，要跟上春、夏、秋、冬的時間條件。關於吉凶，要以平常心面對，守正就能取勝。天地絪縕化育萬物的功能，正常而恆久地展示於天下，而為人所瞻仰效法。日月運轉的軌道，由於正常而恆久，因此日月能交替照耀在人間。天地間萬事萬物的一切活動，都必須遵守這正常恆久而一定的道理，而與自然界時空活動合而為一。那乾，剛健確實地展示給人易道平易的一面；那坤，柔順委婉地展示給人易道簡約的一面。爻呀呢，正是模擬效法乾坤六爻平易簡約的變動的道理的；象呀呢，正是像似、象徵乾坤六爻陰陽交會、剛柔相推的現象的。六爻由少而老，以至陰陽互換，卦象、爻象的推移轉變，這些活動都在卦內；吉祥而有收穫，凶險而有損失，這些結果卻出現在卦外人事的應對和運作中。功績事業體現在應對變通上；聖人那種消極地與民同憂共苦，和積極地鼓舞人心的情意，也全表現在卦爻辭中。天地最偉大的德性，是使萬物生生不息的「生」；聖人最珍貴的寶物，是參贊天地化育的地位。用什麼來鞏固地位呢？答案是仁！用什麼來團結人民呢？答案是財！處理好財務問題，使用正確正當的言辭，禁止人民為非作歹，這就是義！

附錄古義

范曄《後漢書・范升傳》：「升上奏云：『天下之事所以異者，以不一本也。《易》

曰：「天下之動，貞夫一也。」』

王充《論衡・佚文篇》：「孝武之時，詔百官對策，董仲舒策文最善。王莽時，使郎吏上奏，劉子駿章尤美。美善不空，才高知深之驗也。《易》曰：『聖人之情見乎辭。』文辭美惡，足以觀才。」

又〈書解篇〉：「或曰：『士之論高，何必以文？』答曰：『夫人有文質乃成。物有華而不實，有實而不華者。《易》曰：「聖人之情見乎辭。」出口為言，集札為文，文辭施設，實情敷烈。』」

袁宏《後漢紀・殤帝紀》：「詔曰：『《易》稱：「天垂象，聖人則之。」又云：「聖人之情見於辭。」然則文章之作，將以幽贊神明，變暢萬物。』」

班固《漢書・食貨志》：「禹平洪水，定九州，制土田，各因所生遠近賦入貢棐，楙遷有無，萬國作乂。殷周之盛，《詩》《書》所述，要在安民富而教之。故《易》稱：『天地之大德曰生，聖人之大寶曰位。何以守位曰仁，何以聚人曰財。』」

《後漢書・蔡邕傳》：「邕作〈釋誨〉云：『蓋聞聖人之大寶曰位，故以仁守位，以財聚人。然則有位斯貴，有財斯富，行義達道，士之司也。故伊摯有負鼎之衒，仲尼設執鞭之言，甯子有清商之歌，百里有豢牛之事。夫如是，則聖哲之通趣，古人之明志也。』」

陳壽《三國志・魏書・高堂隆傳》：「隆上疏切諫曰：『蓋天地之大德曰生，聖人之大寶曰位。何以守位曰仁，何以聚人曰財。然則士民者，乃國家之鎮也；穀帛者，乃士民之命也。穀帛非造化不育，非人力不成。是以帝耕以勸農，后桑以成服，所以昭事上帝，告虔報施也。』」

魏徵等輯《群書治要・引陸景典語》：「爵祿賞罰，人主之威柄，帝王之所以為尊者也。故爵祿不可不重。重之則居之者貴；輕之則處之者賤。居之者貴，則君子慕義；取之者賤，則小人覬覦。君子慕義，治道之兆；小人覬覦，亂政之漸也。《易》曰：『聖人之大寶曰位，何以守位曰人。』故先王重於爵位，慎於官人。」

《漢書・食貨志》：「國師公劉歆言：『周有泉府之官，收不讎，與欲得，即《易》所謂「理財正辭禁民為非」者也。』」

《後漢書・梁統傳》：「統上疏云：『臣聞立君之道，仁義為主。仁者愛人；義者政理。愛人以除殘為務；政理以去亂為心。刑罰在衷，無取於輕。是以五帝有流、殛、放、殺之誅，三王有大辟、刻肌之法。故孔子稱：「仁者必有勇。」又曰：「理財正辭，禁民為非曰義。」』」

黃帝衣裳章

古者包犧氏之王天下也❶，仰則觀象於天，俯則觀法於地，觀鳥獸之文與地之宜❷。近取諸身，遠取諸物，於是始作八卦❸。以通神明之德；以類萬物之情❹。……❺包犧氏沒，神農氏作❻。……❼神農氏沒，黃帝、堯、舜氏作❽。……❾黃帝、堯、舜垂衣裳而天下治，蓋取諸乾坤❿。

章旨

本段在《正義》、《本義》，皆屬〈繫辭傳〉下篇第二章。言包犧氏觀天法地，取人物諸象而作八卦。歷神農氏以至黃帝、堯、舜，由天尊地卑的道理，訂定衣裳制度，以穩定社會秩序。

注釋

❶古者包犧氏之王天下也

包犧，傳說中古代中國的聖王，教民捕魚畜牧，以充庖廚，以供犧牲。又名庖犧、伏羲、宓羲、伏戲。可以認為是畜牧時代的代表人物。王，動詞，是治理而能興旺的意思。

❷仰則觀象於天，俯則觀法於地，觀鳥獸之文與地之宜

象，現象。法，法則。法象二字為互文：言象而法在其中；言法而象在其中。《集解》引荀爽曰：「震巽為雷風，離坎為日月也。」又引《九家易》曰：「艮兌為山澤也，地有水火五行八卦之形也。」或以法為效法。姚配中《周易姚氏學》：「在天成象，天垂象，見吉凶，故觀象於天；在地成形，效法之謂坤，故觀法於地。」可作參考。鳥獸之文，鳥羽獸毛的紋彩。《集解》引荀爽曰：「乾為馬，坤為牛，震為龍，巽為雞之屬是也。」約舉〈說卦〉文，可觸類旁推。又引陸績曰：「謂朱鳥、白虎、蒼龍、玄武，四方二十八宿經緯之文。」謂南方朱鳥、西方白虎、東方蒼龍、北方玄武（龜蛇），每方七宿，共二十八宿。這些天上星宿，還可與地上州國分野相配。與地之宜，指各種不同的土地，適合於不同之生物生長活動。如《周禮・大司徒》說的：山林適合於貂、狐之類細毛動物，和柞栗之類植物；川澤適合於魚類等有鱗動物，和楊柳之類植物；丘陵適合於鳥類等有羽毛的動物，和梅李等有果實的植物；或隆或低的平地適合於龜、鱉等有甲殼的動物，和有芒刺的植物；原隰適合於虎、豹等短毛動物，和蘆葦等叢生植物。《集解》引《九家易》曰：「謂四方四維八卦之位，山澤高卑五土之宜也。」以上注釋，也許過於具體落實。韓康伯《注》：「聖人之作《易》，无大不極，无微不究。大則取象天地；細則觀鳥獸之文，與地之宜也。」概括言之，點出了主旨。

❸近取諸身，遠取諸物，於是始作八卦

近取諸身，如〈說卦傳〉：「乾（☰）為首，坤（☷）為腹，震（☳）為足，巽（☴）為股，坎（☵）為耳，離（☲）為目，艮（☶）為手，兌（☱）為口。」遠取諸物，如〈說卦傳〉：「乾為馬，坤為牛，震為龍，巽為雞，坎為豕，離為雉，艮為狗，兌為羊。」〈說卦傳〉更言：「乾為天、為圜、為君、為父、為玉、為金……」「坤為地，為母，為布，為釜……」參見乾、坤後〈說卦傳〉注釋，此不贅。其餘六卦所取物象尚多，均見〈說卦傳〉。八卦之作為事物之符

號，頗類似乎文字。楊萬里《誠齋易傳》：「☰、☷，古之天地字也。曷由知之？由坎離知之。偃之為☵、☲，立之為水火。若雷、風、山、澤之字亦然。故《漢書》坤字作巛。八字立而聲畫不可勝窮矣！豈待鳥跡哉？後世草書天字作[illegible]，即天也。」以為八卦即古代文字。文字一字可有多義，所以乾為天，又可為首；一義可有多字，所以震為龍，陽爻亦可名龍。說《易》者不可泥於取象。

❹**以通神明之德；以類萬物之情**

神明，既神妙又顯明的易道，參見乾卦後〈說卦傳〉「幽贊於神明而生蓍」注釋。案：〈繫辭傳〉言「以神明其德夫」，神明一詞為動詞；又言「神而明之存乎其人」，神、明二詞亦為動詞。本句言「神明之德」，〈說卦傳〉「幽贊於神明」，神明為形容詞，略帶名詞品性。後世或以神明即神祇，似源於此，然其是非尚待商榷也。德，德性。類，類比；分類比擬。情，情態。德性與情態，猶本質之與表象，二而一也。〈說卦傳〉：「乾，健也；坤，順也；震，動也；巽，入也；坎，陷也；離，麗也；艮，止也；兌，說也。」是言八卦之德性。又：「乾為天……；坤為地……；震為雷……；巽為木，為風……；坎為水……；離為火……；艮為山……；兌為澤……。」是言八卦之情態。

❺……

此處本有「作結繩而為网罟，以佃以漁，蓋取諸離」。以其無關乎乾、坤，當於離☲卦述之。

❻**包犧氏沒，神農氏作**

沒，通「歿」，死去。作，興起。神農氏，傳說中古代中國的聖王，教民製作耕具，開闢農地；

又曾嘗百草為醫藥以治百病。又名炎帝、烈山氏。可以認為是農耕時代的代表人物。包犧氏沒神農氏作，也就標誌著古代中國繼畜牧時代之後，為農耕時代。

❼……

此處本有「斲木為耜，揉木為耒，耒耨之利，以教天下，蓋取諸益。日中為市，以致天下之民，聚天下之貨，交易而退，各得其所，蓋取諸噬嗑」。當於益卦䷩、噬嗑卦䷔述之。

❽**神農氏沒，黃帝、堯、舜氏作**

依據司馬遷《史記・五帝本紀第一》所記，黃帝姓公孫，名軒轅。神農氏世衰，蚩尤作亂。黃帝乃徵師諸侯，擒殺蚩尤。諸侯咸尊軒轅為天子，代神農氏。黃帝崩，帝顓頊立。顓頊崩，帝嚳立。帝嚳崩，帝摯立。帝摯不善，弟放勳立，是為帝堯。《諡法》曰：「翼善傳聖曰堯」。帝堯老，命舜攝行天子之政。舜名重華，《諡法》曰：「仁聖盛明曰舜」。舜踐帝位三十九年而崩，豫薦禹於天，諸侯歸之。自黃帝至舜、禹，皆同姓而異其國號：黃帝為有熊；帝顓頊為高陽；帝嚳為高辛；帝堯為陶唐；帝舜為有虞；帝禹為夏后而別氏，姓姒氏。《史記》記事，自黃帝始。

❾……

此處原有「通其變，使民不倦；神而化之，使民宜之。《易》，窮則變，變則通，通則久。是以『自天祐之，吉无不利』」。案：「自天祐之，吉无不利」為大有上九爻辭，當於彼處述之。

❿**黃帝、堯、舜垂衣裳而天下治，蓋取諸乾坤**

垂，垂示；頒布。上身穿的叫衣，下身穿的叫裳。治，安定而有秩序。本句有許多不同的解釋，茲引較具代表性的四種說法。《集解》引《九家易》曰：「黃帝以上，羽皮革木，以禦寒暑。至乎黃帝，始制衣裳，垂示天下。衣取象乾，居上覆物；裳取象坤，在下含物也。」此說最淺明。鄭玄《周易注》：「乾為天，坤為地；天色玄，地色黃。故玄以為衣，黃以為裳。象天在上，地在下。」見《詩・七月・正義》所引，以為玄衣黃裳取法天玄地黃。韓康伯《注》：「垂衣裳以辨貴賤，乾尊坤卑之義也。」則重貴賤尊卑的辨別。王充《論衡・自然篇》：「垂衣裳者，垂拱無為也。」郭雍《傳家易說》：「垂衣裳而天下治，謂无為而治也。能无為而治者无他焉，法乾坤易簡而已。」由易簡導出无為而治。《易》義模稜，於此可見一斑。

語譯

上古時代伏羲氏興起並治理天下，抬頭就觀察天上日月雷風等等現象和規律，彎腰就探索地上水火山澤等等互動和感應，細看鳥類的羽毛和獸類的斑紋，跟不同土地各適合於那些生態，從近處拿自己的身子來分析，由遠處拿各種事物來類推，於是創作乾☰、坤☷、震☳、巽☴、坎☵、離☲、艮☶、兌☱，共八卦，來融通神妙顯明的性能，來類比各種事物的情態。……伏羲氏逝世，神農氏興起。……神農氏逝世，黃帝、唐堯、虞舜相繼興起。……黃帝、唐堯、虞舜垂示以衣裳樣式和色彩來分別貴賤尊卑的制度，而天下安定有秩序，大概就取法乾坤天尊地卑的意思吧！

附錄古義

班固《漢書・律曆志》：「太昊帝：《易》曰『炮犧氏之王天下也』，言炮犧繼天而王，為百王先，首德始於木，故為帝太昊。作罔罟以田漁取犧牲，故天下號曰炮犧氏。……炎帝：《易》曰『炮犧氏沒，神農氏作』，言共工伯而不王，雖有水德，非其序也。以火承木，故為炎帝。教民耕農，故天下號曰神農氏。黃帝：《易》曰『神農氏沒，黃帝氏作』，火生土，故為土德，與炎帝之後戰於阪泉，遂王天下。始垂衣裳，有軒冕之服，故天下號曰軒轅氏。」

又〈藝文志〉：「《易》曰：『宓戲氏仰觀象於天，俯觀法於地，觀鳥獸之文與地之宜，近取諸身，遠取諸物，於是始作八卦，以通神明之德，以類萬物之情。』至於殷周之際，紂在上位，逆天暴物，文王以諸侯順天而行道，天人之占，可得而效。於是重《易》六爻，作上下篇。孔氏為之〈彖〉、〈象〉、〈繫辭〉、〈文言〉、〈序卦〉之屬十篇。故曰《易》道深矣！人更三聖，世歷三古。」

班固《白虎通・爵篇》：「何以皇亦稱天子也？以其言天覆地載，俱王天下也。故《易》曰：『伏羲氏之王天下也。』」

又〈聖人篇〉：「何以知帝王聖人也？《易》曰：『古者伏羲氏之王天下也，於是始作八卦。』又曰：『伏羲氏沒，神農氏作。神農氏沒，黃帝堯舜氏作。』文俱言作，明皆聖人也。」

王符《潛夫論・相列篇》：「《詩》所謂『天生烝民，有物有則。』是故身體形貌，皆有象類，骨法角肉，各有分部，以著性命之期，顯貴賤之表。一人之身而五行八卦之氣具焉。故師曠曰：赤色不壽，火家性易滅也。《易》之〈說卦〉：『巽為人多白眼』，相楊四白者兵死，此猶金伐木也。《經》曰：『近取諸身，遠取諸物。』『聖人有見天下之至賾而擬諸形容，象其物宜。』此亦賢人之所察，紀往以知來，而著為憲則也。」

范曄《後漢書・荀爽傳》：「爽對策陳便宜云：『今漢承秦法，設尚主之儀，以妻制夫，以卑臨尊，違乾坤之道，失陽唱之義。孔子曰：「昔聖人之作《易》也，仰則觀象於天，俯則察法於地，睹鳥獸之文與天地之宜，近取諸身，遠取諸物，以通神明之德，以類萬物之情。」今觀法於天，則北極至尊，四星妃后；察法於地，則崑山象夫，卑澤象妻；睹鳥獸之文，鳥則雄者鳴雊，雌能順服；獸則牡為唱導，牝乃相從；近取諸身，則乾為人首，坤為人腹；遠取諸物，則木實屬天，根荄屬地。陽尊陰卑，蓋乃天性。』」

應劭《風俗通・三皇篇》：「謹按：《易》稱：『古者伏羲氏之王天下也，仰則觀象於天，俯則觀法於地，始作八卦，以通神明之德，以類萬物之情。結繩而為網罟，以佃以漁。伏羲氏沒，神農氏作，斲木為耜，揉木為耒，耒耜之利以教天下。日中為市，致天下之民。通其變，使民不倦；神而化之，使民宜之。』唯敘二皇，不及遂人。遂人功重於祝融女媧，文明大見，大傳之義，斯近之矣！」

司馬彪《續漢書・天文志上》：「《易》曰：『天垂象，聖人則之。庖犧氏之王天下也，仰則觀象於天，俯則觀法於地。』觀象於天，謂日月星辰；觀法於地，謂水土州分。形成於下，象見於上。」

又〈輿服志下〉：「上古穴居而野處，衣毛而冒皮，未有制度；後世聖人易之以絲麻。觀翬翟之文，榮華之色，乃染帛以效之，始作五采，成以為服；見鳥獸有冠角顤胡之制，遂作冠冕纓蕤以為首飾，凡十二章。故《易》曰：『庖犧氏之王天下也，仰觀象於天，俯觀法於地。觀鳥獸之文與地之宜，近取諸身，遠取諸物，於是始作八卦，以通神明之德，以類萬物之情。黃帝舜垂衣裳而天下治，蓋取諸乾巛。』乾巛有文，故上衣玄，下裳黃。日月星辰，山龍華蟲，作繢宗彝，藻火粉米，黼黻絺繡，以五采章施於五色作服。」

《白虎通・號篇》：「五帝者，何謂也？《禮》曰：『黃帝，顓頊，帝嚳，帝堯，帝舜，五帝也。』《易》曰：『黃帝堯舜氏作。』」

《白虎通・衣裳篇》：「所以名為衣裳何？衣者，隱也；裳者，鄣也；所以隱形自鄣閉也。《易》曰：『黃帝堯舜垂衣裳而天下治。』」

王充《論衡・自然篇》：「賢之純者，黃老是也。黃者，黃帝也；老者，老子也。黃老之操，身中恬澹，其治無為。正身共己而陰陽自和；無心於為而物自化；無意於生而物自成。《易》曰：『黃帝堯舜垂衣裳而天下治。』垂衣裳者，垂拱無為也。」

陳壽《三國志・魏書・高貴鄉公紀》：「帝又問曰：『〈繫辭〉云：「黃帝堯舜垂衣裳而天下治。」此包羲神農之世為無衣裳。但聖人化天下，何殊異爾邪？』俊對曰：『三皇之時，人寡而禽獸眾，故取其羽皮而天下足用。及至黃帝，人眾而禽獸寡，是以作為衣裳以濟時變也。』」

乾健坤順章

夫乾，天下之至健也，德行恆易以知險❶；夫坤，天下之至順也，德行恆簡以知阻❷。能說諸心，能研諸侯之慮❸，定天下之吉凶，成天下之亹亹者❹。是故變化云為，吉事有祥，象事知器，占事知來❺。天地設位，聖人成能，人謀鬼謀，百姓與能❻。

章旨

本段在《正義》為〈繫辭傳〉下篇第九章，在《本義》則為第十二章：皆節取上半章而已。由乾坤健順易簡之德性，推論其知、能；而聖人效天法地，以研變、象、占，成其知、能，並使百姓參與發揮功能。

注釋

❶夫乾，天下之至健也，德行恆易以知險

本句帛書作：「鍵，德行恆易以知險。」乾，健也。六爻皆陽，為六十四卦中最剛健者。落實於現象界，則乾為天，天行健，包含日星的運轉，時間的前進，化育的不息，所以說乾為天下之至健。參閱乾卦卦名及〈象傳〉「天行健」句注釋。德行恆易，德，德性本質。行，行為表現。恆易，常常是平易的。參閱乾卦下〈繫辭傳〉「乾以易知」諸句注釋。至健、恆易、知險，三者關係如何？或以為有因果關係。如張栻《廣漢易說》：「健者疑若不知險也，今乾為天下之至健，其德行常易，故知險而不為陰所陷，豈非至健乎？」以為健者因恆易故知險。朱熹《本義》：「至健則所行无難，故易。……健者如自高臨下而知其險。……蓋雖易而能知險，則不陷於險矣。」以為雖易因至健故知險。張栻以知險主因是恆易，朱熹以主因是至健，所見不同。其他各家說三者因果者，亦多空辭未足服人。或三者為並列關係而因果甚疏甚淡。至於知險，是知道危險所在，暫時停止一下，待自身力量充足，客觀時機成熟，再克服險難而前進。需䷄〈象傳〉：「需，須也，險在前也，剛健而不陷。」需卦乾下為健，坎上為險，必須站立等待，雖剛健不致陷於險：正是此意。參閱〈文言傳〉釋乾上九云：「知進退存亡而不失其正者，其唯聖人乎！」句之注釋。

❷夫坤，天下之至順也，德行恆簡以知阻

本句帛書作：「夫川，魋然天下之至順也，德行恆簡以知〔阻〕。」坤，順也。六爻皆陰，為六十四卦中最柔順者。落實於現象，則坤為地，大地順承天時孕育萬物，生生不息，所以說坤為天下之至順者。參閱坤卦卦名及〈象傳〉「地勢坤」句注釋。德行恆簡，參閱乾卦下〈繫辭傳〉「坤以簡能」諸句注釋。《廣漢易說》：「順者疑若不知阻也，今坤為天下之至順，其德行常簡，故知阻而不為所拒，豈非至順乎？」以為順者因常簡故知阻，主因在簡。《本義》：「至順，則所行不煩，故簡。……順者如自下趨上，而知其阻。……既簡而又知阻，則不困於阻矣。」則以主因在至順。二家所釋，略有不同。王夫之在此句下，揭櫫乾坤並建之義。《周易內傳》：「乾坤，謂《易》所並建以統卦爻者。言天下之至健者，惟乾之德行也；天下之至順者，惟坤之德行也。舉凡天化物情，運行而不撓者，皆陽氣上舒；其運焉而即動，噓焉而即靈，無所不效以成能者，皆陰性之固然。乾純乎陽，坤純乎陰，健順之至矣。健順至而險阻無不可知矣！危而難行者曰險；滯而不通者曰阻。陽氣之舒，極天下之殊情異質，而皆有以動之，則出入於險而周知其故；陰壹於順，則雖凝為重濁，而有所窒礙，而或翕或闢，承天時行，以不滯於阻，而自知其通。是以六陰六陽並建以偕行，升降盈虛，為主為輔，於物化人情者，以其純而不雜，易簡之德備天下險阻之變而無不通。六十二卦三百八十四爻，無非乾坤之所自為，則抑無非乾坤之所自知也。」此於《易》學，為一重要論題，故全錄於此。

❸能說諸心，能研諸侯之慮

《注疏》本、《集解》本字皆如此。西漢帛書作：「能說之心能數諸侯之慮。」宋張載《橫渠易說》：「〈繫辭〉言『能研諸慮』，止是剩『侯之』二字。」郭雍《郭氏傳家易說》：「諸侯之慮，侯之為衍字。故王輔嗣曰：『能說諸心，能研諸慮。』」朱熹《本義》亦云：「侯之二字衍。」考王弼《周易略例・明爻通變》：「故苟識其情，不憂乖遠；苟明其趣，不煩強武。能悅諸心，能研諸慮。」多四字成句，故省去侯之二字。觀唐邢璹《註》：「諸物之心，憂其凶患，爻變示之，則物心皆說；諸侯之慮，在於育物，爻變告之，其慮益精。」仍以「諸侯之慮」與「諸物之心」並列。三國吳人虞翻《周易注》：「坎心為慮，乾初之坤為震，震為諸侯，故能慮諸侯之慮。」晉韓康伯《繫辭注》：「諸侯，物主有為者也，能悅萬物之心，能精為者之務。」是漢、晉、唐時各本皆有「侯之」二字。宋代疑經學風起，始以「侯之」為衍文。唯「侯」字疑當作「候」字，謂十二月二十四節氣七十二候也。案：《易》有卦氣之說。以坎離震兌分居四方；以二十四爻主二十四氣。以六十卦分值三百六十五日又四分之一，卦值六日又八十分之七。以十二消息卦之七十二爻分主七十二候。《唐書》、《新唐書》之〈曆志〉中，皆錄《大衍步發斂術》，則以六十卦配七十二候，或有作七十二侯者，是候、侯之混早矣。諸侯之慮，謂七十二候化育之考慮。坤以至順、恆簡、知阻，能悅萬物之心；乾以至健、恆易、知險，能精諸候之慮。坤主物，乾主候，後人有物候連言者。如：梁簡文帝〈晚春賦〉：「嗟時序之迴斡，歎物候之推移。」唐杜審言〈和晉陵陸丞早春遊望〉：「獨有宦遊人，偏驚物候新。」皆是其例。孔穎達《正義》：「能說諸心者，萬物之心，皆患險阻。今以險阻逆告於人，則萬物之心无不喜說，故曰能說諸心也。能研諸侯之慮者，研，精也。諸侯既有為於萬物，育養萬物，使令得所。《易》既能說諸物之心，則能精妙諸侯之慮，謂諸侯以此《易》之道，思慮諸物，轉益精粹，故云研諸侯之慮也。」讀者試將前引邢璹《周易略例註》和此處《正義》中「侯」字視為「候」，將諸候作各種氣候解，是否平順通暢？

❹定天下之吉凶，成天下之亹亹者

亹亹，帛書作「勿勿」。《集解》本作「娓娓」，引荀爽曰：「娓娓者，陰陽之微，可成可敗也。順時者成，逆時者敗也。」《注疏》本作亹亹，《文選・廣絕交論》李善《注》引《周易》，並云：「王弼曰：亹亹，微妙之意也。」亹亹，謂微妙的陰陽之道。《禮記・月令》記載：「孟春之月……東風解凍，蟄蟲始振，……鴻雁來，……是月也，天氣下降，地氣上騰，天地和同，草木萌芽。」

這是大地萬物順著天時而生長活動，如此則吉。〈月令〉又記：「孟春行夏令，則雨水不時，草木早落，國時有恐。」這是大地萬物違背了天時，如此則凶。其他各月，也有類似記載。天下吉凶得失成敗就是這樣決定的，所以說「定天下之吉凶」；同時也成就了天地間陰陽互動微妙的法則，所以說「成天下之亹亹者」。

❺是故變化云為，吉事有祥，象事知器，占事知來

帛書作：「變化具為，吉事又祥，馬事知器，筭事知來。」變化，指陰陽變易、天地化育，偏重在自然現象。云為，指言語和行為，偏重在人事現象。而自然與人事之間，又有密切關係，相互影響。吉事，指吉凶之事，言吉而凶在其中。祥，徵兆，吉凶之先見者。象，卦象。器，器物，有具體形象者。〈繫辭傳上〉：「形乃謂之器。」「形而下者謂之器。」象事知器，由《易》卦之取象，知道器物之生成與道理。〈繫辭傳上〉：「以制器者尚其象。」「立成器以為天下利。」占，占筮。來，未來。占事知來，通過占筮預測將來的情況。〈繫辭傳上〉：「以卜筮者尚其占。」「蓍之德圓而神。」「神以知來。」張栻《廣漢易說》：「云者，言也；為者，行也。謂之云為，此言行未著者乎？聖人之心術，雖融貫天人之道於方寸之間，其見微知著，觀往知來，無非吉事有祥也。故推之以制器，則利養天下之民；推之以為占，則吉凶與民同患。」釋義析理，十分精當，錄供參考。

❻天地設位，聖人成能，人謀鬼謀，百姓與能

設位，帛書作「設馬」，馬為象之誤字。六畫之卦，五、上為天；初、二為地。人居三、四，位於天地之間。人中之聖者，效天法地，以至健至順之德，故得成就參贊天地化育之能事。〈繫辭傳上〉：「天地設位，而《易》行乎其中矣！」彼言「《易》行乎其中矣」，此言「聖人成能」，聖人即能行《易》書所言之道者。參閱彼處注釋。《尚書・洪範・七稽疑》：「謀及乃心，謀及卿士，謀及庶人，謀及卜筮。」聖人成能是謀及乃心；人謀是謀及卿士；鬼謀是謀及卜筮；百姓與能是謀及庶人。與能，是參與協助聖人參贊天地化育之能事。案：《集解》引朱仰之曰：「人謀謀及卿士；鬼謀謀及卜筮也。又謀及庶民，故曰百姓與能也。」又《折中》引蔡清曰：「凡卜筮問《易》者，先須謀諸人，然後乃可問《易》，雖聖人亦然。故〈洪範〉曰：『謀及卿士，謀及庶人。』然後曰『謀及卜筮』。」均已見及此。

語　譯

那乾，代表天下最剛健的性能，德性本質和行為表現常常是平易的，並且知道艱險之所在；那坤，代表天下最柔順的性能，德性本質和行為表現常常是簡靜的，並且知道阻難之所在。能夠悅樂萬物的心靈；能夠精研承受不同氣候的各種顧慮。這就裁定了天下事物的吉凶得失；成就了天地間陰陽互動微妙的法則。因為這種緣故，天地間的演變化育和人間的言語行動，吉凶得失事前都會有徵兆。由《易》卦的取象，知道器物的生成與道理；通過占筮，能預測將來的情況。天地設定了上下的位置，聖人居中成就了參贊天地化育的功能。凡有疑難，先要跟人商量；其次才是求卜問筮，與鬼神溝通；最重要的是讓人民參與共同發揮功能。

附錄古義

《漢書・藝文志》：「雜占者，紀百事之象，候善惡之徵。《易》：『占事知來。』眾占非一，而夢為大。故周有其官，而《詩》載熊羆虺蛇眾魚旐旟之夢，著名大人之占以考吉凶，蓋參卜筮。」

說卦傳

坤德坤象各章

坤以藏之❶，……致役乎坤❷。……坤也者，地也，萬物皆致養焉，故曰「致役乎坤」❸。……坤，順也❹。……坤為牛❺。……坤為腹❻。……坤，地也，故稱乎母❼。……坤為地，為母，為布，為釜，為吝嗇，為均，為子母牛，為大輿，為文，為眾，為柄，其於地也為黑❽。

章旨

以上各條，節取自朱子《本義》本〈說卦傳〉四、五、七、八、九、十、十一章。分別言八卦之功能、與化育時空之關係、卦德、遠取象於動物、近取象於人身、乾坤六子之關係、以及廣明八卦之象。此所節取，皆關乎坤者。其詳及孔本節次，請參閱注釋。

注釋

❶**坤以藏之**

藏，包含儲存。坤為地，能含存萬物；為母，能孕育子女；為大輿，能乘載人物。所以坤以藏為最主要的功能。王夫之《周易內傳》：「其能受陽之施，含藏之以成六子之體者，順承之德藏之也。故六子之用行，兩間之化浹也。」本句孔本在第四節，朱本在第四章，說明八卦中坤卦之功能。

❷**致役乎坤**

致，獲致；得到。役，助也，見《廣雅・釋詁二》。《周禮・華氏》：「遂役之。」《注》：「役之，使助之。」《集解》引唐人崔憬《周易探玄》曰：「立秋則坤王，而萬物致養也。」致役乎坤，言萬物在坤得到幫助。詳下條注釋。本句及上條、下條孔本在第四節，朱本析孔本第四節為四、五兩章。上條在第四章，本句及下條都在第五章。

❸**坤也者，地也，萬物皆致養焉，故曰「致役乎坤」**

致養焉，言得到生長養育於大地也。本條解釋前面「致役乎坤」句的原因所在。《正義》引鄭（玄）云：「坤不言方者，所言地之養物不專一也。」但是依據前後文推斷，可知坤之方位為西南方。《易緯・乾鑿度》：「坤養之於西南方，位在六月。」已寫明坤之位、時。附帶說明：漢初曆法，沿用秦制，以夏曆十月建亥為歲首，直到漢武帝元封七年（西元前一〇四年）頒布太初曆，才以正月建寅為歲首。《易緯・乾鑿度》所說「位在六月」，已是立秋時節。與〈說卦傳〉本章之言季節相合。這一點，似可說明《易緯・乾鑿度》之成篇，當在漢武帝元封七年之前。

❹坤，順也

坤，帛書、《經典釋文》本皆作巛，即川字，為順字之所從出。參閱坤卦辭之注釋。坤順天時以生長萬物。〈彖傳〉曰：「至哉坤元，萬物資生，乃順承天。」〈文言傳〉曰：「坤道其順乎，承天而時行。」參閱彼二處注釋。此孔本為第六節，朱本在第七章，說明八卦中坤卦之性能。

❺坤為牛

此說明八卦之坤，遠取鳥獸諸物為象，相當於牛。《正義》：「坤象地，任重而順，故為牛也。」

此條孔本為第七節，朱本在第八章。

❻坤為腹

此說明八卦之坤，近取人身部位為象，相當於腹。《正義》：「坤能包藏含容，故為腹也。」

此條孔本為第八節，朱本在第九章。

❼坤，地也，故稱乎母

吳澄《易纂言》：「萬物資始於天，猶子之氣始於父也；萬物資生於地，猶子之形生於母也。故乾稱父，坤稱母。」案：張載《西銘》：「乾稱父，坤稱母。」本於〈說卦傳〉。朱熹《西銘解義》：「天，陽也，以至健而位乎上，父道也；地，陰也，以至順而位乎下，母道也。」王夫之《張子正蒙注》：「謂之父母者，亦名也；其心之必不忍忘，必不敢背者，所以生名之實也。惟乾之健，故不敢背；惟坤之順，故不忍忘。而推致其極，察乎天地；切求之近，以念吾之所生成，則太和絪縕，中含健順之化，誠然而不可昧。故父母之名立，而稱天地為父母，迹異而理本同也。朱子曰：『天地者其形體，迹之與父母異者也；乾坤者其性情，理之同者也。』」蔡仁厚《宋明理學・西銘分句解義》：「人，稟受天地之形氣，以藐然之身，與天地陰陽混合無間而居位於中，是為子道。《西銘》以萬物為一體，視天下猶一家，所以起句兩語，即明示以天地乾坤為大父母。至於何以不直說『天地』為父母而必說『乾坤』為父母？朱子以為，天地是其形體，乾坤是其性情。乾，健而無息，萬物資之以為始；坤，順而有常，萬物資之以為生。天地之所以為天地、以成其為萬物之父母者，正是由於此乾之健、坤之順，故橫渠特取乾坤二字言之。」各家所釋既詳，故此僅引述而不復贅言。此條孔本為第九節，朱本在第十章。

❽**坤為地，為母，為布，為釜，為吝嗇，為均，為子母牛，為大輿，為文，為眾，為柄，其於地也為黑**

《正義》：「此一節廣明坤象。」《經典釋文》：「荀爽《九家集解》本巛後有八：『為牝、為迷、為方、為囊、為裳、為黃、為帛、為漿。』」《周易集解》嘗引前人說其取象之故，錄之於下：「『坤為地』，虞翻曰：『柔道靜。』『為母』，虞翻曰：『成三女，能致養，故為母。』『為布』，崔憬曰：『遍布萬物於致養，故坤為布。』『為釜』，孔穎達曰：『取其化生成熟，故為釜也。』『為吝嗇』，孔穎達曰：『取地生物而不轉移，故為吝嗇也。』『為均』，崔憬曰：『取地生萬物，不擇善惡，故為均也。』『為子母牛』，《九家易》曰：『土能生育，牛亦含養，故為子母牛也。』『為大輿』，孔穎達曰：『取其能載，故為大輿也。』『為文』，《九家易》曰：『萬物相雜，故為文也。』『為眾』，虞翻曰：『物三稱群，陰為民，三陰相隨，故為眾也。』『為柄』，崔憬曰：『萬物依之為本，故為柄。』『其於地也為黑』，崔憬曰：『坤十月卦，極陰之色，故其於色也為黑矣！』」案：注❸曾引《易緯・乾鑿度》說坤「位在六月」，那是依據八卦分值四季八方而推定的。此又引崔憬曰「坤十月卦」，卻是依據十二消息卦而推定。十二消息卦以復䷗配十一月，臨䷒配十二月，泰䷊配正月，大壯䷡配二月，夬䷪配三月，乾䷀配四月；姤䷫配五月，遯䷠配六月，否䷋配七月，觀䷓配八月，剝䷖配九月，坤䷁配十月。《詩》無達詁，《易》無定象，於此可見一斑。習《易》不可不知數象，又不可泥於數象。茲更補以郭雍《郭氏傳家易說》之言：「布、均，皆猶地之德；釜，猶地之化。吝嗇，陰性也；子母牛，蕃生也；大輿，厚載也。物雜則生文；數偶則眾。柄為化權。純陰之色黑，大赤之反也。八卦之義最難通，故聖人詳其所象，亦立象盡意之謂也。」試與《集解》比較，亦可知一義多象、一象多義之複雜關係。此條孔本單獨成為第十一節，朱本合其他七卦為第十一章。

語譯

坤以柔順寬容的創生功能蘊含萬物，……萬物都從坤得到資助。……坤呀呢，就是大地啊，萬物都從大地獲致生育滋養，所以說：從坤得到資助。……坤，柔順而化育不息。……坤，像動物中最能負重又最柔順的牛。……坤，像身體上的肚子。……坤代表地母，所以就用坤來稱呼母親。……坤，負載萬物像大地，生兒育女像母親，包藏物品像塊布，把生米煮成熟飯像鍋子，生了就不捨像吝嗇的樣子，好壞都養也可說很公平，像懷胎的母牛，像大車，像繁複的文采，像群眾，像器物的柄把，就地的顏色來說是黑土。

附錄古義

《漢書・五行志》：「於《易》，坤為土，為牛。牛大心而不能思慮；思心氣毀，故有牛禍。」

《通典・四十四・引秦靜臘用日議》：「《尚書》《易經》說五行水火金木土王相，衍天地陰陽之義，故《易》曰：坤為土。」

《漢書・杜鄴傳》：「鄴對問云：『坤以法地，為土，為母，以安靜為德。』」

序卦傳

有天地然後萬物生焉。

（注釋、語譯均已見乾卦。）

附錄古義

范曄《後漢書・荀爽傳》：「爽對策曰：『臣聞：有夫婦然後有父子，有父子然後有君臣，有君臣然後有上下，有上下然後有禮義，禮義備則人知所厝矣。夫婦，人倫之始，王化之端。故文王作《易》，上經首乾坤，下經首咸恆。』」

雜卦傳

乾(ㄑㄧㄢˊ)剛(ㄍㄤ)坤(ㄎㄨㄣ)柔(ㄖㄡˊ)。

（注釋、語譯均已見乾卦。）

初六爻辭

初六❶：履霜堅冰至❷。

注釋

❶初六

爻名，數也。初為初位，六為陰爻，初位為陰爻，就叫初六。占筮所得自下至上為六、八、八、八、八、八時，或曰下至上為八、九、九、九、九、九時，都以坤初六爻辭占。案：初為陽位，而陰爻居之，為坤始爻。所以爻辭、〈象傳〉、〈文言傳〉都語含警惕。

❷履霜堅冰至

履霜為坤初六的「象」，堅冰至是「於象識占」。履是踐踏的意思。坤為地，為人所踐踏。霜，陰氣之始所結；堅冰，陰盛之時所凝。踐踏於霜地而知堅冰將至，啟示我們知事先機，留意防範。明儒每教人於動心起念處下工夫，甚是。《偽古文尚書・大禹謨》：「人心惟危，道心惟微，惟精惟一，允執厥中。」《禮記・中庸》：「知遠之近，知風之自，知微之顯，可與入德矣。」表明儒家對事之機微的重視。《淮南子・齊俗篇》：「昔太公望周公旦受封而相見。太公問周公曰：『何以治魯？』周公曰：『尊尊；親親。』太公曰：『魯從此弱矣。』周公問太公曰：『何以治齊？』太公曰：『舉賢而上功。』周公曰：『後世必有劫殺之君。』其後齊日以大，至於霸，二十四世而田氏代之；魯日以削，至三十二世而亡。故《易》曰：『履霜堅冰至。』」可視為史證。

語譯

坤初位是陰爻六，好像踐踏到結霜的地面，要領悟到大地凝結堅冰的日子可能來臨，於是提高警覺，加以防範。

附錄古義

《淮南子・齊俗篇》已見注釋❷所引，不贅。

桓寬《鹽鐵論・論菑篇》：「大夫曰：『金生於巳，刑罰小加，故薺麥夏死。《易》曰：「履霜，堅冰至。」秋始降霜，草木隕零，合冬行誅，萬物畢藏。』」《後漢書・宦者傳論》：「詐利既滋，朋徒日廣。直臣抗議，必漏先言之間；至戚發憤，方啟專奪之隙。斯忠賢所以智屈，社稷故其為墟。《易》曰：『履霜堅冰至。』云所從來久矣。今迹其所以，亦豈一朝一夕哉！」

象傳

履霜堅冰，陰始凝也❶；馴致其道，至堅冰也❷。

注釋

❶履霜堅冰，陰始凝也

履霜下「堅冰」二字，依文義不當有。疑因為湊足四個字，故添「堅冰」以足句。洪邁《容齋隨筆》卷五「易舉正」條略云：「唐蘇州司戶郭京有《周易舉正》三卷，云曾得王輔嗣韓康伯手寫注定傳授真本……『坤初六履霜堅冰至。〈象〉曰：履霜，陰始凝也；馴致其道，至堅冰也。』今本於〈象〉文霜字下誤增堅冰二字。」亦有可能。〈象傳〉蓋先舉爻辭「履霜」，然後以「陰始凝也」去解釋。邱富國《周易輯解》云：「乾初九，〈小象〉釋之以『陽在下』；坤初六，〈小象〉釋之以『陰始凝』。聖人欲明九六之為陰陽，故於乾坤之初畫言之。」又《易》例初爻稱「始」。孔穎達《正義》：「所以防漸於微，慎終於始。」

❷馴致其道，至堅冰也

馴為順習，「其道」二字，與上六〈小象〉「其道窮也」上下呼應。元代胡炳文《周易本義通釋》：「經曰『堅冰至』，要其終也；傳曰『至堅冰』，原其始也。」熊十力《讀經示要》：「人心私欲之萌，其幾甚微。若不即克伏，則滋蔓難圖，不容不戒。」

語　譯

踐踏著地面的霜，這是陰氣開始凝結的現象啊！順著陰寒的路線發展下去，終會到達結成堅冰的程度。

附錄古義

范曄《後漢書・魯恭傳》見上文乾初九條。

文言傳

臣弒其君，子弒其父，非一朝一夕之故，其所由來者漸矣❶。由辯之不早辯也❷。《易》曰：「履霜堅冰至。」蓋言順也❸。

注　釋

❶其所由來者漸矣

其，指弒君弒父的罪行。所，為詞頭（或稱前綴），無義。由，指罪行的源頭。來，指罪行的發展。者，指罪行由開始到發展的過程。漸，逐漸，與上文「非一朝一夕之故」前後呼應。〈文言傳〉僅舉「臣弒其君，子弒其父」；其實利欲之薰心，徇私而背公，其發展過程莫不如此。

❷由辯之不早辯也

辯，从言在辡之間，辡義為罪人相與訟；辯義為治，即對犯罪行為的審察、預防與處置。孔穎達《正義》：「臣子所以久包禍心，由君父欲辯明之事，不早分辯故也。此戒君父防臣子之惡。」是就審察、預防、處理別人的犯罪行為而言。王船山《易內傳》：「亂臣賊子，始於一念之伏、欲動利興，不早自知其非。得朋而迷，惡以日滋，至於龍戰。雖其始念不正，抑以積而深也。辯之斯悔其非道之常，而安其貞矣。」是就審察、預防、處理自己的犯罪傾向而言。考「弒君弒父」指坤本卦積陰而至龍戰，就積陰而言，「辯」的對象是「己」；就龍戰而言，「辯」的對象是「人」。孔說、王義可以並存。

❸蓋言順也

順指順從個人的非心邪念。在中國，民間有一個古老的傳說：「臨刑咬母乳」。兒子怪罪母親從小慣壞了他。在西方，莎士比亞筆下的《馬克白》，更是一齣膾炙人口的悲劇。馬克白是蘇格蘭貴族，奉國王鄧肯之命討伐入侵的威京，大勝凱旋。路經沼澤，遇見三位女巫。第一位稱他格拉密斯伯爵，格拉密斯正是馬克白原有的領地；第二位稱他考道伯爵，考道卻是當時蘇格蘭宰相的封地；第三位稱他為未來的國王。說完三位女巫就不見了。不久，鄧肯王信使來到，由於查出宰相私通威京，已被罷黜。國王改封馬克白為考道伯爵，兼有其領地。馬克白回到蘇格蘭，國王到馬克白城堡歡宴留宿。馬克白夫人慫恿馬克白刺殺了國王，篡奪了王位。紙包不住火，國人當然不服。從此馬克白作著恐怖的夢，會看見鬼魂。他瘋狂地鎮壓，終至全國紛紛起義抗暴。馬克白夫人首先精神崩潰而死。馬克白終被義軍所殺。「心生種種魔生」，三個女巫即是魔心邪念的象徵。弒君殺父，正是順著魔心邪念發展的結果。呂祖謙《易說》：「蓋言順也，此一句尤可警，非心邪念，不可順養將去。順養去時，直至弒父與君。如飲酒，初時一兩盃。順而不止，必至沉湎殺身。如鬥毆，初時只是忿疾，若順忿疾將去，必至操刀殺人。今世俗所謂縱性者，即順之謂也。在『大有』所謂遏惡揚善；在『損』所謂君子以懲忿窒慾，不順之之謂也。……懲治遏絕，正要人著力。」

語譯

部下殺死長官，兒子殺死父親，都不是一天一夜的緣故造成。罪行的開始和發展的過程是逐漸累積而成的，都因為事件發生時沒有及早辨明處理啊！《周易》坤卦初六爻辭說：「履霜堅冰至。」就是說明順著罪行發展的嚴重後果啊！

附錄古義

司馬遷《史記・太史公自序》：「春秋之中，弒君三十六，亡國五十二。諸侯奔走不得保其社稷者，不可勝數。察其所以，皆失其本已。故《易》曰：『失之豪氂，差以千里。』故曰：『臣弒君，子弒父，非一旦一夕之故也，其漸久矣。』」案：《禮記・經解》：「《易》曰：『君子慎始。』差若豪氂，繆以千里，此之謂也。」

「失之豪釐，差以千里。」今《周易》無此文。

班固《白虎通・誅伐篇》：「弒者，何謂也？弒者，試也。欲言臣子殺其君父不敢卒，候間，司事可，稍稍弒之。《易》曰：『臣弒其君，子弒其父，非一朝一夕之故也。』」

王符《潛夫論・衰制篇》：「夫法令者，人君之銜轡箠策也；而民者，君之輿馬也。若使人臣廢君法禁而施己政令，則是奪君之轡策而己獨御之也。愚君闇主託坐於左，而姦臣逆道執轡於右，此齊騶馬繻所以沉胡公於具水，宋羊叔牂所以弊華元於鄭師，而莫之能御也。是故陳恆執簡公於徐州，李兌害主父於沙丘，皆以其毒素奪君之轡策也。〈文言〉故曰：『臣弒其君，子弒其父，非一朝一夕之故也，其所由來者漸矣；由變之不早變也。』」

董仲舒《春秋繁露・基義篇》：「天之氣徐，不乍寒乍暑，故寒不凍，暑不暍；以其有餘徐來，不暴卒也。《易》曰：『履霜堅冰，蓋言遜也。』然則上堅不踰等，果是天之所為，亦當弗作而極也。」

六二爻辭

六二❶：直、方、大❷，不習，无不利❸。

注釋

❶六二

爻名，數也。老陰六居二位，叫做六二。占筮所得自下至上為八、六、八，八、八、八時，或為九、八、九、九、九、九時，都以坤六二爻辭占。坤為地，六二為地，居下卦之中，陰位而陰爻居之。居中得位，為地正爻，所以爻辭、〈象傳〉、〈文言傳〉都繫以吉辭。《朱子語類》：「坤卦中唯這一爻最純粹。蓋五雖尊位，卻是陽爻，破了體了；四重陰而不中；三又不正。」

❷直、方、大

此為象。六二居中故直，直為正直，朱子《本義》謂「柔順正固」；居陰得位故方，方為合矩，朱子《本義》謂「賦形有定」；與乾五合德故大，大為偉大，朱子《本義》謂「德合无疆」。船山《易內傳》云：「九五，乾之盛也；六二，坤之盛也。位皆中。而乾五得天之正位而不過；坤二出於地上而陰不匱。故飛龍者，大人合天之極致；直方者，君子行地之至善也。」以坤二與乾五比較，非但能發《易》之深意，而且於研《易》方法也有所啟示。熊氏《示要》全採其說，不贅。

❸不習，无不利

此為占。習義為重，故坎〈彖傳〉言：「習坎，重險也。」引申為「修營」或「增加造設」。故所以王弼《注》云：「居中得正，極於地質。任其自然，而物自生；不假修營，而功自成。故不習焉。」李光地《周易折中》案語云：「習者，重習也。乃增加造設之意。不習无不利，即所謂『坤以簡能』者是也。若以不習為無藉於學，則所謂『敬以直內，義以方外』者，豈無所用其心哉！」為人作事，正直、合矩，自然形成偉大的人格。無須刻意規劃，重加修飾，反顯矯作。《禮記・大學篇》：「心誠求之，雖不中，不遠矣。未有學養子而后嫁者也。」正是這番意思。熊十力《讀經示要》以「習」為「慣習」。云：「新新而不守其故，曰不習。不習，則盛德日新，无不利。」並自加注解說：「新新，常新也。方生方滅，方滅方生。故無故物可留而常新也。……凡物若守其故，即囿於慣習。常新，常創進不已。故云不習。」所說頗與前人不同，錄於此以供參考。

語譯

陰爻六居坤卦二位。居中顯示稟性正直，得位顯示行為合矩，遵循天道，人格自然偉大。不必矯揉做作，而沒有不利的。

象傳

六二之動，直以方也❶；不習无不利，地道光也❷。

注釋

❶六二之動，直以方也

以，而也。王安石《易解》：「六二之動者，六二之德，動而後可見也。因物之性而生之，是其直也；成物之形而不易，是其方也。」瑞士教育家裴斯塔洛齊（Pestalozz, Johan Heinrich，一七四六～一八二七）認為：教育應基於兒童本性的發展。他說：「教育的目的無他，但在供應適當環境，使兒童發展，潛能能夠循序實現，並促使人生的幸福而已。」與王安石之言及《易》坤二之理暗合。請參閱下條注釋。

❷不習无不利，地道光也

光，義為廣大。見王引之《經義述聞》。項安世《周易玩辭》：「乾以九五為主爻，坤以六二為主爻。蓋二卦之中，惟此二爻既中且正。又五在天爻，二在地爻，正合乾坤之本位也。乾主九五，故於五言乾之大用，而九二止言乾德之美；坤主六二，故於二言坤之大用，而六五止言坤德之美。六二之直，即『至柔而動剛』也；六二之方，即『至靜而德方』也；其大，即『後得主而有常，含萬物而化光』也；其不習无不利，即『坤道其順乎，承天而時行』也。六二蓋全具坤德者。孔子懼人不曉六二何由兼有乾直，故解之曰：『六二之動，直以方也。』言坤動也剛，所以能直也。又懼人不曉六二何由无往不利，故又解之曰：『地道光也。』言地道主六二，猶乾之九五言『乃位乎天德』也。」把坤六二之地道和乾九五之天德，以及六二〈象傳〉和坤卦〈文言傳〉一一比較說明，使人對坤六二大義有進一層的了解。

語譯

六二的行動，正直而且合矩；不必矯揉做作，而沒有不利的，這正顯示大地遵循天道孕育萬物的偉大啊！

附錄古義

《禮記・深衣篇》：「袂圜以應規，曲袷如矩以應方，負繩及踝以應直，下齊如權衡以應平。故規者行舉手以為容，負繩抱方者以直其政，方其義也。故《易》曰：『六二之動，直以方也。』」

文言傳

直其正也，方其義也❶，君子敬以直內❷，義以方外❸，敬義立而德不孤❹。「直方大，不習无不利」。則不疑其所行也❺。

注釋

❶直其正也，方其義也

「正」當作「敬」，正敬兩字古韻都屬耕部，音近而誤。當據下文「敬以直內，義以方外」句訂「正」為「敬」字，直其敬也，言存心正直，故行事敬慎；方其義也，言行事合矩，由於心存公義。六二居中得正，存心不偏不倚，無過不及，故能行事敬慎；六二居陰得位，行事配合身分，適度合宜，實因心存義方。

❷君子敬以直內

敬為敬慎，是敬畏天命的表現。直作致使動詞用，是使之直的意思。內，指內心。案：敬在中國思想史上，是一個非常重要的觀念。根據牟宗三先生在《中國哲學的特質》一書中所述：敬，乃源於憂患意識。與基督教源於恐怖意識，以及佛教源於苦業意識者不同。基督教恐怖於人類的原罪，對自己存在的價值作徹底的否定；然後把自我否定後的自我，皈依附託於一個在信仰中的超越存在——上帝那裡。佛教所說的苦集滅道四諦：苦是無常而起的痛苦；集是無明而起的煩惱；於是有滅，同樣否定了自我生命的價值，要求解脫；最後有道，是超脫苦惱深淵皈依涅槃寂靜的境界。中國人的憂患意識，絕不是生於人生之原罪或苦惱；而是憂慮自己德之未修，學之未講，以及萬物生育之不得其所。憂患的初步表現是臨事而懼的負責認真的態度；然後產生戒慎的「敬」的觀念。而天命天道乃通過「敬」而步步下貫，注入人心而作為生命的主體——這便是乾九二〈文言傳〉所說的「誠」了。因此，在「敬」中，我們的主體並未投向上帝或投向涅槃。我們所作的不是自我的否定；而是自我肯定。覺得自己地位的重要、責任的重大。〈文言傳〉此言「敬以直內」，正是指明要敬重自己的責任，由此警覺而不斷端正自己的存心，充實天賦的品德。敬以直內，義可與《學》、《庸》之言「慎獨」較論。《大學》云：「所謂誠其意者，毋自欺也。如惡惡臭；如好好色。此之謂自謙，故君子必慎其獨也。小人閒居為不善，無所不至；見君子而后厭然，揜其不善，而著其善。人之視己，如見其肺肝然，則何益矣？此謂誠於中，形於外。故君子必慎其獨也。」《中庸》云：「道也者，不可須臾離也，可離非道也。是故君子戒慎乎其所不睹；恐懼乎其所不聞。莫見乎隱；莫顯乎微。故君子慎其獨也。」讀者細思其異同。

❸義以方外

義為合宜，謂行事合宜。方，亦為致使動詞，是使之方的意思。外，指顯現於外者。案：義以方外，是說「義」是一種使外在表現合矩的「內在」力量；決非以「義」為「外在」。《孟子・告子篇》記告子的話說：「食色，性也。仁，內也，非外也；義，外也，非內也。」而孟子駁之。〈盡心篇〉云：「仁義禮智根於心。其生色也，睟然見於面，盎於背，施於四體，不言而喻。」更是義根於心而形於外的最生動的說明。程頤《易傳》：「敬立而內直；義形而外方。義形於外，非在外也。」已見及此。義以方外，義亦可與《學》、《庸》之言「絜矩」較論。《大學》：「所惡於上，毋以使下；所惡於下，毋以事上。所惡於前，毋以先後；所惡於後，毋以從前。所惡於右，毋以交於左；所惡於左，毋以交於右。此之謂絜矩之道。」《中庸》：「子曰：『道不遠人。人之為道而遠人，不可以為道。《詩》云：「伐柯伐柯，其則不遠。」執柯以伐柯，睨而視之，猶以為遠。故君子以人治人，改而止。忠恕違道不遠，施諸己而不願，亦勿施於人。』」其異同留待讀者自思。

❹敬義立而德不孤

《朱子語類》云：「〈文言〉將敬字解直字；義字解方字；敬義立而德不孤，即解大字。」分析很是。案：敬與義有密切關係。《孟子・告子篇》：「孟季子問公都子曰：『何以謂義內也？』曰：『行吾敬，故謂之內也。』」〈文言傳〉「敬以直內」，相當於《孟子》之「義內」；〈文言傳〉「義以方外」，相當於《孟子》之「行敬」。二者關係幾乎是一而二，二而一的。由於敬義立，內外心身的合一；於是進一步配合乾元天道，導致上下天人的合一。所謂「德不孤」，正指坤德合乾德而不孤立。坤之所以能「至」乾之「大」，理由在此。宋劉絢〈師訓〉記程頤的話：「敬以直內，義以方外，合內外之道也。」又李籲《師說》也記明道言：「敬義夾持，直上達天德自此。」已認清此種內外相合，上下相通的奧旨。

❺則不疑其所行也

此句釋「不習无不利」。一個人只要敬義相合，上達天德，自然對於所行，能隨心所欲而不踰矩。不須懷疑而反覆思索了。《二程遺書》卷二載明道〈識仁篇〉云：「學者須先識仁。仁者，渾然與物同體。義禮智信，皆仁也。識得此理，以誠敬存之而已。不須防檢，不須窮索。」明道誠敬識仁之教，實根據《周易》。而「不須防檢，不須窮索」，可移作坤六二爻辭「不習」與〈文言傳〉「不疑」的注釋。孔廣森《經學卮言》以為古文偏旁多省，不疑其所行者，言所行不礙也。錄作參考。

語譯

六二爻辭所說的「直」，是指六二居中，存心正直，行事敬慎；六二爻辭所說的「方」，是指六二得位，行事合宜，心存公義。君子以敬畏天命的心情來端正自己的存心；以恰當合宜的原則來規範外在的行為。心存誠敬，行合義方，於是上達天德，德行廣被，而不孤立。《周易》坤卦六二爻辭說：「直方大，不習无不利。」正是因為不懷疑自己所做的事啊！

六三爻辭

六三❶：含章可貞❷。或從王事，无成，有終❸。

注釋

❶六三

爻名，數也。老陰六居三位。占筮所得自下至上為八、八、六、八、八、八，或為九、九、八、九、九、九時，皆以此占。就坤卦而言，此時內卦坤下已成，當然是一件美好的事。可是，三為陽位，居上下卦之間，是多凶之位；而陰居之。地位十分尷尬。進退之際，就更要拿定主意了。爻辭、〈象傳〉、〈文言傳〉，都由此而發。

❷含章可貞

「含章」為象，「可貞」為占。先儒解釋這句，多以六為陰爻，三為陽位；以六居三，有以陰包陽之美。此說起於三國吳人虞翻。《集解》引其言曰：「以陰包陽，故含章；三失位，發得正，故可貞也。」朱子《本義》也說：「六陰三陽，內含章美，可貞以守。」但是，陰居陽位，明明是「失位」，怎能說「含章可貞」呢？因此，船山《易內傳》提出新解：「六二柔順中正，內德固；而所以發生品物者，備其美。六三居其上，成乎坤體。所含者六二之章光。故雖以陰居陽，而可不失其正。」以六三坤體成，坤德貞順，內含章光。就遠勝虞、朱之說。爻辭中「可」字，是「能」的意思。《中庸》：「《詩》曰：『衣錦尚絅。』惡其文之著也。故君子之道，闇然而日章；小人之道，的然而日亡。」意亦相近，可以參看。

❸**或從王事，无成，有終**

此為告誡之辭。或，假設不定之詞。同乾九四「或躍在淵」之或。三四居上下卦之際，若又不得位，就有進退不定之象。元儒胡炳文《周易本義通釋》：「大抵陽主進，陰主退。乾九三陽居陽，故曰乾乾，其德主乎進也。坤六四陰居陰，故曰括囊，其位主乎退也。乾九四陽居陰，坤六三陰居陽，故皆曰或，進退未定之際也。特其退也，曰在淵，曰含章可貞，惟進則皆曰或。」從乾坤三四爻比較中得到「或」有「或進」之義。甚是。總之，六為陰爻，主退；而居三位，三為進爻，又屬陽位。有性本淡泊而所居地位不得不進之象。因此，從事國事的時候，不敢率先完成，也不以成功者自居，以成自己的虛名，而有至終之美。王弼《注》曰：「不為事始，須唱乃應，待命乃發。……有事則從，不敢為首，故曰或從王事也。不為事主，順命而終，故曰无成有終也。」可供參考。

語譯

坤老陰六居三位，含藏著美麗的光輝，能固守正道。倘或從事國事，不敢率先完成，不以成功者自居，不願成就一己之虛名，終能保全美德與堅貞。

附錄古義

《淮南子・繆稱篇》：「聖人在上，化育如神。太上曰：我其性與？其次曰：微彼，其如此乎？故《詩》曰：『執轡如組。』《易》曰：『含章可貞。』動於近，成文於遠。」

象傳

含章可貞，以時發也❶；或從王事，知光大也❷。

注釋

❶含章可貞，以時發也

坤六三之懷藏章美，並非永不顯發，而是承陽適時而顯發。〈文言傳〉所謂「坤道其順乎，承天而時行」也。《集解》引崔憬的話：「陽命則發，非時則含也。」是十分正確的。熊十力更以宇宙之演進來解說，《讀經示要》云：「坤雖凝聚而成物，然與乾同體。故內含直方之美，而不失其正。雖有物化之虞，而以含直方之美故，則乾元之力，默運於坤陰之中者，終當以時發見。如宇宙肇始無機物，幾純屬坤陰。其時乾元默運於坤陰之中，但隱而未發見耳。然歷經相當時期，乃有植物、動物，以至人類，則生命盛著。生命，乾元也。終以時發見而不容已。故曰以時發也。」錄於此以供參考。

❷或從王事，知光大也

「或從王事」下，省去「无成有終」。〈小象傳〉引爻辭，有增省之例。知，智也。光大猶言廣大。程《傳》：「象只舉上句，解義則并及下文。它卦皆然。或從王事，而能无成有終者，是其知之光大也。唯其知之光大，故能含晦。淺暗之人，有善唯恐人之不知，豈能含章也。」

語譯

含藏美德，固守正道，因為要等適當的時機，才能發揮自己的才華啊！如果從事公務，不敢率先完成，不以成功者自居，終能保全自己；這是智慮廣大啊！

文言傳

陰雖有美，含之❶。以從王事，弗敢成也❷。地道也，妻道也，臣道也❸。地道无成，而代有終也❹。

注釋

❶陰雖有美，含之

陰陽各具其美。陽美在健，常表現於外。所以〈文言傳〉於乾卦說：「君子以成德為行，日可見之行也。」強調乾德是「日可見」的。陰美在順，常含養於內。所以此云「陰雖有美，含之」。同時由「陰雖有美」四字，又可知六三之美屬陰，與所居陽位無關。虞、朱以六三「以陰包陽」為「含章」，實有背〈文言傳〉之解釋。

❷以從王事，弗敢成也

弗敢成也，是不敢自己率先完成，以博取名聲的意思。《集解》引宋衷曰：「不敢有所成名也。」重點在「名」；又引荀爽曰：「要待乾命，不敢自成也。」重點在「自」；而孔穎達《正義》云：「不敢為主先成之也。」重點在「先」。皆得其一曲。古漢語語法：凡述語下有賓語，否定副詞用「不」字；無賓語，否定副詞用「弗」。《禮記・學記》：「雖有嘉肴，弗食，不知其旨也。」即為一例。

❸地道也，妻道也，臣道也

坤至六三，內卦已成。地、妻、臣，都是坤之象徵。不可用初二為地，三四為人，五上為天之爻位說來解釋。地道承天，妻道順夫，臣道尊君。引而申之，軀體之順從理智，小我之服從大我，都是坤道。

❹地道无成，而代有終也

如果沒有陽光雨露空氣，地面上不可能有生物。所以地道无成，必待天道而成。但是所有生物必須依靠土地，才能接受陽光雨露而完成生命，所以天道能創始萬物，地道能終生萬物。妻道臣道，也是一樣。此舉地道以賅妻道臣道。

語譯

柔順的陰，雖然具有美麗的光輝，但是含養不露。因此承陽行事，不敢自己作主率先完成。這是靜默的大地啟示我們的道理。也正是做妻子做臣子的道理啊！地道雖然不能單獨完成化育的工作，但代替天道完成化育的，最後還是地道。

附錄古義

范曄《後漢紀・章帝紀》：「元年春二月壬辰，帝崩於章德殿。是日，太子即位，年十歲，太后臨朝。袁宏曰：『非古也。《易》稱：「地道無成，而代有終。」禮有婦人三從之義。然則后妃之在於欽承天，敬恭中饋而已。故雖人母之尊，不得令於國，必有從於臣子者，則柔之性也。』」

六四爻辭

六四❶：括囊❷。无咎，无譽❸。

注釋

❶六四

爻名，數也。老陰六居四位。占筮所得自下至上為八、八、八、六、八、八，或為九、九、九、八、九、九時，以此占。六四得位而多懼，非中而不及，處坤下坤上之間，為退爻，並且有重陰閉結之象。

❷括囊

這是象。括，是閉結的意思。坤為陰卦，六為陰爻，四為陰位，處坤下坤上重陰之地，所以有陰寒閉結之象。囊，盛物之袋。囊可藏物，正像地可藏物。所以坤又以囊為象。《九家易》：「坤為囊。」王弼《注》：「處陰之卦，以陰居陰，履非中位，无直方之質；不造陽事，无含章之美。括結否閉，賢人乃隱。施慎則可，非泰之道。」釋義甚好。案：〈繫辭傳上〉：「夫坤其靜也翕，其動也闢。」宋劉牧《周易解》曰：「坤其動也闢，應二之德；其靜也翕，應四之位。翕，閉也。」

❸无咎，无譽

這是占。由於為人處世像閉結的袋子，別人既不能看到他有何錯誤而指出其罪咎；也無法發現他有何優點而加以贊譽。元俞琰《周易集說》：「咎致罪；譽致疑。唯能謹密如囊口之結括，則无咎无譽。」正是此意。而且在重陰閉結的時代裏，无譽又是无咎的必要條件。孔廣森《周易史論》云：「所以得无咎者，正以其无譽。勿若漢之黨人，標榜於桓靈之朝，竟以譽殺身也。」其實只有在衰世，才會有以譽殺身的怪事。如桓靈之黨錮；晚明之東林。太平盛世，有譽不必致咎。讀《易》者不可輕言隱藏。荀子甚至以此乃斥鄙夫腐儒。〈非相篇〉云：「君子之於言無厭；鄙夫反是：好其實而不恤其文，是以終身不免埤汙傭俗。故《易》曰：『括囊，无咎，无譽。』腐儒之謂也。」詳見「附錄古義」。就爻象來說：六四當位，故无咎；非中而為退爻，故无譽。

語譯

坤老陰六居四位：在這陰寒閉結的時候，要像緊閉袋口的袋子一樣，不會有災禍，也不會有榮譽。

附錄古義

《荀子・非相篇》：「凡言不合先王，不順禮義，謂之姦言；雖辯，君子不聽。法先王，順禮義，黨學者；然而不好言，不樂言，則必非誠士也。故君子之於言也，志好之，行安之，樂言之；故君子必辯。凡人莫不好言其所善，而君子為甚，故贈人以言，重於金石珠玉；觀人以言，美於黼黻文章；聽人以言，樂於鐘鼓琴瑟。故君子之於言無厭；鄙夫反是：好其實而不恤其文，是以終身不免埤汙傭俗。故《易》曰：『括囊，无咎，无譽。』腐儒之謂也。」

《淮南子・詮言篇》：「能有天下者，必不失其國；能有其國者，必不喪其家；能治其家者，必不遺其身；能修其身者，必不忘其心；能原其心者，必不虧其性；能全其性者，必不惑於道。故廣成子曰：『愼守而內，周閉而外，多知為敗。毋視，毋聽，抱神以靜，形將自正。』不得之己而能知彼者，未之有也。故《易》曰：『括囊，无咎，无譽。』」

裴松之《三國志・魏書・李通傳注・引李秉家誡》：「夫清者不必愼，愼者必自清；亦由仁者必有勇，勇者不必有仁。是以《易》稱『括囊无咎』，『藉用白茅』，皆愼之至也。」

象傳

括囊无咎，愼不害也❶。

注釋

❶愼不害也

四多懼，懼故慎。《說苑・敬慎篇》：「日夜慎之，則無害災。」案：船山《易內傳》：「欲退藏以免於咎，則無如避譽而不居。危言則召禍；詭言則悖道。括囊不發，人莫得窺其際，慎之至也。」釋意甚精。熊十力《讀經示要》更補充云：「君子處變之道，有時不得不如此。然後世隱淪之士，守此為常。且以為藏身之妙術，則不達此爻之旨也。」「有時」二字要注意。

語譯

坤六四爻辭「括囊无咎」，這說明了必須謹慎小心，才能避免禍害。

文言傳

天地變化，草木蕃❶；天地閉，賢人隱❷。《易》曰：「括囊无咎无譽。」蓋言謹也。

注釋

❶天地變化，草木蕃

本句與下句互文對舉而有所省略，「草木蕃」下省去「賢人仕」。意思是：當「天地變化」，那麼「草木蕃」、「賢人仕」。非坤卦實有「天地變化草木蕃」的現象。試與泰卦（䷊）比較，泰卦乾下坤上，象徵著天氣下降，日光普照；地氣上升，萬物萌生。也象徵領導階層，深入民間，探知民隱，以謀解決；老百姓們也能把意見向上級反映，以供採用。所以泰〈彖傳〉說：「天地交而萬物通也；上下交而其志同也。」此言「天地變化」，猶「天地交」、「上下交」；此言「草木蕃」，猶「萬物通」。而「賢人仕」，正因為上下志同。由此引申，父慈子孝，兄友弟恭；身心平衡，情理協調，都是上下交也。

❷天地閉，賢人隱

「賢人隱」上省略「草木枯」句。意思是：當「天地閉」，那麼「草木枯」、「賢人隱」。六四陰爻陰位，居坤下坤上之際，重陰之地，不與天通，頗似否卦（䷋）〈彖傳〉所言：「天地不交而萬物不通也；上下不交而天下无邦也。」所以有天地閉塞之象。六四雖得位為賢人，也應退隱靜默，充實自己，得機復出。案：三、四，人位。六四以陰居陰，得位而稱賢人，猶乾上九〈文言〉之稱乾九三以陽居陽得位為「賢人」。又「隱」不僅為退隱，更有借此時機充實自己的意義在。宋張浚《紫巖易傳》：「括囊，蓋內充其德，待時而有為者也。……夫閉於前而舒於後，生化之功自是出也。括囊之慎，庸有害邪！」抉發「括囊」的積極義，極為重要。

語譯

假如天氣下降、地氣上升，那麼草木就能蕃生。可是坤六四處在重陰的位置，下面固然是地；上面依舊是地；不見天日。在這樣上下不通，天地閉塞的環境，賢人也要隱藏以充實自己。《周易》坤六四爻辭說：「括囊无咎无譽。」就是告訴人們要謹慎啊！

六五爻辭

六五❶：黃裳❷，元吉❸。

注　釋

❶六五

老陰六居五位，有居中之美，履尊之貴。占筮所得為八、八、八、八、六、八，或為九、九、九、九、八、九時，以此占。

❷黃裳

此為坤卦六五之象。黃是地色，中央之色，正色，也是君服之色。《周禮・冬官考工記・畫繢》：「東方謂之青；南方謂之赤；西方謂之白；北方謂之黑。天謂之玄；地謂之黃。」《論衡・驗符》：「黃為土色，位在中央。」《詩・綠衣》：「綠衣黃裳。」《傳》：「黃，正色。」《漢書・律曆志》：「黃者，中之色，君之服也。」坤為地，六五居中，故為黃。裳為下服，又有芾佩在外掩蓋著，而坤卑中與其相似，故為裳。黃裳為貴者之服。王弼《注》：「黃，中之色也；裳，下之飾也。坤為臣道，美盡於下。」《本義》云：「六五以陰居尊，中順之德，充諸內而見於外，故其象如此。」王船山《周易稗疏》：「黃裳者，玄端服之裳，自人君至命士皆服之。」

❸元吉

此為坤六五之占。元義為大，又有始意，是本來偉大，不待外求之意。吉義為得。得，不僅指物質上的獲得，凡品德之充實，理想之實現，都是得。〈繫辭傳上〉：「吉凶者，言乎其得失也。」吉得，凶失，其義相反。案：《左傳・昭公十二年》：「南蒯之將叛也，枚筮之，遇坤䷁之比䷇。曰：『黃裳元吉。』以為大吉也。示子服惠伯，曰：『即欲有事，何如？』惠伯曰：『吾嘗學此矣。忠信之事則可；不然，必敗。外彊內溫，忠也；和以率貞，信也。故曰：「黃裳元吉。」黃，中之色也；裳，下之飾也；元，善之長也。中不忠，不得其色；下不共，不得其飾；事不善，不得其極。外內倡和為忠；率事以信為共；供養三德為善。非此三者，弗當。且夫易不可以占險；將何事也？且可飾乎？中美能黃；上美能元；下美則裳。參成可筮，猶有闕也。筮雖吉，未也。』」非但對「黃裳元吉」有很特別的解釋，可以標點為「黃、裳、元：吉。」而「忠信之事則可；不然，必敗」以及「易不可以占險」，尤其值得三思。王弼《周易注》：「夫體无剛健，而能極物之情，通理者也。以柔順之德，處於盛位，任夫文理者也。垂黃裳以獲元吉，非用武者也。極陰之盛，不至疑陽，以文在中，美之至也。」船山《易內傳》：「凡言吉者，與凶相對之辭。自然而享其安之謂。黃裳非以求吉而固吉，故曰元。凡言元吉者，準此。」

語譯

坤五位是陰爻，貞順的美德充滿心頭而呈現於全身。就像服務人群的政治家已經到達最尊貴的地位，穿上黃色的禮服一樣，自自然然地實現了自己的理想。本來就是大吉大利的。

附錄古義

《左傳·昭公十二年》已見注釋❸所引，不贅。

象傳

黃裳元吉，文在中也❶。

注釋

❶文在中也　〈說卦傳〉：「坤為文。」所以王肅《周易注》云：「坤為文，五在中，故曰：文在中也。」文在中也，是文采藏在裏面的意思。王夫之《周易稗疏》：「衣裳之制，衣下掩裳際，復有韍佩帶紳加其上，是衣著於外，裳藏於內。」可知古代「裳」之文采是內藏的。《中庸》：「《詩》曰：『衣錦尚絅。』惡其文之著也。故君子之道，闇然而日章；小人之道，的然而日亡。」也是此意。

語譯

穿上了黃色的禮服，自然地實現了自己的理想，因為美德藏在裏面，日久漸漸顯著啊！

文言傳

君子黃中通理，正位居體，美在其中❶。而暢於四支，發於事業，美之至也❷。

注釋

❶君子黃中通理，正位居體，美在其中

此釋「黃裳」。黃中通理釋「黃」。坤地色黃，六五居中，故曰黃中。也就是〈象傳〉「文在中也」的意思，代表道德之內在。通理，五為天位，通達天理。《易緯・乾鑿度》云：「地靜而理。」地理由天理而來。上文說明乾坤，曾以天理、理性屬乾；以物欲、形骸屬坤。坤雖含物欲，但也稟受天理，而納天理於形骸之內。所以通理，是通受於天納於己之理。也就是內在美德之遙契天理。宋游酢《易說》：「黃中通理者，養德性之源而通至理也。通理云者，非謂其見彼也，自見而已；非謂其聞彼也，自聞而已。故宅於心者至虛而明。」「養德性之源而通至理」「宅於心者至虛而明」二句要重看。正位居體釋「裳」，是居體正位的倒裝。體字與上文理字叶韻，故倒裝以成韻。六五居上體之中而得正，所以說居體正位。表示遙契天理之內在美德已居於形體之正位。游酢《易說》：「正位居體者，正為臣之位而居坤之體也。居體云者，處靜而无倡也，稟其令而已；處順而无作也，續其終而已。故守其身者至柔而恭。」稟令續終至柔而恭，正是裳之象徵義。美在其中，強調莊嚴珍貴美德之內在，理即在體中，即在氣中。朱熹每言：「理又非別為一物，即存乎是氣之中。無是氣，則是理亦無掛搭處。」理氣不二，正是此意。在句法上，美在其中是黃中通理正位居體之結語。

❷而暢於四支，發於事業，美之至也

此釋「元吉」。暢於四支，承黃中通理而來；發於事業，承正位居體而來；美之至也，承美在其中而來，並為暢於四支發於事業之結語。上條是明明德的工夫；此條是親民新民的工夫。游酢《易說》：「內外交相養，則美在其中，粹然无疵矣。故見於面，盎於背，施於四體，四體不言而喻，此暢於四支所以為美之至也；成天下之大順，功高而朝不忌，任重而上不疑，此發於事業所以為美之至也。」游氏所謂「內」，指「黃中通理」；游氏所謂「外」，指「正位居體」。朱熹曾就坤六五與坤六二比較。《朱子語類》云：「二在下，『方』是就功夫上說，如『不疑其所行』是也；五得尊位，則是就它的成就處說，所以云：『美在其中，而暢於四支，發於事業，美之至也。』」宋儒游酢、朱熹皆將「美在其中」連下文成句，說義亦甚好。李光地更將乾九二、九三與坤六二、六五作比較。《周易折中》案語云：「乾爻之言學者二：於九二則曰：言信行謹，閑邪存誠也；於九三則曰：忠信以進德，脩辭立誠以居業也。坤爻之言學者二：於六二則曰：敬以直內，義以方外也；於六五則曰：黃中通理，正位居體也。分而言之，則有四。合而言之，則乾二之存誠，即九三之忠信：皆以心之實者言也。乾二之信謹，即乾三之脩辭立誠：皆以言

行之實者言也。在二為大人，則以成德言之，由其言行以窺其心，見其純亦不已如此也。在三為君子，則以進學言之，根於心而達於言行，見其交脩不懈亦如此也。坤二之直內，即坤五之黃中；皆以心之中直者言也。坤二之方外，即坤五之正位：皆以行之方正者言也。二言直，而五言中。直則未有不中者，中乃直之至也。二言方，而五言正。方則未有不正者，正乃方之極也。二居下位，不疑所行而已；五居尊，又有發於事業之美。此則兩爻所以異也。在乾之兩爻，誠之意多。實心以體物，是乾之德也；坤之兩爻，敬之意多。虛心以順理，是坤之德也。而要之未有誠而不敬，未有敬而不誠者。乾坤一德也，誠敬一心也。聖人所以分言之者，蓋乾陽主實，坤陰主虛。人心之德，必兼體焉。非實不能虛，天理為主，然後人欲退聽也；非虛不能實，人欲屏息，然後天理流行也。自其實者言之則曰誠；自其虛者言之則曰敬。是皆一心之德，而非兩人之事。但在聖人則純乎誠矣，其敬也，自然之敬。其次主敬以至於誠。故程子曰：『誠則無不敬。未能誠，則必敬而後誠。』而以乾坤分為聖賢之學者，此也。」這一段話，對乾坤「誠敬之教」有極嚴謹細密的分析。非精於理學者不能道。讀者試與《中庸》言「誠」言「誠之」各節參看，對《周易》在中國思想史上的重要地位，以及儒家經典間的圓融性，當有更深一層的認識。

語譯

君子莊嚴尊貴的品格，柔順文靜地通達並契合天理，居於坤體中正的位置，美德就蘊藏在當中了；自自然然地顯現在四肢，發揮於事業，這是美德的極致啊！

上六爻辭

上六❶：龍戰于野❷，其血玄黃❸。

注釋

❶上六

爻名，數也。上位是老陰六。居高道窮，為陽所疑，故象占如此。占筮所得自下至上為八、八、八、八、六，或為九、九、九、九、九、八時，以此占。

❷龍戰于野

這是坤上六之象。龍為陽的象徵，已詳乾卦。龍戰，坤與龍陽交戰。于野，卦外之象。〈說卦傳〉：「戰乎乾。乾，西北之卦也，言陰陽相薄也。」陰陽相薄，而戰於乾，可以作為不在坤卦內作戰的證明。當陰發展到極點的時候，也正是陽奮起抵抗陰的時候。王《注》：「陰之為道，卑順不盈，乃全其美。盛而不已，固陽之地，陽所不堪，故戰于野。」程《傳》：「陰從陽者也。然盛極則抗而爭。六既極矣，復進不已，則必戰。故云：戰于野。野，謂進至於外也。」可從。冬天來了，春天還會遠嗎？乾上九曰「亢龍有悔」，戒自滿也；坤上六曰「龍戰于野」，戒自棄也。

❸**其血玄黃**

也是坤上六之象，並攝占於象中。龍雖然作為乾陽的象徵，但仍有形體。戰而受傷，也會流血，故曰「其血」。玄是紅黑色。天色玄，地色黃。今血色玄黃，表示乾天坤地都受傷了。在語法上「其血」之其，指龍。所以其血特別指稱龍血，王船山認為這是「易為龍惜」。《易內傳》：「陽之戰陰，道之將治也。而欲奮起於涸陰之世，則首發大難，必罹於害。陳勝項梁與秦俱亡；徐壽輝張士誠與元俱殞。民物之大難，身任之則不得辭其傷！易為龍惜，不惜陰之將衰，聖人之情見矣。」所言甚是。不過聖人對乾，也有警惕的作用，希望防患於未成。否則「臣弒其君，子弒其父」，就會產生「其血玄黃」的慘劇。

語譯

坤上位是老陰六。陰發展到極點，代表陽的龍奮起與陰決戰於郊野。結果兩敗俱傷，流出有的紅黑、有的帶黃的血來。

附錄古義

《左傳・昭公二十九年》見上乾初九條。

象傳

龍戰于野，其道窮也❶。

注釋

❶其道窮也

陰道發展至極，便陷於窮途末路的困境，這正是陽道復興的時機。熊十力《讀經示要》：「六陰皆見，於象窮極而無餘。陽必起而乘之。……夫人事之狂惑昏亂，皆陰象也。陰迷失道，而不知反，窮所必至。陰窮，而陽道必興。陽之初興，不得不與亢陰之餘勢相戰。戰則不避其傷，以此見陽德之健也。」

語譯

坤陰與陽龍交戰於郊野，這是陰發展到了極點，而陷於窮途末路的地步啊！

附錄古義

范曄《後漢書・朱穆傳》：「穆推災異，奏記勸誡梁冀云：『穆伏念明年丁亥之歲，刑德合於乾位。《易經》龍戰之會，其文曰：「龍戰於野，其道窮也。」謂陽道將勝而陰道負也。』」

文言傳

陰疑於陽必戰❶，為其嫌於无陽也，故稱龍焉❷，猶未離其類也，故稱血焉❸。夫玄黃者，天地之雜也，天玄而地黃❹。

注釋

❶陰疑於陽必戰

陰寒凝結，比擬於陽，為陽所懷疑，陽必奮起，而與陰戰。王弼《注》：「辯之不早，疑盛乃動。故必戰。」孔穎達《疏》：「陰盛為陽所疑。陽乃發動，欲除去此陰，陰既強盛，不肯退避，故必戰也。」案：「疑」字，《釋文》謂「荀虞姚信蜀才本作凝」，是陰寒凝結而成堅冰的意思。王引之《經義述聞》卻以為：「疑之言擬也，自下上至之辭也。陰盛上擬於陽。」是陰把自己比擬為陽的意思。茲兼取「疑」、「凝」、「擬」三說，而作綜合的注釋。

❷為其嫌於无陽也，故稱龍焉

此句說明爻辭所以特別稱「龍」的原因在：怕讀者誤以為坤六爻都是陰，而陽不存在了。其實陰中有陽而本於陽（已見於乾〈象傳〉「大哉乾元，萬物資始」注釋），陽始終存在的。熊十力《讀經示要》案語云：「如生命或心靈未發現時，全宇宙只是群陰，幾無所謂陽。稱龍者，明群陰之世，非無陽也。雖暫為陰所伏，終不能不戰也。」熊氏以陰為無生之物，以陽為生命或心靈，使陰陽之義益為豐富。請參閱坤六三〈象傳〉「含章可貞，以時發也」注釋所引熊氏的話。案：象數易有「飛伏」說。以為凡卦見者為飛，不見者為伏；飛陽則伏陰，飛陰則伏陽。就易道陰陽互含而言，飛伏說不無是處。《集解》引《九家易》曰：「陰陽合居，故曰兼陽。謂上六坤行至亥，下有伏乾。陽者變化，以喻龍焉。」又引荀爽曰：「消息之卦，坤位在亥，下有伏龍，陰陽相和。」可以參考。又正文「為其嫌於无陽也」，《集解》本作「為其兼于陽也」，並述於此。

❸猶未離其類也，故稱血焉

上文既用「龍」字表示陰盛而陽未滅。此句又用「未離其類」表示上六屬坤也未離陰類。心靈氣息屬陽，血肉軀體屬陰。所以稱「血」者，正為了點明上六未離陰類。《集解》引荀爽曰：「實本坤卦，故曰未離陰類也。」朱子《本義》曰：「血，屬陰，蓋氣陽而血陰也。」都解釋正確。這裏特別強調三點：一、陰陽不能截然二分。陰中有陽；陽中有陰。陽顯陰隱，即名為陽；陰顯陽隱，即名為陰。生物界雌雄相交，所生可能是雄，也可能是雌，正是這個道理。所以太極「☯」陰陽共圓，上下交錯，陰包陽，陽包陰，很能表達陰陽錯綜複雜的關係。二、「未離其類」除指上六屬陰外，還可指陽中之陰，故以龍血為象。王船山《周易內傳》：「未離其類者，陽雖傷，而所傷者，陽中之陰也。剛健之氣，不能折也。故秦漢隋唐之際，死者陳勝楊玄感而已，皆龍之血也。陽以氣為用，陰以血為體。傷在血陰，終不能傷陽，而陰衄（音ㄋㄩˋ，挫敗的意思）矣。三、陽起與陰戰，非為滅陰，使陰順陽而已。熊十力《讀經示要》：「陽不孤行，必資於陰。故陰者，陽之類也。陽之戰陰，但伏其侵逼之勢已耳，非滅之也。若滅之，則將離其類，而為孤陽矣。宇宙豈其如是。陽戰勝陰，要非離而獨在也，故曰未離其類。」

❹夫玄黃者，天地之雜也，天玄而地黃

元俞琰《周易集說》：「玄者，天之色；黃者，地之色。血言玄黃，則天地雜類，而陰陽無別矣。故曰：『夫玄黃者，天地之雜也。』陰陽相戰，雖至於天地之雜亂；然而天地定位於上下，其大分終不可易。故其終又分而言之曰：『天玄而地黃。』」釋義淺明。熊十力《讀經示要》云：「此言陽戰勝陰，即陰順陽，而成其沖和。《九家易》曰：『玄黃天地之雜，言乾坤合居也。』干寶曰：『陰陽合則同功。』可知陰陽本一體，畢竟不相矛盾也。」並且再加案語說：「按陰陽本非異體。但陰偏盛，而陽不顯。故說陽受侵逼，而若不合也。今陽戰勝，而陰順陽以成化。故曰『合則同功』。此借用干寶語，而義與干寶不必全符。」考德人佛洛伊德言「自我」調和「原我」與「超我」，而求其平衡。近代教育家也強調「身心平衡」之說。《易》言「龍戰于野，其血玄黃」，正指靈肉之交戰；〈文言〉言「天玄而地黃」，可認為交戰後身心恢復平衡。《西遊記》第五十八回：「二心攪亂大乾坤，一體難修真寂滅。」表面上寫真假孫悟空間之爭執，實際上是對人心之矛盾分裂與競鬥，作形象化、趣味化的生動描述，讀者請自細參。

語譯

陰發展到極點，引起陽的懷疑，必定會發生戰爭。因為在坤六爻皆陰的情形下，容易有陽不存在的嫌疑，所以特別在爻辭中提到象徵陽氣的「龍」字。不過坤上六依然不曾離開了陰類，所以在爻辭中又特別提到象徵陰物的「血」字。那「玄黃」二個字呢，表示天地的混雜，靈肉的交戰。然後天又恢復了玄色，地又恢復了黃色。天地定位，象徵身心恢復了平衡。

用六用辭

用六❶，利永貞❷。

注釋

❶用六

用辭名，數也。用，帛書作「迵」，有輪流、重複、全部、整個等意思。《周易》筮法，凡六爻都是老陰六，就以此為占。詳已見乾卦用九之注釋。

❷利永貞

這是占，而證占可知象。永貞，是永遠貞正的意思。坤卦辭言「安貞」；用六言「永貞」。胡炳文《周易本義通釋》曾指出其間不同：「坤安貞，變而為乾，則為永貞。安者，順而不動；永者，健而不息。」胡氏所說「變而為乾」，是指用六六爻皆六，六為老陰，老陰為變。所以有「變而為乾」之象。請參閱乾初九及用九注釋。乾用九曰「无首」，坤用六曰「永貞」。王弼曾有所較論，《注》云：「夫以剛健而居人之首，則物之所不與也；以柔順而為不正，則佞邪之道也；故乾吉在无首，坤利在永貞。」明儒顧憲成在《小心齋劄記》中則以變卦說其故云：「用九无首，是以乾入坤；蓋坤者，乾之藏也。用六永貞，是以坤承乾；蓋乾者，坤之君也。」熊十力《讀經示要》：「坤凝聚而成物，乃乾元所憑以發見之資具也。故坤道以承乾為正。坤不順乾，即失其主。將至物化而不返。此其失道之迷，為可懼也。故坤道之利，唯在永貞。貞者，卦辭云：『牝馬之貞』，以順陽為正之謂也。貞而曰永，無可改易之辭也。坤必順陽而不可侵陽，是坤道之永恆也。」對「永貞」的意義有很好的發揮。

語譯

坤卦六爻全部都是「六」，代表大地順承之德，最有利的辦法是，永遠順從乾元天道，也就是順從公益和天理。

象傳

用六永貞，以大終也❶。

注釋

❶以大終也

大終，是盛大於終的意思。宋程迥《古易章句》云：「乾以元為本，所以資始；坤以貞為主，所以大終。」乾始坤終，於是成其造化之妙。船山《易內傳》曾申此說云：「陽始之，陰終之，乃成生物之利。永貞以順陽而資生萬物。質無不成，性無不麗。則與乾之元合其大矣。」熊十力後出轉精，《讀經示要》云：「萬物之生，秉乾之知以為性；資坤之質以成形。故乾，始萬物者也；而坤終之。乾惟知故，至神而含萬化，為萬物始；坤惟質故，而萬物資之以各成其個體之形。使惟有乾而無坤，則只是沖寞無形，萬物何所資以成乎？故知乾始萬物，而終乾之化，以成萬物者，坤效其質故也。或曰：乾坤為二元乎？曰：否！否！坤與乾同體，但作用異耳。此意詳在前文，覆玩之可也。坤唯順乾，永得其貞，故能承乾，而終其成物之功。是以贊之曰大終也。」

語譯

坤卦六爻同為「六」，永遠配合乾元的指導，因此豐富了擴大了天地化育的成果。

附錄一

《周易本義》卷首所載〈筮儀〉

擇地潔處為蓍室，南戶，置牀於室中央。

牀大約長五尺，廣三尺，毋太近壁。

蓍五十莖，韜以纁帛，貯以皁囊，納之櫝中，置於牀北。

櫝以竹筒，或堅木，或布漆為之。圓徑三寸，如蓍之長。半為底，半為蓋。下別為臺函之，使不偃仆。

設木格於櫝南，居牀二分之北。

格以橫木板為之，高一尺，長竟牀。當中為兩大刻，相距一尺；大刻之西為三小刻，相距各五寸許。下施橫足，側立案上。

置香爐一于格南，香合一于爐南，日炷香致敬。將筮，則灑掃拂拭，滌硯一注水，及筆一，墨一，黃漆板一，于爐東。東上，筮者齊潔衣冠北面，盥手焚香致敬。

筮者北面，見《儀禮》。若使人筮，則主人焚香畢，少退，北面立。筮者進立于牀前少西，南向受命。主人直述所占之事，筮者許諾。主人右還西向立，筮者右還北向立。

兩手奉櫝蓋，置于格南爐北。出蓍于櫝，去囊解韜，置于櫝東。合五十策，兩手執之，薰于爐上。

此後所用蓍策之數，其說並見《啟蒙》。

命之曰：「假爾泰筮有常，假爾泰筮有常。某官姓名，今以某事云云，未知可否，爰質所疑于神于靈。吉凶得失，悔吝憂虞，惟爾有神，尚明告之。」乃以右手取其一策，反于櫝中。而以左右手中分四十九策，置格之左右兩大刻。

此第一營，所謂分而為二以象兩者也。

次以左手取左大刻之策執之，而以右手取右大刻之一策，掛于左手之小指間。

此第二營，所謂掛一以象三者也。

次以右手四揲左手之策。

此第三營之半，所謂揲之以四以象四時者也。

次歸其所餘之策，或一、或二、或三、或四，而扐之左手无名指間。

此第四營之半，所謂歸奇于扐以象閏者也。

次以右手反過揲之策于左大刻，遂取右大刻之策執之，而以左手四揲之。

此第三營之半。

次歸其所餘之策如前，而扐之左手中指之間。

此第四營之半，所謂再扐以象再閏者也。一變所餘之策：左一則右必三，左二則右亦二，左三則右必一，左四則右亦四。通掛一之策，不五則九。五以一其四而為奇，九以兩其四而為耦。奇者三而耦者一也。

次以右手反過揲之策于右大刻，而合左手一掛二扐之策，置于格上第一小刻。以東為上，後放此。

是為一變。再以兩手取左右大刻之蓍合之。

或四十四策，或四十策。

復四營如第一變之儀，而置其掛扐之策于格上第二小刻，是為二變。

二變所餘之策：左一則右必二，左二則右必一，左三則右必四，左四則右必三。通掛一之策，不四則八。四以一其四而為奇，八以兩其四而為耦。奇耦各得四之二焉。

又再取左右大刻之蓍合之。

或四十策，或三十六策，或三十二策。

復四營如第二變之儀，而置其掛扐之策于格上第三小刻，是為三變。

三變餘策，與二變同。

三變既畢，乃視其三變所得掛扐過揲之策，而畫其爻于版。

掛扐之數，五四為奇，九八為耦。掛扐三奇合十三策，則過揲三十六策而為老陽，其畫為□，所謂重也；掛扐兩奇一耦合十七策，則過揲三十二策而為少陰，其畫為--，所謂拆也；掛扐兩耦一奇合二十一策，則過揲二十八策而為少陽，其畫為一，所謂單也；掛扐三耦合二十五策，則過揲二十四策而為老陰，其畫為╳，所謂交也。

如是每三變而成爻。

第一、第四、第七、第十、第十三、第十六，凡六變並同。但第三變以下不命，而但用四十九蓍耳。第二、第五、第八、第十一、第十四、第十七，凡六變亦同。第三、第六、第九、第十二、第十五、第十八，凡六變亦同。

凡十有八變而成卦。乃考其卦之變，而占其事之吉凶。

卦變別有圖。說見《啟蒙》。

禮畢，韜蓍襲之以囊，入櫝加蓋，斂筆硯墨版，再焚香致敬而退。

如使人筮，則主人焚香，揖筮者而退。

附錄二

《周易啟蒙·考變占第四》（節錄）

凡卦六爻皆不變，則占本卦彖辭。而以內卦為貞，外卦為悔。

彖辭為卦下之辭。孔成子筮立衛公子元，遇屯，曰：「利建侯。」秦伯伐晉，筮之遇蠱，曰：「貞風也，其悔山也。」

一爻變，則以本卦變爻辭占。

沙隨程氏曰：「畢萬遇屯之比，初九變也。蔡墨遇乾之同人，九二變也。晉文公遇大有之睽，九三變也。陳敬仲遇觀之否，六四變也。南蒯遇坤之比，六五變也。晉獻公遇歸妹之睽，上六變也。」

二爻變，則以本卦二變爻辭占，仍以上爻為主。

經傳無文，今以例推之當如此。

三爻變，則占本卦及之卦之彖辭。而以本卦為貞，之卦為悔。前十卦主貞，後十卦主悔。

凡三爻變者，通二十卦，有圖在後。沙隨程氏曰：「晉公子重耳筮得國，遇貞屯悔豫皆八。蓋初與四五凡三爻變也。初與五用九變，四用六變，其不變者二三上，在兩卦皆為八。故云皆八。而司空季子占之曰：「皆利建侯。」

四爻變，則以之卦二不變爻占，仍以下爻為主。

經傳亦無文，今以例推之當如此。

五爻變，則以之卦不變爻占。

穆姜往東宮，筮遇艮之八。史曰：「是謂艮之隨。」蓋五爻皆變，唯二得八，故不變也。法宜以係小子失丈夫為占；而使妄引隨之彖辭以對，則非也。

六爻變，則乾坤占二用；餘卦占之卦彖辭。

蔡墨曰：「乾之坤，曰：『見群龍无首吉』是也。然群龍无首，即坤之牝馬先迷也；坤之利永貞，即乾之不言所利也。」

附圖三十二，錄一。（說明文字係慶萱所加）

䷀乾

此一卦六爻皆不變，占本卦卦辭。

䷫姤　䷌同人　䷉履　䷈小畜　䷍大有　䷪夬

以上六卦一爻變，則以本卦變爻辭占。

䷠遯　䷅訟　䷸巽　䷱鼎　䷛大過
䷘无妄　䷤家人　䷝離　䷰革
䷼中孚　䷥睽　䷹兌
䷙大畜　䷄需
䷡大壯

以上十五卦二爻變，以本卦二變爻辭占，以上爻為主。

䷋否

䷴漸 ䷷旅 ䷞咸

䷺渙 ䷿未濟 ䷮困

䷑蠱 ䷯井 ䷟恆

䷩益 ䷔噬嗑 ䷐隨

䷕賁 ䷾既濟 ䷶豐

䷨損 ䷻節 ䷵歸妹 ䷊泰

以上二十卦三爻變，則占本卦及之卦之卦辭。前十卦初爻皆變，以本卦卦辭為主；後十卦初爻皆不變，以之卦卦辭為主。

䷓觀

䷢晉 ䷬萃

䷳艮 ䷦蹇 ䷽小過

䷃蒙 ䷜坎 ䷧解 ䷭升

䷚頤 ䷂屯 ䷲震 ䷣明夷 ䷒臨

以上十五卦四爻變，以之卦二不變爻占，以下爻為主。

䷖剝

䷇比 ䷏豫 ䷎謙 ䷆師 ䷗復

以上六卦五爻變，則以之卦不變爻占。

䷁坤

此一卦六爻皆變，則乾坤占二用；餘卦占之卦卦辭。

◎新譯易經繫辭傳解義

吳怡／著

〈繫辭傳〉是《易經．十翼》中最純粹、最有系統的一篇，可說是《易經》哲學的靈魂。沒有它，我們幾乎無法突破包圍在《易經》外面的許多占卜的濃霧，以登堂入室，直探義理。吳怡教授用現代人的思辯方法，藉儒道佛三家思想的印證，把《易經．繫辭傳》的義理，有系統的開展出來，深入而淺出的介紹給一般讀者，使深者不覺其淺，淺者不感其深。

◎新譯儀禮讀本

顧寶田、鄭淑媛／注譯　黃俊郎／校閱

《儀禮》詳細記述古人衣食住行各方面的禮儀規範，是古代生活內容豐富的再現，為研究夏商周社會的諸多層面提供了有價值的材料。古禮形式雖然於今人已不適用，但卻是揭示禮之內在意義的依據，對提高今人的道德意識、規範人的行為、扶植人的善性等都具有積極的作用。本書正文以十三經注疏本為底本，注譯簡明通俗，必要處並有補充說明，期使一般讀者都能閱讀。

◎新譯禮記讀本

姜義華／注譯　黃俊郎／校閱

禮治是先秦儒家的重要主張，《禮記》一書則是儒家論禮的文獻總彙。它的重點並不是在教人當如何行禮，而在如何認識、理解禮的真義，並確保禮能得到各方面的遵行。本書先以題解分析各篇原委、要點，再以章旨提綱挈領，並輔以詳明的注釋及切合原文的語譯，闡述流暢，期能幫助讀者對於古代典章制度、社會生活規範以及禮的真精神，有更深層的認識。